U0858391

靖远管理模式

——发电企业追求卓越实践探索

靖远第二发电有限公司 组编

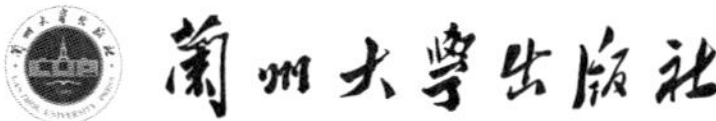

蘭州大學出版社

图书在版编目（CIP）数据

靖远管理模式 ：发电企业追求卓越实践探索 / 靖远第二发电有限公司组编. -- 兰州 ：兰州大学出版社, 2014.6
ISBN 978-7-311-04492-3

Ⅰ. ①靖… Ⅱ. ①靖… Ⅲ. ①发电厂－工业企业管理－研究－甘肃省 Ⅳ. ①F426.61

中国版本图书馆CIP数据核字(2014)第142427号

策划编辑 陈红升
责任编辑 佟玉梅
美术编辑 张明飞
封面设计 兰州振翔设计

书　　名 靖远管理模式——发电企业追求卓越实践探索
作　　者 靖远第二发电有限公司 组编
出版发行 兰州大学出版社 (地址:兰州市天水南路222号 730000)
电　　话 0931-8912613(总编办公室) 0931-8617156(营销中心)
　　　　 0931-8914298(读者服务部)
网　　址 http://www.onbook.com.cn
电子信箱 press@lzu.edu.cn
印　　刷 甘肃澳翔印业有限公司
开　　本 710 mm×1020 mm 1/16
印　　张 19
字　　数 288千
版　　次 2014年7月第1版
印　　次 2014年7月第1次印刷
书　　号 ISBN 978-7-311-04492-3
定　　价 58.00元

序

随着中国经济的持续快速发展，越来越多的中国企业成长壮大起来。这些企业的管理实践和经验为我们提供了转型经济体中企业成长和发展的成功案例。如何总结和提炼这些企业的成功经验使其能够被其他企业借鉴，并进而发展出新的普适性的管理理论和方法，一直是管理研究者和实践者所关注的问题。管理研究者通常的做法是将丰富多彩的企业实践作为其构建管理理论的素材和论据，这是案例研究的通常做法。这样做的不足之处是为了理论的一般化和普适性，舍弃了许多有血有肉的管理实践的细节，最终并不能完全真实地反映和解释企业的管理实践。而管理实践者对自身经验的总结通常是一些实例描述和成果集锦，往往有知其然而不知其所以然的危险。因此，管理研究者为了创建理论而对管理现象的抽象与管理实践者为了总结经验和展示成果而简单地描述现象之间存在某种张力。一个好的做法就是管理研究者与管理实践者携手，共同努力，在一定的理论视角和方法之下，通过对管理实践进行系统全面的梳理，形成既充分反映企业自身管理特色，又有一定理论高度和借鉴意义的管理模式。

靖远管理模式的形成和发展为这种合作提供了成功的范例。靖远第二发电有限公司在国内同业中具有较高的管理水平，享有较高的管理声誉，这与靖远管理模式的形成、完善和推广有很大的关系。经过几任领导班子的共同努力和不断提炼完善，靖远管理模式理论有高度、内容更丰富、重点更突出、细节更生动、形式更活泼。火力发电企业无论在生产运营还是经营管理上，都有很强的行业特殊性，这对企业总结和提炼管理模式造成了更大的困难。靖远二电经过卓有成效的工作，很好地解决了这一难题。现在的靖远管理模式，不但反映了靖远第二发电有限公司的管理特色，火电企业的行业特殊性，同时也提供了可供其他火电企业和其他行业企业借鉴的一般管理模式、框架和方法。靖远管理模式的形成和发展，为我们提供了管理研究者和管理实践者通力合作的典范，有助于我们更大范围地总结伟大转型时期中国企业的优秀管理实践，同时也有助于中国管理理论的构建和发展。

是为序。

中国工程院院士、教育部科技委管理科学部主任　刘人怀

2014 年 5 月 13 日

目 录

化变者，天地之极也。

——《管子》

第一章 总 论

2002年，靖远第二发电有限公司（以下简称靖远二电）独立运营之初，是一个拥有近千名员工、刚从国有体制脱离出来的传统火力发电企业。在这个特殊的时期，为了使公司迈入现代化发电企业的行列，实现跨越式发展，靖远二电确立了“管理卓越的国际一流发电企业”的愿景，以创新作为发展的第一动力，以“精益求精、追求卓越”为指导理念，并通过坚持不懈的管理创新和技术创新，从传统的电力企业经营模式中开辟出一条新的发展途径。十余年来，靖远二电在生产经营和管理工作上取得了丰硕的成果，成功打造了独具特色的“靖远管理模式”，这一实践成果体现了国投集团“为出资人、为社会、为员工”的“三为”宗旨，取得了显著的经济效益、管理效益和社会效益，受到了业内外的广泛借鉴和国内外专家学者的充分肯定。

1.1 靖远管理模式的历史追溯

1.1.1 公司简介

靖远二电成立于1995年12月18日，总部位于甘肃省兰州市，发电厂位于甘肃省白银市平川区，临近黄河与靖远矿区，是一座理想的坑口电站，由国投电力控股股份有限公司投资51.22%、美国第一中华电力合作有限公司投资30.73%、甘肃省电力投资集团公司投资15.37%、中国国电集团公司投资2.68%共同组建，投资总额52亿元，现有规模为4台燃煤发电机组，机组总容量1320 MW。公司是甘肃省内登记造册的投资规模最大的中外合资企业，也是甘肃省首家合资发电企业。

公司投产后即委托甘肃省电力公司承担两台机组的运行管理和燃料采购。2002年1月16日，运营合同到期，公司全面接管电厂，开始独立运营。作为西北重要的电网枢纽和电源基地之一，截至2013年12月底，靖远二电已累计完成发电量751亿kW·h，为改善甘肃电网水、火、电比例结构，支援西部经济建设发挥了重要作用。

1.1.2 靖远管理模式的形成与发展

独立运营后，结合企业实际情况，靖远二电引入国际先进的管理理念，果断推行先进的管理方法。凭借合资企业灵活高效的管理机制，公司持续开展管理创新和技术创新，实现了持续跨越式发展，培育形成了“每天进步1%”的“日新”文化，先后成功实施了30多项管理工具，创造了内涵丰富、特色鲜明的“靖远管理模式”，成为电力企业现代化管理的标杆，受到业内外的广泛借鉴和学习。截至2013年12月底，前来公司参观学习、调研靖远管理模式的国内外企业和社团已达750多家10000多人。

回顾靖远管理模式从无到有、从内部厚积到享誉全国的发展历程，其形成和发展大致可划分为三个阶段：2002—2005年的形成阶段、2006—2008年的发展阶段和2009—2012年的完善阶段。

(1)形成阶段

靖远管理模式的形成与公司独立运营后管理层的远见卓识有着密不可分的关系。独立运营之际，员工们要完成从国有企业的“职工”

向合资企业的“员工”的身份转变，必须给他们营造一个不同于以前的良好的外部环境。公司管理层通过一系列以人为本的创新管理，使员工们感觉到了靖远二电宽松的工作环境、公平的竞争环境和舒适的生活环境，并逐步实现了员工思想认识的转型。为了使困难重重的靖远二电走上良性发展的快车道，公司推行了一系列新的制度与方法。推行这些新方法的过程是一个由弱渐强、由点及面、由少到多、由被动到主动的过程。

在推行内部改革和管理创新的过程中，公司管理层尤其重视企业文化建设的提纲挈领功能，他们是企业文化坚定的践行者。每当实施新技术或者管理项目，公司管理层必然身先垂范、率先按照要求执行，这种恪守己责、精益求精的精神为靖远二电员工树立了学习榜样。公司在“日新”企业文化的引领下，在iPRM系统的支撑下，紧密结合合资企业的特色，开创性地导入实施了单一首长负责制、点检定修制、6S管理、安全积分管理等一系列管理创新，形成了特色鲜明的靖远管理模式，打造了高品位的企业文化，提升了企业价值，在全国发电行业树立了品牌。

2005年7月，靖远管理模式被《中国电业》刊登，8月份国投集团年会在公司召开，对靖远管理模式进行了会议交流和现场参观学习。靖远管理模式也分别获得全国电力行业“企业管理现代化创新成果一等奖”和“第十二届国家级企业管理现代化创新成果一等奖”，在全国引发了“靖远管理模式风暴效应”。靖远管理模式正是靖远二电从2002年的“安全基础年”、2003年的“管理效益年”、2004年的“资源整合年”到2005年的“改革发展年”一步一步走过后形成的管理成果，是靖远二电对国投集团“为出资人、为社会、为员工”的“三为”宗旨的充分诠释和具体实践的成果。

(2)发展阶段

靖远管理模式自2005年推向全国之后，被多家企业进行学习，国投集团2006年工作报告明确提出：“2006年在集团范围内全面推广靖远管理模式，推广精细化管理。”这对靖远二电是一次更为严峻的考验，同时也对公司提出了更高、更新的要求。

秉持“超越自我”的精神追求，靖远二电管理层继续发扬注重实效的风格，圆满完成三期工程的建设任务，进一步提升点检定修制和现场“6S”管理，加强设备“零缺陷”管理，继续推进TPM和6S管理，全面导入NOSA管理体系，优化完善了iPRM系统，进一步提升和完善了靖远管理模式。在“日新”文化的引领下，以最大限度地减少管理所占用的资源和降低管理成本为主要目标，落实管理责任，将管理责任具体化、明确化，使员工树立了“精心是态度，精细是过程，精品是成绩”的意识。2007至2008年，公司继续深入推广“靖远管理模式”，在重大会议承办、对外媒体宣传、管理输出等几个方面不断取得新进展，其影响力在公司外部进一步增强。

(3)完善阶段

2009年以来，公司管理层继续践行靖远二电的优良传统，开拓创新，与时俱进，使“日新”文化的内涵进一步深化，使靖远管理模式在推动企业持续发展中不断完善。公司管理层格外重视以往管理成果的整合，提出构建综合管控体系的思路，随后通过深入推进6S管理、TPM活动和NOSA安健环体系建设，强化了责任管理，公司连续两次荣获全国电力行业质量奖。

2010年，公司提出“管理提升年”总体要求，全面开展“提高责任意识，塑造卓越员工”主题活动，进一步坚定了广大员工突破困境、再创辉煌的信心和决心。公司选派技术骨干人员支援国投罗钾项目，承接浙江琥珀京兴燃气电厂6S咨询项目，圆满完成兰铝机组检修任务，得到了上述企业的高度评价。

2011年，公司顺利通过NOSA五星复审，全员安健环意识进一步增强。通过开展“延伸日新内涵、建设部门文化”主题活动，有效提升了部门文化管理水平。公司继续有条不紊地推出“6S”管理、现场综合管理、电厂机组检修等管理和技术项目输出，在为公司创造良好经济效益的同时，也进一步提升了公司形象和靖远管理模式影响力。

2012年，公司开展“精益管理年”主题活动，并将这一主题活动与国投集团管理提升活动部署相结合，着力提升全员责任意识、效率意识和成本意识，公司管理水平不断提高。这一年公司安全生产标准化顺利通过国家电监会一级现场评审，NOSA管理体系顺利通过第二次五星复审。公司荣获亚洲电力技术创新银奖、全国电力质量管理奖等国家、省级各类荣誉20余项。

靖远管理模式在靖远二电生产经营管理实践中，创造了一系列显著的综合效益。一是使4台机组总装机容量从设计的120万kW提高到132万kW；二是各项生产经营指标取得显著的变化；三是提升了企业的核心竞争力；四是打造了精英管理团队和高绩效、高素质的员工队伍；五是全面提高了企业的工作效率，大幅降低了生产管理成本；六是实现了企业与社会、股东、员工的多边共赢；七是靖远管理模式多项管理创新成果开创了全国电力企业管理的先河，为电力行业的管理创新提供了宝贵经验，受到业内外的广泛借鉴和学习，公司已经向多家企业进行了管理咨询项目输出，产生了良好的社会效益和经济效益。

1.2 靖远管理模式的内涵和框架

1.2.1 靖远管理模式的内涵:STEP

在融合以往管理模式优势的基础上，通过具体实践的不断探索，靖远管理模式日臻完善，具有思路清晰、内涵丰富、特色鲜明和理论创新的特点，已成为靖远二电的企业品牌。从纲领性表述的角度来看，靖远管理模式的内涵可以总结为：战略引领，技术支持；员工立本，绩效致胜。其进一步可解读为：战略引领——未来战略愿景决定发展目标，拉动前行；技术支持——先进技术工具推动管理升级，加速发展；员工立本——自主自发管理激励员工奋斗，稳定共赢；绩效致胜——科学业绩标准衡量工作成败，追求卓越。

靖远管理模式中涵盖了战略（Strategy）、技术（Technology）、员工（Employee）和绩效（Performance）这四个要素，简写为STEP。英文中STEP一词有迈步进阶之意，其寓意有二：一是靖远二电稳健务实的作风和态度，从“先做起来再推动观念转变”的革新观点到“做看得见的文化”的倡导，从积极推动文化落地到围绕精益管理的主题活动，见微知著，无一不体现出脚踏实地和不急不躁的作风；二是循序渐进的管理思路，自独立运营以来公司逐步推进实施和应用30多项管理成果，导入一个，成熟一个，收获一个，正如“日新”文化所提倡的“每天进步1%”，每个人每天一小步，积累起来是公司的大跨步，不积跬步，无以至千里。

(1)战略引领

独立运营之初，公司确立了“管理卓越的国际一流发电企业”战略愿景和奋斗目标，正是在“管理卓越”和“国际一流”的正确引领下，公司创造了一个又一个辉煌。战略决定成败，细节决定卓越。在战略正确的前提下，再把细节做到位，企业就会更成功。靖远二电借助集标准化管控、目标管控、项目管控和市场管控于一体的经营管控体系，从战略角度思考外部环境变化与内部经营条件变动间的协调发展，细化年度经营目标，强化战略执行力度，巩固战略实施成果，实现了战略管理对于企业发展的引领作用。

(2)技术支持

在实现战略目标的过程中，靖远二电坚持不懈地探索和寻找着更好更佳的途径和方式，考虑如何结合企业实际去创造性地解决问题，把技术创新和管理创新变为企业发展的加速器。公司在实践中摸索并创建了技术创新的“三角环”架构，形成了“以工艺改进与技术改造为基础，以技术管理创新为提升”的循环体系，十余年来成功导入并实施30多项管理工具。先进的技术工艺和管理技术工具，成为推动靖远二电快速发展的利器。

(3)员工立本

正确的战略方向和先进的技术工具要能发挥威力，无疑离不开企业中最根本的要素——“人”。对任何企业而言，最重要和最宝贵的财富就是人才。靖远二电坚持以“以人为本”的员工哲学为指导思想，关心员工的发展，尊重员工的个人选择，信任员工的能力水平，积极推动员工在制度约束下的自我管理。在这种模式下，员工体验到工作的意义，将公司视作自我价值实现的舞台，而公司也正因为有了自动、自发和高度责任心的员工，能够更好地适应复杂多变的环境，形成了员工和企业双赢的良好局面。

(4)绩效致胜

判断战略和技术的适合与否，衡量部门和员工的表现优劣，都需要有一套科学的绩效考核标准。靖远二电坚持“绩效至上”的管理理念，利用绩效管理这一有效的持续改善工具，将公司的战略目标层层分解，保证了个人目标与组织目标的一致性。通过客观地评价员工、班组和部门等不同层面的业绩水平，保证了员工激励的公平性，同时作为经营反馈，公司对经营目标和思路进行修正调适，设立更高目标，不断超越自我，实现从优秀到卓越的跨越。

1.2.2 靖远管理模式的框架

靖远管理模式体系由5个部分构成，汇集了30多项优秀管理成果。其中，5个模块分别是“日新”文化、经营管理、人本管理、现场管理和资源管理，模块之间精细协同，助力靖远二电成为业内标杆，并迈向国际一流的发电企业。靖远管理模式体系结构如图1-1所示。

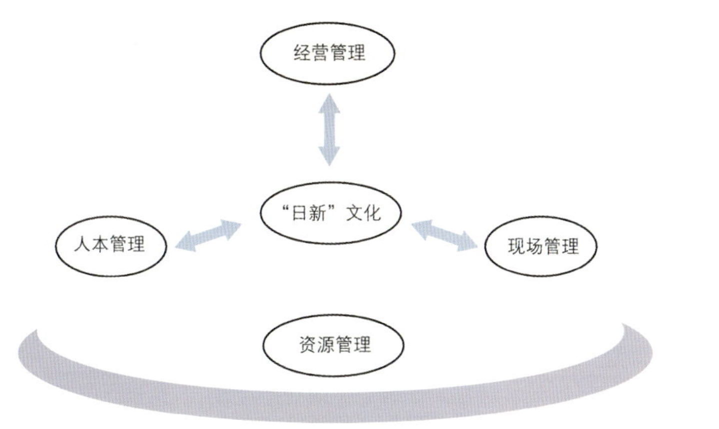

图1-1 靖远管理模式体系结构图

从内容上看，靖远管理模式可以概括为：以“管理卓越的国际一流发电企业”为目标，以“日新”文化理念为指导，构建基于全面风险管理的经营管控体系，以精益化的现场管理为基础，以一体化的资源管理系统为平台，以柔性化的人本管理为保障，充分激发员工潜能，合理配置要素投入，为员工营造建功立业的舞台，为股东创造极大回报，为用户提供最优质的产品和服务，全面提升企业的社会价值。

从结构上看，“日新”文化的定位是将创新理念融入并落实到管理决策和日常工作的每个环节，统领企业的整体发展；经营管理的定位是明确企业的发展方向，并以先进的经营理念和管控手段，保证企业敏捷地应对外部环境；人本管理的定位是吸引和塑造具有胜任力和执行力的员工，实现员工发展和提升企业竞争优势的双赢局面；现场管理的定位是通过提高人和设备的品质，打造精益现场，突出安全和效益，实现增收降耗目标；资源管理的定位是整个企业的业务系统平台，以流程控制和信息技术支撑企业高效运行。靖远管理模式架构如图1-2所示。

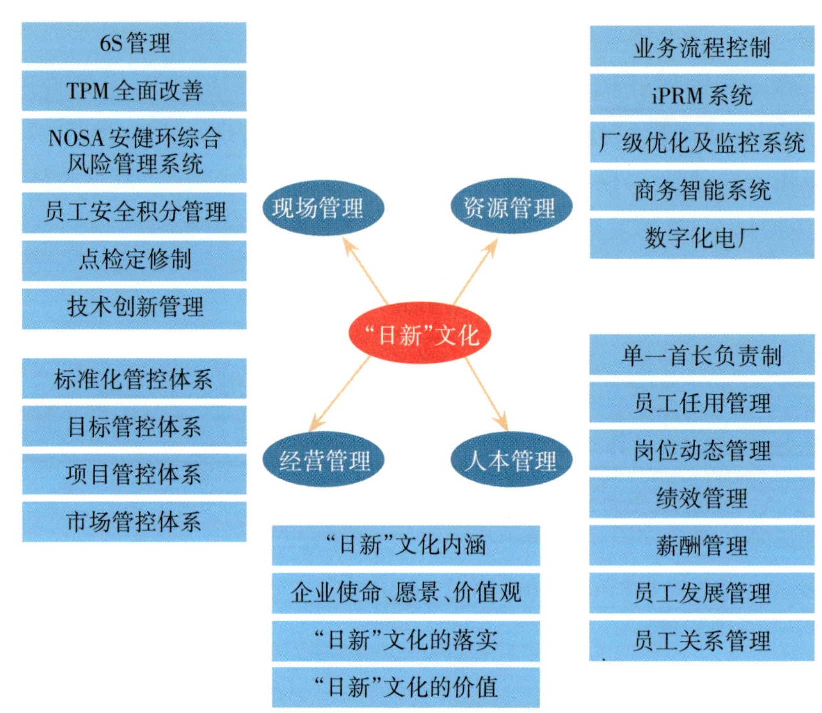

图 1-2 靖远管理模式架构图

"日新"文化是靖远管理模式的灵魂，于潜移默化之中成为员工精神动力的源泉。"日新"文化自内而外包括三层：精神层、制度—行为层和物质层。精神层是"日新"文化的核心，贯穿了靖远二电的使命，融合了靖远二电的愿景，赋予了靖远二电的核心价值观，蕴含着靖远二电的文化内涵。

经营管理的基本思想是建立以标准化管控体系为基础，以目标管控体系为核心，以市场管控体系为导向，以项目管控体系为抓手，建立基于全面风险管理的经营管控体系，既规范了内部流程和管控体系，也能够快速地对市场变化及时做出应对反应。

人本管理是以企业的战略目标为先导，以严密、科学、合理的人力资源管理制度和相关政策为基础，以高效的业务流程和信息化管理平台为支撑，以理性的契约、法规整合员工的个人利益，遵循"以人为本"的管理理念的一种管理模式，这一模式充满人文精神，尊重和重视人的生存和发展，将人与制度充分地结合在一起。

现场管理是以精益管理思想为指导，6S管理为基础，TPM全面改善为提升工具，安全和效益为两大主体，成功导入NOSA管理，注重保护安全生产、地区环境和员工健康，并运用“精益思维”，倡导以最小资源投入，包括人力、设备、资金、材料、时间和空间，创造出尽可能多的价值，最大限度地减少浪费，提高生产效益，努力实现精益现场的目标。

资源管理的基本思想是以业务流程控制为基础，一体化电厂资源管理系统为平台，厂级优化及监控系统为重点，建立以数据分析和决策支持为目标的商务智能系统，并最终建成数字化电厂，实现企业的数字化管理。

1.3 靖远管理模式的启示意义

自2005年7月被《中国电业》杂志推向社会之后，靖远管理模式受到了业内外的广泛关注，在全国引发了“靖远管理模式风暴效应”，交流、调研以及参观学习等各类活动纷至沓来。

1.3.1 创新思变背后的理念传承

这是一个变革的时代，企业做出一些改变创新似乎并不是难事，而传承显得难能可贵。在企业发展过程中，领导者的更替是不可避免的，如何处理好变革创新和传承的关系是企业需要考虑的关键。

靖远二电在2003年就初步提出了“靖远管理模式”的雏形，强调在“日新”文化的引领下开展各项工作，倡导不断创新和精益求精的意识。至今十年间，公司经历了领导更替，从独立运营初期的王维东总经理，到后来的苗承刚总经理，再到现任的马斌总经理，不难发现，在每一年度的工作重点中，都在一脉相承地强调靖远管理模式需要不断完善，都在执着如一地强调创新和精益的理念，并在环境变化中不断与时俱进，即“创新背后有传承，在传承中创新”，这种长达十年的理念传承于一家企业，也就具备了厚积薄发的实力。

1.3.2 披荆前行途中的文化积淀

在独立运营之初，靖远二电困难重重，软硬条件都非常落后，存在设备缺陷多、物资匮乏、办公场所简陋、员工年轻缺乏技能、职能管理人员不齐等方面的问题。

从最初的“一张白纸”式的内部管理到成为电力企业现代化管理的标杆，一路的披荆前行中靖远二电人付出了无数的艰辛和汗水。大道无形，大味必淡，“日新”文化并不是靠奢华的包装和制作而出彩，而是靠管理团队对“日新”文化长年累月的培育和建设，使之形成了强大的生命力。在企业文化建设中，经过不断积累，靖远二电已形成相对完善的文化落实体系，发挥高管人员在文化落地中的引领作用，创新性的将党建工作和文化建设有机结合，并成功借助于一系列文化品牌载体，鼓励全员参与，重视文化的日常管理。正是公司在文化建设工作中的不懈努力，才将“日新”文化的理念融入每个人的日常工作内，落实到具体行为中，践行着“日新”文化的价值取向和精神追求。正是文化建设过程中不断固化的心理定格和烙下的印记，就像一张张蕴藏故事的旧照片，体现着“日新”文化的积淀，更让我们看到了文化建设在一个企业艰难前行中的凝聚和引导作用。

1.3.3 快速成长时期的经验反思

靖远管理模式在获得成功之后，为公司的发展插上了腾飞的翅膀。2005 年，在面临宽松的外部市场环境时，公司判断并抓住机会快速行动，三期项目的核准建设，增容改造项目的实施，iPRM 系统的开发，为后来的良好发展奠定了基础。靖远二电在驶入发展快车道之后，高层领导始终保持着强烈的忧患意识，因为发电企业容易受到政策调控和经济周期的不利影响。“居安思危，思则有备，有备无患”，管理层审慎地看待规模扩张所带来的一系列风险，包括经营风险、安全风险、人才风险、财务风险等。通过在公司部门中开展学习型组织建设和切实推行省思会制度，不断总结经验教训，及时发现个人、部门乃至公司存在的问题。尽管靖远管理模式备受外界推崇，公司每年的工作重点仍会一如既往地强调要继续完善靖远管理模式，梳理各管理成果之间的交叉关系，从而使战略管理体系不断健全，人才队伍结构不断优化，员工的成本意识不断增强，降耗节能水平不断提升。

1.3.4 困境求生关头的自我修炼

2008 年下半年以来，阴霾空前的金融危机逐渐在全球扩散，受危机波及影响，我国经济增速放缓，消费需求疲软，出口受到抑制，企业开工率下降，尤其高耗能产业大幅减产和限产，电力行业受到较大冲击，用电量增速回落，电力供需趋缓。与此同时，全国煤价连续高位运行，煤质下降又加大了燃料的消耗量，增加了发电燃料成本，使成本控制难度明显加大；电力行业内机组容量饱和，市场竞争加剧；煤电价格矛盾突出，电力企业政策性亏损现象普遍。

在企业面临重重困难的时候，靖远二电更加注重自我修炼，不断丰富靖远管理模式。从2009年推动管理整合开始，把已有的管理活动整合成统一的综合管控系统，以达到优化管理标准、简化工作流程和提高工作效率的目的；到2011年的文化推进年，开展了“延伸‘日新’内涵、建设部门文化”主题活动，充分发挥“日新”文化的凝聚和辐射功能，进一步通过从细节做起，加强成本控制，提高精细化管理水平，并在2012年和2013年连续两年将“精益管理（提升）”作为年度工作主题，给员工营造出不断改善、革新的工作氛围，提升员工的积极性、主动性和执行力，企业上下一心、共渡难关。

企业管理不仅仅是培训员工和制定纪律，还包括企业自身的价值观、信仰、工具和语言。

——彼得·德鲁克

第二章 “日新”文化

正如一个人不能没有灵魂一样，一个企业不能没有灵魂，企业灵魂即企业文化，它对企业的生存和发展起着举足轻重的作用。

独立运营以来，靖远二电一直高度重视企业文化建设。经过不断总结和提炼，形成了以“坚守责任、精益求精、持续创新、追求卓越”为内涵，以“团队、创新、执行、绩效”为价值观，以“精神层、制度—行为层、物质层”为结构，内容完备、逻辑清晰、层次分明的“日新”文化体系。

在文化落地过程中，靖远二电勇于在实践中探索，形成了“高层领导引路，党建工作推进，文化活动宣贯，全员参与执行，日常管理保障”的文化落实体系。

经过多年的建设，“日新”文化已成为企业战略规划与实施的保障、员工的精神指引、企业的行动纲领、企业创新的动力，并且为公司带来经济效益和社会效益，赢得了社会的广泛认可和赞誉。“日新”文化被评为“全国电力行业企业文化特等奖”，靖远二电也先后获得首批“中央企业企业文化示范单位”、全国电力系统“企业文化建设标杆企业”和全国电力系统“企业文化建设品牌企业”等国家和行业多项荣誉称号。

2.1 “日新”文化的形成

2.1.1 “日新”文化的内涵

“日新”语出《礼记·大学》：“汤之《盘铭》曰：‘苟日新，日日新，又日新。’”这是商朝开国贤君汤刻在盘子上的铭文。寓意是如果能每天创新，就要天天都创新，不间断地创新。

对靖远二电来说，“日新”就是持续改进，不断创新，每天进步1%。“每天进步1%”是一种理念，即要有“没有最好，只有更好”的信念，不断地追求进步，超越自我。“日新”要求二电人要做就做最好，凡事力争一流。

“日新”文化内涵：坚守责任、精益求精、持续创新、追求卓越。

（1）坚守责任

坚守责任是靖远二电对员工的最低要求。公司倡导“我的责任我担当、我的职责我履行、我的任务我完成”，要求每位员工应以高度的责任感竭尽所能做好本职工作。切实履行工作职责和出色完成工作任务是每位员工的责任所在。

（2）精益求精

精益求精是在坚守责任的基础上如何用更少的投入更高质量地完成自己的职责，是比“坚守责任”更高的要求，是精益管理的题中之意。靖远二电将精益求精贯彻于整个发展过程中，实现了精益管理常态化，保证了公司发展的良性化。

（3）持续创新

持续创新是一种更高层次的要求，是从实践中总结出来的成功经验，也是十余年来靖远二电不断发展、不断取得成功的法宝，已成为公司员工工作的一个标准。在靖远二电，对创新的理解已形成共识，即创新不是“运动式”的一时之快，不是好高骛远，而是持之以恒，并在点滴中培养形成创新能力。

(4)追求卓越

追求卓越是靖远二电的最高追求，也是靖远二电“管理卓越的国际一流发电企业”愿景的体现。“坚守责任、精益求精、持续创新”是实现愿景的基础，只有基础夯实了，愿景的实现才成为可能。

“坚守责任、精益求精、持续创新、追求卓越”，这十六个字凝结了“日新”文化对员工的要求与靖远二电的追求。它们是一种层层推进的关系，“坚守责任”是基础，只有保质保量的完成本职工作才有条件和资本追求更高质量、更好品质，即“精益求精”。工作不但要做得好，更要做得妙，要“持续创新”，用新的思路及方法打开新局面、迈上新台阶、跨进新阶段，逐步实现“追求卓越”的终极目标。“日新”文化的内涵展示了靖远二电人勤勉务实的工作作风，稳健踏实的工作态度，孜孜不倦的学习精神和敢为人先的崇高追求。

2.1.2 影响因素

企业文化不是无源之水，无本之木，一个企业诞生之初，它的文化就开始酝酿。随着不断地发展，企业有了一套相对独特的处理各类问题的方式，企业成员间也会形成一些默契，遵循着这样或那样的惯例，企业文化便随之形成。回顾“日新”文化的形成和发展过程可以发现，它受到来自历史因素、行业因素、企业家因素以及传统文化因素等方面因素的影响。

2.1.2.1 历史因素

靖远二电是西北最大的中外合资火力发电企业，投产之初委托甘肃省电力公司承担运行管理和燃料采购。2002年1月合同到期，公司开始独立运营。

靖远二电最初由原甘肃省电力局（现为甘肃省电力公司）和甘肃省电力投资集团公司投资建设，后由于资金缺乏，发展受阻，开始引进外资，并成立了有限公司，从而从国有企业变成了中外合资企业。合资之后，企业独立经营，自负盈亏，从国有企业到合资公司的转变让许多员工很难适应，显得无所适从，思想状态不稳，甚至出现排斥的情况。

开始独立经营的靖远二电面临的是设备缺陷多、生产现场脏乱差、办公场所有限、组织结构不健全、管理机制滞后等诸多现实问题，这些不利因素制约着公司的发展。

面对新身份、新环境，走传统发电企业经营模式的老路是行不通的。于是，靖远二电结合实际情况，施行了一系列先进的管理方法，先后从思想、生产、经营、管理、后勤等方面逐步使公司的生产经营步入正轨。在这个过程中，靖远二电认识到改革创新的重要性，这种不断学习进步的意识、不断改进创新的精神切实反映在公司员工的每个行动细节上，固化在每个员工的思想深处，形成了“日新”文化的基石。

2.1.2.2 行业因素

2002年2月，国务院发布《电力体制改革方案》，正式开启了我国电力工业市场化改革的序幕，对发电企业造成不小的冲击和影响。

(1)发电市场竞争加剧

电力体制改革改变了电力工业原有厂网一体化的垂直管理体系，将发电环节与输配售环节拆分，重组发电和电网企业，实行竞价上网，建立电力市场运行规则和政府监管体系。对于发电企业来说，在新的制度下，由于脱离了与电网公司的纽带关系，将完全依靠自身的能力在市场竞争中求得生存与发展，这在当时无疑是巨大的挑战。

(2)外部不利因素增多

国家逐步清理各种电力价外加价的政策，电力企业受到的政府扶持明显减少，并且国家对环保治理的力度越来越大，为激励清洁电源发展，各种环保收费政策不断出台，使得火力发电企业压力倍增。

在这样的大背景下，靖远二电清醒地认识到电力垄断性不可能持久，必须提早做好竞争准备。要在市场竞争中求得生存和发展，必须不断强化安全生产、提升精益管理、深化技术创新，推进节能降耗。这种具有前瞻性的发展规划不但使靖远二电有了塑造品牌的基础，而且催生了“日新”文化的萌芽。

2.1.2.3 企业家因素

企业家在企业文化的形成发展过程中起着举足轻重的作用。靖远二电独立运营后的各任总经理对“日新”文化的形成和发展起着至关重要的作用。

(1)“先做起来推动观念的转变”

为了帮助员工顺利完成从国有企业的职工向合资企业的员工的转变，使困难重重的靖远二电重新焕发生机，王维东总经理推行了一系列新的制度与方法。推行这些新方法的过程是一个由弱渐强、由点及面、由少到多、由被动到主动的过程。在此过程中，王维东总经理“先做起来推动观念的转变”的思想发挥了重要的作用，只有员工转变了观念，跟上了合资企业的发展步伐，才能立足岗位，认真工作。在文化的建设过程中，王维东总经理实事求是、真抓实干，每当实施新的技术或者管理项目，他都必然积极配合、率先按照要求执行，用自己的实际行动倡导和践行“日新”文化。

王维东总经理崇尚自我挑战、自我超越，强调以竞争状态促进企业活力，并以自己强大的个人魅力影响员工接受、认同、践行其倡导的价值观和行为，最终形成“日新”文化；以自己的新思想、新观念、新思维来倡导和配置“日新”文化；以自己个性化的经营管理来发展和完善“日新”文化。坚持以创新为发展动力，奋发图强，使企业通过坚持不懈的管理创新和技术创新逐步向前迈进。

(2)做“看得见、摸得着”的企业文化

做“看得见、摸得着”的企业文化，这是苗承刚总经理最突出的经营理念，彰显了靖远二电求真务实的企业文化观。苗承刚总经理认为企业文化不是“看不见、摸不着”的缥缈之物，不是用来挂在嘴边说的，更不是企业专门来拿炫耀的。企业文化是能够通过切实建设使之植入员工头脑中，并体现在日常行为上，从而能为企业带来实实在在看得见的效益。

“看得见、摸得着”的企业文化是一种有质感、有厚重积淀、有极强生命力的文化，它不同于浮在表面的“作秀式”的企业文化。在苗承刚总经理的领导下，靖远二电员工充分发扬勤勉务实的工作作风，在点滴行动中折射“日新”文化的要求。“日新”文化也似靖远二电本身，逐渐长大，变得更为健壮、成熟。

(3)“向管理要效益”

火电企业的发展高度依赖煤炭行业的变化，煤价的市场化导致火电企业成本飙升、效益下滑，进入经营的困难时期。在这种情况下马斌总经理提出构建综合管控体系的思路，在整合以往管理成果的基础上深入推进了6S管理、TPM活动和NOSA安健环体系建设，强化了安全管理和责任考核。

“向管理要效益”是马斌总经理面对困境的核心思想。在马斌总经理的带领下，靖远二电先后经历了管理提升年、文化推进年、精益管理年和精益管理提升年，着力提升全员责任意识、效率意识和成本意识，将精益管理的思想贯彻落实于公司经营活动的方方面面，同时注重为员工展示个人能力搭建舞台。这些举措不但保证了公司的有序发展，更进一步坚定了广大员工突破困境、再创辉煌的信心和决心。马斌总经理“综合管控、精益管理”的思想使靖远二电实现了困难时期的平稳过渡，也将“日新”文化建设推向了新高度，有效发挥了“日新”文化管理的引领作用，推动了公司管理水平不断提高。

2.1.2.4 传统文化因素

一个企业总是生存在一定的民族文化环境中，受到民族文化环境的感染和潜移默化的影响。中华传统文化历来强调推陈出新，包含着鼓励创新的丰富内涵。

“日新”文化继承和发扬了中华传统文化中“革故鼎新、求新求变”的精神，强调面对新的形势和环境，因循守旧、故步自封没有出路，唯有敢于打破思维定式，用新视角看问题，用新方法解决问题才能带来持续发展。

2.1.3 发展阶段

企业文化的形成是一个漫长的过程，它需要企业根据内部情况和外部环境的变化不断调整和改变，持续积累和完善，才能从不成型到定型、从弱小到强大，也才能具有自己特有的文化气质、性格和风貌。同样“日新”文化的形成既非一蹴而就，也非一成不变，其主要经历了倡导、泛化、标准化、习惯化四个阶段。

2.1.3.1 倡导阶段

企业文化的创立和企业领导人有着密不可分的关系。在“日新”文化的倡导阶段，靖远二电的领导对公司的经营环境进行了全面而深刻的分析，提出唯有奋发图强、不断革新，从传统发电企业经营模式中开辟出一条新的有效途径，才能有效解决公司面临的困难和促使公司不断向前发展。公司高层提出“先做起来”“干中学”“要么不做，要做就做最好”等口号，这些准确形象、简洁而富有表现力的口号具有很强的感染力和渗透力，便于员工的理解和识记。通过不断讲解和传授，员工慢慢接受了新的观点、新的做事方法，最初身份转变带来的抵触排斥情绪逐渐消失。

身教重于言传，靖远二电的高层领导不仅是“日新”文化的传道者，更是“日新”文化的执行者。其一丝不苟、踏踏实实的工作态度，恪守己责、精益求精的工作作风为全体靖远二电员工树立了标杆，不仅加强了员工对“日新”文化的认同，并且更好地倡导和传播了“日新”文化。

2.1.3.2 泛化阶段

简洁的口号和警句虽然能形象地反映企业的思想观念和行为方式，但还不能算作企业文化，企业文化需要清晰准确的价值理念。靖远二电经过不断探索、实践、总结、提炼，形成了“团队、创新、执行、绩效”的企业价值观；“管理卓越的国际一流发电企业”的企业愿景和“为客户提供稳定便利、价格低廉的电力产品，为员工创造提升价值的发展平台和优越的工作生活环境，以长远的利益回报股东，以洁净环保的能源造福社会”的企业使命。

“日新”文化的形成实质上是新的思想观念战胜旧的思想观念，新的行为方式战胜旧的行为方式的过程，为了使员工能在这个过程中准确理解和把握高层领导所倡导的价值观念，并以此作为自己行为选择的依据和判断的标准，靖远二电采用多样的形式对“日新”文化进行了广泛的宣传和灌输。例如先通过公司级的培训，选拔出一批优秀的“日新”文化宣讲骨干，再通过这些骨干开展全员学习活动，加快了“日新”文化的传播速度；又如举办核心价值观员工座谈会、“日新”文化大讲堂等一系列的特色文化活动，使“日新”文化真正入脑入心。

2.1.3.3 标准化阶段

有了价值理念还不够，还必须配合一些制度才能使“日新”文化真的反映在每一个员工的行为中。为此，靖远二电结合实际情况制定了企业文化三年规划，并按月度分解目标，为“日新”文化的建设提供了方向。为了督促各部门将“日新”文化落实于日常工作中，靖远二电以部门为单位，建立了《部门文化落实对照表》，通过确立并对照部门关键行为准则，结合部门工作重点来确立部门文化提升的重点。同时靖远二电建立了“重视力、示范力、支持力、参与力、影响力、知识力”六个能力的标准，有效测量部门经理文化管理能力，并纳入经理年度考评。通过实施计划、检查、考核、改善的工作循环，靖远二电实现了“日新”文化的标准化和日常化管理。

靖远二电制定了一系列相关制度，涵盖了业务流程、业务操作、办公事务、员工行为等方方面面，并且配套以严格的考核和奖惩制度，使得员工知道该做什么，该怎么做，从而逐步将“日新”文化的要求内化并表现在实际行动上。同时靖远二电在“日新”文化的推行中及时将学习成果的总结及相关案例文章编辑成册，为下一步文化提升做铺垫，陆续策划编印了《靖远管理模式》《日新文化手册》《员工行为规范手册》《员工礼仪手册》《部门文化手册》等一系列书籍，宣传“日新”文化理念，树立企业品牌。

2.1.3.4 习惯化阶段

公司将“日新”文化倡导的价值理念转化成制度规范，把要求标准和每个人的需求、利益联系起来，起初员工会出于自身的考虑按照制度规范来选择自己的行为，当这种外在激励经过长时间的反复后，“日新”文化的要求已经变成员工自觉遵守的行为习惯，形成近似本能的反应。此时“日新”文化也才真正变成全公司所共有的文化。

经过多年的宣传贯彻，“日新”文化已经渗透到员工工作的方方面面，成为员工的行动纲领。不仅“每天进步1%”等口号成为人尽皆知的熟语，员工在日常工作中更会将自己的行为与要求标准对照，从工作细微处入手发现问题、改善问题成为员工主动的行为，员工由被人管理转变为自主管理，基本实现了企业刚性管理向文化管理的成功过渡。

2.2 “日新”文化的内容

企业文化是企业在实践中创建和发展的用以解决企业外部适应和内部整合问题的一套共用价值观且与价值观一致的行为方式，及由这些行为所产生的结果与表现形态。

靖远二电的“日新”文化分为三层：精神层、制度—行为层、物质层。“日新”文化结构图如图 2-1 所示。

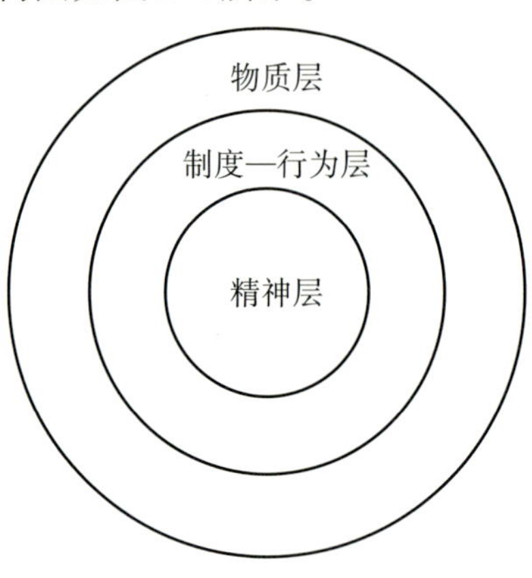

图 2-1 “日新”文化结构

精神层即观念层，主要是指企业的领导和员工共同信守的基本理念、价值标准、职业道德及精神风貌。精神层是企业文化的核心和灵魂，是形成物质层和制度层的基础和原因。

制度—行为层是企业文化的中间层次，规定了企业成员在共同的生产经营活动中应当遵守的行为准则。集中体现了企业文化的物质层和精神层对员工个体行为和群体行为的要求。

物质层是企业文化的表层部分，它是企业制造的物质文化，是形成企业文化精神层和制度层的条件。从物质层中往往能折射出企业的经营思想、管理哲学、工作作风和审美意识。

2.2.1 精神层

“日新”文化的精神层包括企业使命、企业愿景、企业价值观以及企业经营理念，是“日新”文化的核心所在，体现了靖远二电人的追求。

2.2.1.1 企业使命

企业使命：为客户提供稳定便利、价格低廉的电力产品，为员工创造提升价值的发展平台和优越的工作生活环境，以长远的利益回报股东，以洁净环保的能源造福社会。

客户是公司的衣食父母，只有树立强烈的客户意识，为客户提供安全稳定、价格低廉的电力产品，企业才能在未来激烈的市场竞争中立于不败之地。

员工是企业的财富，没有员工的团结协作，辛勤工作，就没有企业的生存与发展，只有不断改善员工的生存与发展环境，让员工因企业而自豪，才能为企业的永续发展注入强劲的动力。

股东是企业的坚实后盾，让股东得到丰厚的长远利益回报，企业发展才能获得强大的资金支持。

为了实现使命，靖远二电要求员工做到：牢固树立客户意识、成本意识和竞争意识；每一个团队、每一个员工都将“日新日进”思想植根于脑中；将股东长远利益的回报作为企业的终极责任，以确保基业长青，永续发展；将企业发展与社会进步有机地统一起来。

使命回答了“靖远二电为什么存在”的问题，它像一只号角，将大家团结在靖远二电的旗帜下。

2.2.1.2 企业愿景

企业愿景：管理卓越的国际一流发电企业。

管理卓越：指拥有同行业中独特的、先进的管理理念和管理方法，值得其他企业学习、借鉴的管理模式，稳定、畅通、快速的管理成效，专业化的管理团队。

国际一流包括：一流人才，具备高效精干的管理人才、专业精深的技术人才和技能精湛的操作人才，国际公认的科研学术带头人。

一流技术，积极采用现代最先进管理技术、信息技术、生产技术，为创造优良业绩提供先进的硬件平台。

一流业绩，具备先进的管理模式和突出的管理绩效，公司各项经济技术指标在国内同行中名列前茅。

一流环境，为员工创造安全、清洁、有序健康的工作环境，实用有效的学习环境，优雅、舒适、现代的生活环境。

愿景解决了“靖远二电要成为什么样的企业”的问题。清晰持久的愿景树立了共同的目标，可以团结不同年龄、学历、不同思维方式的员工，建立利益共同体。同时，共同愿景是实现团队学习、组织发展和员工心智模式改变的基石。

2.2.1.3 企业价值观

团队、创新、执行、绩效。

(1)团队——信任协作、和谐发展

要求员工相互信任，密切合作，互相补位，互相支持。对员工要多一些关心、理解和尊重，充分调动员工积极性；实事求是，有诺必践，使团队成员相互信任；换位思考，学会倾听，通过有效沟通打造高效团队。

(2)创新——日新又新、持续改进

创新就是在原有基础上的改进与突破，持之以恒的每一点突破就是创新；创新要从细节开始，鼓励员工大胆讲出自己的想法、建议和意见；勇于提出问题，善于分析问题，精于解决问题，不断总结工作规律；坚持“每天进步1%”。

专栏文章2.1

精益管理金点子

在金点子上报活动中，员工积极参与，结合自身工作实际，提出了很多创新的想法，从细节处创新，为公司降本增效贡献自己的力量。下面是一位普通员工所上报的金点子。

金点子名称：加强运煤司机管理，控制大矿煤途损。

金点子简介：现在，我们大矿煤以矿方矿发数量为结算依据，途损在千分之二以内，矿方承担，千分之二之上由承运方找司机承担，但司机普遍素质都比较低，运煤过程中不加盖篷布，利用油箱水箱使车辆自重变化，尤其现在随着车辆载重量的增大，让我们对过磅磅差控制难上加难，针对以上状况，特别制定了大矿煤磅差控制表，对矿发车辆按载重量30 t、40 t、50 t分开登记，让司机从思想上把磅差控制重视起来。

创新性分析：首次将车辆磅差按载重量分开统计，使磅差控制更加精准。

可操作性分析：磅房计量人员操作没有困难，统计人员工作量加大。

时效性分析：将每车按原来的200 kg控制到载重量的千分之二，有效地缩小磅差，减少路途损耗。

在靖远二电，每年类似于这样的创新不计其数。创新思想已扎根于员工的内心。

(3)执行——自动自发，不折不扣

要求做事积极主动，反对被动应付；再简单也要立刻完成，决不拖延；执行不打折扣，不讲借口；说到做到，敢于承担责任；按规则办事，按标准操作，执行讲重点。

(4)绩效——目标为先，业绩至上

树立目标意识，实行“目标分解法”；运用“十字架”法，提高工作效率；化繁为简，找到最清晰、最简单、最高效和最易行的方法实现目标；重业绩更重成效，有利于生产的安全稳定，有利于经营业绩的提升是衡量成效的重要标准。

团队是靖远二电的运行动力。“日新”文化的载体和生产经营活动的顺利进行基于“信任协作，和谐发展”的团队。一个个优秀的团队形成了“日新”文化的基石，并且实践、传播着“日新”文化。

创新是靖远二电的发展动力。靖远二电的创新分为两大部分：生产和管理。在生产层面强调“勇于提出问题，善于分析问题，精于解决问题，不断总结工作规律”；在管理层面提倡“善于接受新事物，并迅速转化为生产力”。

专栏文章2.2

靖远二电的做法——“十字架”法

①既重要又紧急的事情或问题：立刻着手完成或解决它们，决不拖延。

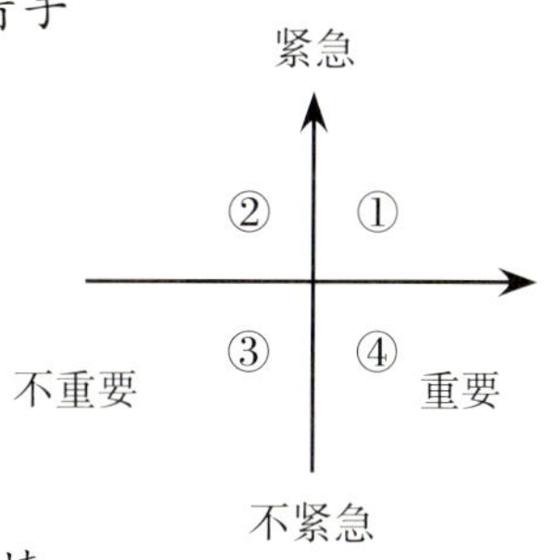

②虽紧急但不重要的事情或问题：有选择地去做，学会拒绝，能够少做就少做，能够不做就不做。

③既不紧急又不重要的事情：尽量不做。

④虽不紧急但重要的事情：把重要的事情当成“既紧急又重要的事情”来对待。

执行是靖远二电的稳健定力。如何保证企业的规章制度、经营计划的顺利执行，关键在于不断加强组织“自动自发、不折不扣”的执行力。所以执行是保证！

绩效是靖远二电的生存活力。在靖远二电，所有的工作以及包含于其中的创新行为都只为了一个最终目的——提高企业的绩效。“目标为先，业绩至上”是靖远二电永远不变的核心理念。

团队是靖远二电的执行主体，创新是靖远二电的前进动力，执行是靖远二电的成功保证，绩效是靖远二电的评价标准。如图2-2所示为价值观与“日新”关系图。

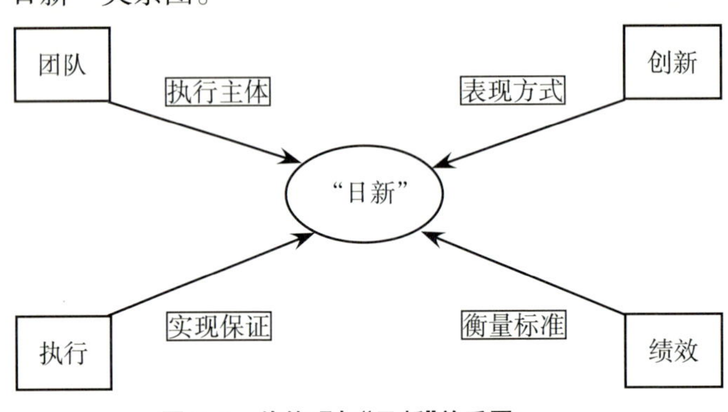

图 2-2　价值观与“日新”关系图

价值观解决了“靖远二电觉得什么是有价值的”问题，是靖远二电完成企业使命，向“管理卓越的国际一流发电企业”目标迈进的有力武器。

2.2.1.4　企业经营理念

围绕企业使命和愿景，靖远二电提炼出对生产经营影响重大的关键要素，形成了四个指导靖远二电实际工作的重要经营理念：安全理念、学习理念、服务理念和人才理念。

(1)安全理念

安全生产是电力行业永恒的主题，“安全第一、预防为主、综合治理”是电力行业的基本方针。安全生产的落实，必须要以明确的安全责任和强烈的安全意识作保证。靖远二电结合电力行业安全生产标准，建立了一套企业负责、员工遵守、行业管理、国家监管、群众监督的有效安全防范管理体系。

靖远二电从独立运营之初就把安全生产工作放到各项工作的首位。十年来，公司上下为安全做了大量工作。从最初的“6S”管理，到后来的“安全积分管理”，以及“NOSA五星系统”都体现了公司对安全工作的重视。同时，靖远二电坚持把管人、管事、管设备相结合，提出了“生产安全、设备安全、人身安全、思想安全”的“大安全”理念，不但要做到生产上的安全，员工人身的安全，而且要做到员工思想上的安全。通过这些方法靖远二电建立了一个立体的、全面的、全员的“大安全”格局，营造了安全文化氛围。

(2)学习理念

创新能力的增强需要学习能力的提高作为强大后盾，员工不断学习是企业持续创新的基础。靖远二电以提升全员素质、建设学习型企业为目标，牢固树立主动学习、全员学习、终身学习的理念，让学习覆盖到每一个员工，贯穿到工作的全过程。

营造浓厚的学习氛围。靖远二电注重营造全员主动学习、积极创新的良好氛围，不断引导和督促员工树立学习意识、端正学习态度、培养学习习惯、强化学习效果。公司的中高层领导带头做学习型领导者，在繁忙的工作中抽出时间学习现代管理知识，不断丰富知识储备，为全体员工树立了榜样，以自身素质的提升来引导全体员工的学习。同时，公司通过建立学习型团队，组织学习心得交流活动，开展征文比赛，完善“职工书屋”及企业内刊等形式，不断丰富学习内容，改进学习方法，提升学习效果。

建立良好的培养机制。靖远二电建立了良好的教育、培训机制，鼓励员工立足岗位、学习成才。公司以内外部环境为基础，以整体人才培养规划为指导，采取灵活多样、针对性强的方法对员工进行多层次、全方位的培训，包括学历教育、专业知识和技能培训、工作实践等，充分发掘员工潜能，提高员工知识水平，增强员工技术能力，促进员工进步发展。同时，为了调动员工学习的积极性与主动性，公司开展了内训师选拔、知识技能竞赛、在线学习积分制等多种活动，对其中表现优秀的员工进行肯定与奖励，树立了一批学习型团队和学习型员工典型。

(3)服务理念

靖远二电的发展是所有员工的利益所在，公司的发展需要完善的制度，但关键还是要看执行。完善流程、分工明细、加强计划性等都是可以不断研讨和逐步完善的，可是如果一个人的心态不好，定位不清晰，没有服务意识，再好再完善的流程也会执行不好，或者敷衍了事。

靖远二电要求员工在工作中时刻铭记公司使命，个人利益服从组织利益。具备“我为人人”的服务心态和意识，把自己利益的实现建立在服务别人的基础之上，把利己和利他行为有机协调起来，不论是自身工作还是协助他人，都要主动承担起责任。服务理念归根结底体现了一种大局意识。服务意识可以激发团队精神，而团队精神又可让员工自觉涌现服务意识。

(4)人才理念

靖远二电积极为员工创造和谐的工作氛围，提供广阔的发展空间，遵照“重视人、关心人、尊重人、塑造人”的目标，在人才的“选、用、育、留”的全过程都注重落实“以人为本”的现代管理思想。

选人时，量才录用。靖远二电通过岗位动态管理、内部人才任用系统等创新性的员工任用举措，让员工参与到岗位的竞聘，坚持“能者上，平者让，庸者下”和“竞聘为主、任命为辅”的原则公开竞聘，完成了关键人才岗位调整，实现了关键人才在企业内部的良性流动，也为优秀的员工提供了展示自我风采、发挥聪明才智的舞台。

用人时，人尽其才。靖远二电通过引入岗位资质模型，对员工的能力做出合理的评价，实现人岗匹配，让员工在适合自己的位置上发挥最大的效用。抛弃将员工当作短期雇员的思想，为员工的前途做长远的规划，提供纵向、横向等发展通道持续开发员工潜能，承担起企业对员工的责任。

育人时，百年树人。靖远二电开展多种形式的培训活动，拓宽培训渠道、优化培训流程、加大培训力度、落实培训计划，将培训作为员工的权利和福利。不仅通过技术交流、传帮带等活动提高员工的专业知识和技术技能，而且通过读书交流、文化竞技比赛、专家讲座等多种方式提高员工的社会公德和人文素养。

留人时，留心留情。靖远二电积极优化薪酬结构，理顺分配关系，制定多样化的激励措施，提高员工的满意度。比物质留人更重要的是精神留人，公司积极为员工营造精神家园，通过员工节等活动答谢员工的辛勤工作，肯定员工的工作成绩。同时注重对员工多方位的关怀，过节时一句祝福的话语，生日时一个精美的蛋糕，生病时一次亲切的慰问，点滴中表现了“以人为本”的理念，赢得了员工对企业的厚爱和眷念。

2.2.2 制度—行为层

在企业文化结构中，制度—行为层居于中间位置，对企业文化的完整性和功能性发挥着举足轻重的作用。它既是塑造精神文化的主要机制和载体，又是适应物质文化的固定形式，这种中介作用，使得靖远二电非常重视制度—行为层的建设。

2.2.2.1 制度层

靖远二电针对企业内外部环境，根据国家有关法律法规和企业章程，建立了以整合型三标一体为核心的标准化管理体系，为公司的经营活动提供了制度保障。整合型三标一体是靖远二电将质量管理体系、环境管理体系、职业健康安全管理体系进行整合形成的独具特色的管理体系，它适合并充分体现了靖远二电“为客户、为员工、为股东、为社会”的企业使命，实现了公司产品质量、工作环境和职业健康安全工作的标准化和规范化。在整合型三标一体的基础上，公司建立了管理手册、程序文件、三级文件和记录文件的四层级文件体系，涵盖了公司经营的各类纲领性文件、程序要求以及技术标准、管理标准和工作标准，使公司各项活动有章可依。标准化管理体系的建立是靖远二电从内部制度入手保障经营生产、提高管理水平的重要举措，具有深远的意义。

可见“日新”文化不仅具有特色鲜明的精神文化，同时具有别具一格的制度文化。这些制度文化使管理者倡导的价值观念得到有力的支撑和贯彻，在得到员工认可的前提下更好地约束和规范了员工行为。“日新”文化的制度层在“以人为本”的基础上，贯穿于人本管理、现场管理、经营管理和资源管理四个模块的方方面面。

2.2.2.2 行为层

一个企业的企业文化优劣、企业文化建设工作的成败，通过观察员工的日常精神面貌、做人做事的态度、工作中乃至社交场合的行为表现，就可以做出大致准确的分析判断。

为了避免“日新”文化建设工作落入形式主义的窠臼，靖远二电以理念为指导，以制度为准绳，建立了与精神层、制度层相一致的行为层文化。公司上至管理者，下至基层员工都将企业价值观和经营理念融入日常工作内，落实到具体行为中，以自己的实际行动践行着公司的价值取向和精神追求，使得理念不是满嘴空谈，制度也非一纸空文，从而使“日新”文化显示出强大的生命力。

(1)管理者行为

管理者躬体力行，企业文化才能欣欣向荣，管理者漠然置之，企业文化必定日暮途穷。靖远二电的管理者不仅将“日新”文化的建设工作摆在关乎企业生存发展的重要地位，更是以身作则、率先垂范践行着“日新”文化的要求。

重大局。靖远二电的管理者肩负着实现公司愿景的重要使命，他们不断培养自己的大局意识，推进公司全面协调发展。总揽全局，管理者审时度势，善于把握市场规律，不断根据市场环境变化灵活调整经营策略；兼顾各方，管理者揆情度理，统筹兼顾各项工作，协调处理各部门之间的关系，加强沟通协作。

重责任。靖远二电的管理者时刻谨记自己责任所系、职责所在。于己，以身作则，严格要求，不断丰富自身理论和业务知识，提高经营管理的能力及带好队伍的能力。以优良的作风、优秀的能力团结和带领广大员工迎难而上、锐意进取。

抓队伍。靖远二电的管理者始终坚持员工在组织中的主体地位，将推进员工队伍建设作为工作的重中之重。以全面提升员工素质为基本要求，不断健全人才发展机制，创新培训方式方法；以“以人为本”为根本方法，全方位关爱员工，多方面尊重员工；以提高员工意愿为工作的出发点和落脚点，不断加强员工关系管理，努力营造积极、融洽的工作氛围，充分调动员工工作的积极性与主动性。

抓效益。发展才是硬道理。员工实现自我价值，需要企业发展提供平台，企业成就世界一流，需要自身发展奠定基础。靖远二电的管理者始终坚持以经济效益为中心，牢固树立效益第一的理念，对内不断提升管理水平，领导员工深入开展降本增效活动，提升市场竞争力和综合盈利能力；对外深入研究市场形势，制定战略、做好规划，争发效益电，严控市场煤，不等不靠，以精益管理不断提升经营业绩。马斌总经理深知蕴含于“日新”文化中的巨大力量，它不遗余力推进部门文化建设，不断发挥“日新”文化管理特质的作用，从文化中挖掘效益，在他的带领下，靖远二电在整体经营形势不利的困境中取得了一系列骄人的成绩。

(2)员工行为

“日新”文化倡导的价值理念不能仅仅是挂在嘴边和墙上，而是需要有效地转化为员工的实际行为，实现对员工行为的塑造，同时这也是“日新”文化建设工作顺利开展和推进的关键步骤。员工不仅是“日新”文化的创造者，而且也是“日新”文化的承载者和实践者。靖远二电的员工是“日新”文化的最佳代言人，正是他们，在自己的点滴行动中诠释了“日新”文化的内涵，展现了“日新”文化的风采。

讲纪律。纪律不仅保障企业安全生产，而且能保证企业的有序运行。安全生产是企业立足当下、谋划未来的重要基础，员工是维护安全稳定生产局面的关键力量。靖远二电的员工将“要我安全”转变为“我要安全”，严守纪律，坚守责任。讲纪律体现在员工“自动自发、不折不扣”的执行力上，无论是6S管理还是点检定修制，在最初引入的时候员工内心总是有一些抵触情绪，但员工依然认真执行，在过程中不断认识这些制度的益处，并最终内化为自觉行动。

讲规范。“规范操作、规范干活”对员工完成工作任务，达成工作目标具有非常重要的意义。“日新”文化通过精神层的引导，制度层的约束，使得工作规范植入每一位员工的内心。分析问题时，依据规范思索考虑，避免凭空猜测、主观臆断；解决问题时参照规范决策规划，防止随心所欲、恣意妄为。员工们随时对照“日新”文化的要求，调整修正自己的行为，使得自己的行为符合企业倡导的价值取向和制定的制度规范。

拼敬业。提高责任意识是塑造优秀员工的必要途径，而爱岗敬业是员工履职尽责最基本的要求，也是最朴实的表现。靖远二电的员工以“我的责任我担当，我的职责我履行，我的任务我完成”为要求，不断培养、提高敬业精神和责任意识。领导交办工作时，不是讨价还价，能推就推，而是不找借口，全力以赴；工作中遇到困难时，不是等待观望，半途而废，而是自我激励，攻坚克难。员工们脚踏实地，兢兢业业，从小事做起，从现在做起，从合格到优秀，从优秀到卓越。

专栏文章2.3

责任在身边

今天，无论我们身处哪个岗位，无论我们的工作有多么平凡，都要知道：二电所取得的每项工作成绩，莫不来自于我们一步一步地打磨，莫不来自于我们一点一滴的累积；没有我们年年辛勤的汗水，哪来二电成功的喜悦。因此，在工作中，我们要善于经营自己的长处，使自己的人生价值增值。在工作中勤思考、勤学习、勤总结，时刻将二电的效益放在心上，各岗位应根据自身特点，努力做好本职工作。

文/沈玉芳 运行部

工作在生产一线的员工，您在为二电机组稳发、多供贡献自己的力量，而作为和我一样的后勤服务员工，同样在为二电的发展贡献着自己的微薄之力。你我虽然分工不同，但却有着太多的相同之处：那就是责任。让身处平凡岗位分工不同的我们，努力承担自己工作中的责任吧。

文/杨玉琴 员工服务中心

文章节选自主题活动丛书《责任在身边》

拼精业。坚守责任是基本要求，精益求精是更高追求。靖远二电的员工在尽心尽责地完成本职工作的基础上，更加看重高效率、高水平地完成工作。以精通专业为要求，员工们通过企业培训、自我学习等方式，不断提高自身的技术知识和专业素养，努力成为专家型和技术型员工。以精益生产为目标，在工作中不满足于现状，积极思考更好的方式、更好的途径让工作更有效率、更具效益。将勇于革新、锐意进取、不断开创新领域、敢于突破新水平作为精益生产的有效途径。

2.2.3 物质层

企业的物质文化，顾名思义就是企业文化的物质层。它是由企业职工创造的产品和各种物质设施等构成的器物文化，它包括两个方面的内容：一是企业生产经营的成果，即企业生产的产品和提供的服务；二是企业的工作环境和生活环境。

2.2.3.1 工作环境

良好的工作环境不仅是劳动保护的重要内容，其对促进工作效能的提高也有重要的意义。在靖远二电，公司通过6S管理、iPRM和细节上的关怀改善工作环境。

公司推行了6S管理，使得工作现场一尘不染，设备器具摆放井然有序，此举不但改善了工作环境、提高了工作效率，而且促使大家形成了爱厂、护厂的思想和行为习惯。公司通过研发、使用iPRM系统实现了全过程无纸化办公，简化了工作流程，同时公司通过采购使用先进工器具，使现场生产更安全、省力、精确、高效。

2.2.3.2 生活环境

靖远二电的福利住宅区外观漂亮、布局合理，小区内有大片绿地和许多休闲设施。整个小区干净整洁，无人会相信，脚下的土地曾经是茫茫戈壁的一部分。

公司投建了纯净水厂，并且将纯净水通过管道送到各家各户，解决了员工“长期饮用严重盐碱化的水会影响身体健康”的问题。公司建立了“员工之家”活动中心，配置有健身房、室内羽毛球和篮球场地、棋牌室、体能检测中心、小型图书馆等娱乐设施，丰富了员工的业余生活。同时，公司建立了阳光超市和阳光食苑，引进专业洗衣店等，为员工的日常生活提供了很大的便利。

靖远二电通过这些举措与设施，丰富了员工的生活内容，提高了员工的生活水准，为员工和谐地处理工作与生活、个人与家庭的关系提供了物质保证。生活环境的改善和提高使得员工对公司心存感激，并通过努力的工作来给予回报。

专栏文章2.4

美丽的阳光花苑

昔日不起眼的“福利二区”开始有了一个温暖如春的名字“阳光花苑”。规划有序、平整如毯的草坪代替了肆意生长的红豆草和野苜蓿，舒适的塑胶运动场覆盖了原来的水泥地面。家属楼披上了彩妆，更靓丽了；食苑、超市、洗衣房先后投运，生活方便了；活动中心落成了，茶余饭后有了去处，日子越来越充实了。尤其到了晚上，各种花灯竞相绽放，千姿百态，流光溢彩。“福利二区”在灯光的映衬下，宛若仙境。

看着生活区几年来发生的翻天覆地的变化，展望二公司不远的将来，作为一名靖远二电的建设者，怎能不感到骄傲和自豪。

文/张多勇　燃管部

节选自《感动二电》

2.3　“日新”文化的落实

所谓企业文化落地，首先强调的就是企业倡导的理念应具体落实到各级员工的行为之中。为此，不仅要在氛围营造和思想引导上下功夫，还需要建立相应的行为准则和评价标准，定期采取考核与激励措施，让每个人深切地感受到文化的重要作用，从而养成良好的行为习惯和行为模式。

为了让“日新”文化落实到各级员工的思想与行为中，靖远二电不断探索总结，形成了“高层领导引路，党建工作推进，文化活动宣贯，全员参与执行，日常管理保障”的工作体系。

2.3.1　高层领导引路

高层领导是企业文化建设的领头人，其言行举止会成为企业的文化象征。但凡成功的企业文化，领导在其建设中都起到举足轻重的作用，主要体现在领导重视、领导参与和领导表率。

“日新”文化取得今天的成绩与靖远二电历任领导的重视是分不开的，为了让“日新”文化在靖远二电落地生根，高层领导做了很多工作。一方面他们通过不断宣传，在公司上下营造了“日新”文化的氛围；另一方面他们带头践行“日新”文化，有效地推动了“日新”文化的执行。

2.3.1.1 营造“日新”文化氛围

管理团队努力营造“日新”文化的氛围，是“日新”文化不断传播和持续发挥影响力的决定因素。领导重视企业文化，才能有意识地培育企业文化，建设企业文化，而不是把企业文化作为可有可无的“花瓶”或者任其发展。

靖远二电领导团队率先提倡和遵循“日新”文化，注意营造“日新”文化的氛围，与员工加强沟通，建立学习型组织，培养团队精神。领导团队不树立典范，员工就会失去信心，为此，靖远二电领导注重宣传、培训“日新”文化，专门召开座谈会，结合“日新”文化理论知识和学习文化手册，讨论如何结合工作实际落实核心价值观和相关理念。

前任总经理王维东经常要求员工“要么不做，要做就做最好”，他强烈争做一流发电企业的愿望感染着靖远二电的每一位员工，激励着大家践行“日新”文化，为美好愿景努力奋斗。

前任总经理苗承刚强调文化能够实实在在为企业带来效益。要做“看得见、摸得着”的企业文化。他对企业文化的态度促使每一位员工重视企业文化建设工作，将“日新”文化贯穿于自己的理念和行为中。

马斌总经理注重文化落实，他深知蕴涵于“日新”文化中的无穷力量。他将文化工作提高到主题活动的层次，积极推进部门文化建设，公司上下各个部门都形成了自己的部门文化，“日新”文化落实工作不断向更深层次推进。

2.3.1.2 带头践行“日新”文化

上行下效是企业文化执行的基本原则，如果高层领导不能自觉践行企业所倡导的理念，不能率先垂范、说到做到，再正确的理念、再美好的愿景，也不可能真正落地生根，变成“实符其名”的企业文化。

在靖远二电，管理层始终将以身作则、率先垂范践行“日新”文化作为自己工作的重要职责之一。在平时的工作中，管理团队注重不断丰富自身理论与业务知识，提高经营管理水平，积极思索并采用更有效的方式解决问题，以便更准确地分析和把握组织内外部环境，带领和推动公司更好地向前发展。在“日新”文化大讲堂、“日新”文化“回头看”等一系列活动过程中，管理团队都主动参加和全力配合。公司领导通过带头践行“日新”文化，发挥了巨大的表率和导向作用。

2.3.2 党建工作推进

2.3.2.1 党建工作理念

靖远二电针对中美合资的实际情况，实行“单一首长、党政合一”体制，建立了一支精干高效的党建工作队伍。公司党建工作总体坚持“一、二、三、四、五”理念，即以“一流、双创、三点、四有、五个一”为总体思路，贯穿公司创新发展的每一段历程。党建工作发挥强有力的保障和服务作用，与生产、经营、管理工作互为促进、相得益彰，成为“日新”文化落实的重要推动力量。

（1）“一流”目标

创建一流党建工作，实现“围绕经营抓党建，抓好党建促经营”的一流党建目标。

（2）“双创”原则

不但要努力创建管理一流的电力企业，而且要努力创新适合合资企业特点的党建工作。

（3）“三点”方针

以“日新”文化建设为着眼点，以一体化工作流程为着力点，以全心全意依靠员工为支撑点。

（4）“四有”要求

有一个坚决贯彻执行党的路线、方针、政策，善经营、会管理，得到员工拥护的领导班子。

有一支在公司改革发展和创新工作中经得起困难和风险考验，真正发挥先锋模范作用的党员队伍。

有一个适应公司改革发展和科学管理要求，与生产经营紧密结合，保证党建工作发挥作用的管理机制。

有一套加强党员教育，能及时解决自身矛盾和问题的工作制度。

(5)“五个一”理念

选配一个好支书、建设一个好支部、带出一支好队伍、完善一套好制度、形成一个好机制。

靖远二电党建工作坚持贯彻“一、二、三、四、五”理念，使公司全体人员统一了认识，有了明确的方向，为创新合资企业党建工作打下了认识和理论基础。

2.3.2.2 三位一体格局

在靖远二电管理创新和改革发展的实践中，公司党委始终把促进公司改革发展稳定作为加强和改进企业党建工作的目标和衡量标准，形成了公司经营管理和党的建设相互促进、共同发展的良好局面。

靖远二电党委根据中心工作确定党建工作内容，将党建工作融于中心工作的各个环节，加大党组织直接为生产经营服务的力度，并建立了激励约束机制，逐步实现了“围绕经营抓党建，抓好党建促发展”的“大循环”格局。

(1)形成“大政工”的格局

坚持发挥党的思想政治工作的优势，通过党、政、工、团，运用“大政工”的力量，采取公司领导与员工直接对话，政工人员到现场与员工面对面沟通交流，进行梳理和答疑解惑，植入新的文化理念和价值观，克服了公司改革过程中的各种阻力，保证了公司稳定发展。

(2)形成“大安全”的格局

公司坚持把管人、管事、管设备相结合，提出了“生产安全、设备安全、人身安全、思想安全”的“大安全”理念，不但要做到生产上的安全，员工的人身安全，而且要做到员工思想上的安全，实现反腐倡廉、廉洁从业的目标，并通过党政工团齐抓共管，建立健全了相关制度。通过这些方法建立了一个立体的、全面的、全员的“大安全”格局，营造了安全文化氛围。

(3)形成“大文化”的格局

“日新”文化是公司的常青树，是灵魂和精神支柱，是对公司优秀文化基因的提炼和升华。在这样一个“日新”文化的格局下，公司各级党组织、全体党员形成了坚强有力的学习型、创新型、开拓型团队，真正体现了“团队彰显诚信”“创新促进学习”“绩效体现价值”“执行提高效率”的公司价值观。

通过“大政工”“大安全”“大文化”这样一个三位一体的架构，靖远二电党委正确处理好党建创新工作的虚与实的关系，努力把虚事办实，实事办好，让党建创新工作转起来，实起来，活起来，硬起来，将党建工作融于中心工作的各个环节，加大党组织直接为生产经营服务保障的力度。

2.3.3 文化活动宣贯

企业文化活动是企业文化的重要组成部分，是塑造企业文化的有力手段，起着引导、促进、激励企业文化不断发展与完善的重要作用。企业文化活动具有引导性、促进性和凝聚性。

靖远二电在多年的企业文化实践中，创新文化活动形式，形成了自己的品牌活动载体；注重通过多样的团队拓展形式，锤炼团队精神，磨砺员工意志。

“日新”文化在形成发展的过程中，逐渐形成了富有特色的品牌载体，主要有：员工节、颁奖晚会、年度“主题”活动、公司内刊《能之源》等，它们在企业文化落实过程中相互配合，形成了有效的文化传播网络，使企业的内部沟通形式更多元化，充分发挥了舆论引导的作用，促使员工快速转变观念，能时时跟上公司发展变化的步伐，能时时保持与公司同时进步。

(1)员工节

1995年7月18日，靖远二电迎来了第一位员工，这一天成为靖远二电员工的节日——“员工节”。从2003年开始至2013年，靖远二电已经成功举办了十一届员工节。每一届员工节都由许多系列活动组成，都有不同的主题,诸如：拓展活动、健身操大赛、技术比武、体育竞技、轻音乐会、家庭才艺表演、厨艺大赛等。通过员工节，充分表达公司对全体员工辛勤工作的认可，不仅体现以人为本、亲情管理的理念，还提高了员工的品位。

员工节为宣传“日新”文化理念、员工交流感情提供了平台。“激情投入、快乐工作、享受美好生活”“动力源于紧密无间”“你是我的骄傲”“把爱传出来”“责任成就梦想”等理念，都是在员工节中为广大员工所熟知的。

专栏文章2.5

“员工节”：二电人心中的情结

七月十八，融化一种亲情
感恩的心，传递一种神圣的关爱
倾注来自心灵深处平凡的关爱
总是一如既往地如期而至
开启诚挚的心智
感知水乳交融的灵透
……
员工节，如同夏日一缕缕的荷香
承载着一份关爱一种期盼
激荡着一份追求一份希冀
在这里，开始了凝聚团队潜能的迸发
在这里，开始了激发创新灵感的驿站
在这里，开始了释放新的起点新的崛起
在这里，开始了触及卓越巅峰的坚定信念

文/周婷洁 检修部

节选自《能之源》第9届员工节特刊

(2)颁奖晚会

颁奖晚会是员工文化活动的又一个大舞台。每年的岁末年初，公司都会举办春节联欢暨颁奖晚会，迄今已经举办了11届。颁奖晚会对于落实“日新”文化而言意义非凡，一是对全年工作的总结，对辛勤工作的员工进行答谢；二是对年度各类先进员工进行表彰，让获奖员工踩着红地毯走向颁奖台，在大屏幕中播放获奖员工的事迹等形式，明确了“日新”文化提倡什么样的理念，鼓励什么样的行为，展示企业的价值取向。

(3)主题活动

近年来，靖远二电每年都开展贯穿全年工作的“主题”活动，

2010年至2013年的主题分别为“提高责任意识、塑造卓越员工”“延伸日新内涵、建设部门文化”“增强精益管理意识、争创精细工作岗位”和“精益求精强管理、持续改善促提升”。

靖远二电根据企业年度工作任务，制定每年的主题活动实施方案，结合企业发展实际，主题活动又分为若干项系列活动。通过主题活动，靖远二电拓展延伸“日新”文化内涵，强化员工执行力，将精益管理的理念传播开来，推动了公司各项工作的顺利开展。

(4)特色内刊《能之源》及文化书籍

靖远二电以员工最关注的话题为内容，精心设计出版了公司特色刊物《能之源》。因其优美的文字和图片，极强的时代感而获得员工的普遍认同，很好地承担了建设员工精神家园的重任。

在公司重大活动的开展过程中，公司利用《能之源》大量刊登相关的文章，做到活动消息不漏报，及时报。《能之源》从员工们普遍关心的话题出发，并通过日积月累，不断潜移默化地灌输企业的价值观、经营理念、职业道德、社会公德等内容，对企业发展和不断提高职工素质起到积极的促进作用。

另外，靖远二电在“日新”文化的推行中及时将学习成果的总结及相关案例文章编辑成册，为下一步文化提升做铺垫。陆续策划编印了《靖远管理模式》《日新文化手册》《员工行为规范手册》《员工礼仪手册》《感动二电》《情结二电》《日新二电》等书籍。

(5)团队拓展

拓展训练是整合企业文化、激发员工潜能、打造卓越团队、提升核心竞争力的必要培训课程。靖远二电从2004年开始，开展了大规模的拓展训练，开设了企业培训和团队建设方面的训练，取得了很好的效果。拓展训练覆盖面广，从总经理到普通员工都参与其中；拓展训练项目丰富，包括“空中断桥”“空中双人走钢丝”“信赖背摔”“孤岛求生”等。

拓展训练增进了公司员工对公司决策层的信任和理解，公司决策层同时也能够在第一时间及时掌握公司员工对自己的要求和看法。同事之间多了一份理解和默契，提高了团队精神，磨砺了员工意志。

专栏文章2.6

公司管理部门拓展活动侧记

公司总经理马斌和经营策划部、党群工作部、人力资源部、财务管理部、物资采购部、燃料管理部的员工一起在官滩沟参加了公司第九批拓展之旅。

清晨的"徒步穿越"科目，正式拉开了本次拓展活动的序幕。两个小时的崎岖山路，大家相互鼓励，终于，在汗水和坚持中体验到了胜利的喜悦。在"穿越电网""流程管理""划船竞技"等科目中，大家共同克服困难，出色地完成了一项项任务。

而"信任背摔"和"求生墙"这两个科目，对于大多数第一次参加拓展训练的新员工来说，变得尤为考验。随着一声声"请相信我们"的高声呐喊，信任和勇敢在这个时刻表现的淋漓尽致。在"求生墙"科目中，面对4.5米高的求生墙，任凭你的能力再强，也不可能一个人徒手攀爬上去。但是，集体的力量却很强大，当教练一声令下，所有的人共同努力，团结合作，甘当人梯。终于，15人全部攀过了这堵"求生墙"。在合影时，很多人眼里都浸润着泪水，并感谢自己的队友在每项任务中对自己的帮助。

在回来的路上，大家还在继续分享着之前的快乐和体会，一天的拓展活动在欢声笑语中结束。

文/马晓丽　党群部

节选自《能之源》第72期

2.3.4 全员参与执行

优秀的企业文化更需要有企业全体员工的积极参与、自觉贯彻。"日新"文化全员参与执行包括两方面内容：全员参与传播；全员参与创新。前者体现了员工如何将"日新"文化意识扎根于内心，它为"日新"文化的执行创造了坚实的人员条件；后者则体现了员工如何将"日新"文化要求落实于工作，是"日新"文化全员参与执行的现实表现。

2.3.4.1 全员参与传播

靖远二电通过多层次、跨专业的强化培训，迅速铺开“日新”文化的宣讲工作，并通过公司培训，选拔合适的内部宣讲人员，感染和带动其他员工，加快了“日新”文化的传播速度，增加了文化的亲和力；还通过举办一系列的特色文化活动，比如“文化畅想”和“我与公司共奋进”部门文化建设宣讲会活动、“青年的责任”主题论坛活动等，这些活动为“日新”文化的执行创造了坚实的人员条件。

举办各种文化活动，是公司传播“日新”文化的重要手段，靖远二电注重文化活动的创新，真正从员工的需求出发开展文化活动，保证了文化活动的新颖性，同时也吸引了广大的员工广泛参与，保障了“日新”文化的传播效果。具体活动可参见前文“文化活动宣贯”。

2.3.4.2 全员参与创新

“日新”文化中“每天进步1%”的共性追求，是全员参与的动力来源，在制定发展目标、实施经营战略、调整组织结构、制定规章制度、组织生产计划、推进技术进步等各项工作中发挥着核心作用。员工是企业的主体，也是“日新”文化执行的主体，靖远二电将“日新”文化的精髓体现在每一个员工日常的具体行为中，形成靖远二电鲜明的群体个性，进而树立靖远二电的企业品牌。

目前，“日新”文化的精神内涵已经深入员工内心，“每天进步1%”的理念成为人尽皆知的熟语。从细微处发现问题、改善问题，成了员工们主动的行为。截止到2010年底，靖远二电累计完成改善提案2.7万多条，改善率达到100%。平均每年开展焦点课题约60个，年均创造的经济效益超过400万元。

专栏文章2.7

主题活动：全员齐参与

公司在2010年开展了贯穿全年的“提高责任意识、塑造卓越员工”主题活动，以提高员工的责任意识，拓展“日新”文化内涵，使广大员工同心协力，共渡企业面临的困难。

主题活动以“提升‘日新’文化内涵，强化员工责任意识，激发和经营员工的责任心，加强员工执行力，实现企业经营目标”为目的，贯穿到公司全年工作中。自年初开展以来，先后举办了15项系列活动，从党、政、工、团，自公司、部门、班组、家庭，触及了员工的各个层面，参加系列活动的员工超过8000余人次。“我的责任我担当，我的职责我履行，我的任务我完成”已潜移默化地融入员工的日常工作之中，成为公司员工自觉的行为准则和价值取向。

11月份，公司开展了“十大卓越员工”评选活动，注重评选过程，体现“评选是一种学习，学习是一种进步”。先后由各部门推荐40名卓越员工提名人选，再公示卓越员工提名人选事迹，采取网上投票的方式，由员工自己投票选出“十大卓越员工”，让所有员工参与评选活动。类似这样的创新，贯穿于主题活动的始终，吸引员工参与活动的人数是空前的。

文章节选自《能之源》

2.3.5 日常管理保障

企业文化建设必须有反馈和考评机制。在文化建设过程中，对情况的反馈和阶段性效果的评估以及对企业各个部门和员工贯彻实施企业文化建设情况的考评是实行“实时纠偏”的一种有效手段。

靖远二电根据公司的实际情况，将企业文化日常管理分为规划、评估、反馈三个阶段。目的是监督企业文化执行情况，提高企业文化管理水平。其中规划是基础，评估是手段，反馈是关键。

2.3.5.1 规划

企业文化工作不能仅仅停留在文化体系建设阶段，而要切实融入企业管理的方方面面，实现企业文化管理工作的常态化，才能真正发挥提高管理水平，提升整体价值的作用。

靖远二电坚持紧密围绕公司的发展战略，从组织、生产、人力、流程等关键职能入手，结合具体的工作实际，制订企业文化年度工作计划，指明企业文化发展的方向和重点，并且将年度工作计划进行月度分解，制订具体的执行计划，明确提出要解决什么问题，要实现什么目标，使得企业文化规划工作成为公司的行动路线图。

各部门根据公司的企业文化规划，结合本部门实际情况制订本部门文化管理工作的年度计划和月度计划，并让所有员工都充分了解计划内容，促进计划的更好落实。管理者在部门文化计划和管理的基础上，充分考虑各个管理模块和业务路线是如何联动的，如何组织并控制过程，以及如何评估和改进。因此“日新”文化的日常管理规划工作紧守核心价值观，从上到下，层层展开，让公司的每个员工都能感受到文化管理的直接影响，自觉投入到行为对照、调整中去。同时，规划工作也作为文化评估依据的一部分，通过将实际完成情况与计划进行对比，总结经验，查找不足。

2.3.5.2 评估

靖远二电的文化评估工作由党群工作部牵头，人资部辅助，各部门配合完成。主要内容包括以下几个方面。

(1)评估主体

由谁来评估是影响文化评估工作的一个重要因素，评估主体选不好，会使文化评估工作流于形式。高层领导对各部门整体工作比较了解，但只由领导评估又容易造成评估结果片面，不能充分反映部门企业文化的执行情况。部门领导自评的方式又容易陷入“社会称许性”陷阱，评估人为了给他人留下一个良好印象而在测评过程中有意识地进行掩饰，对成绩进行夸大，而对工作不足轻描淡写。员工是企业文化落实的执行主体，他们对“日新”文化在本部门的落实情况最有发言权，且评价较为客观。所以，“日新”文化评估主体以员工为主，另外通过适当与高层领导评估相结合，增强全面性。

(2)评估对象

文化评估工作主要是为了了解整个部门的文化落实情况，其中也包含对部门经理文化工作的评估。

(3)评估目的

①了解企业文化执行情况。

②督促各部门将“日新”文化落实于自己的工作中。

③提高企业文化管理水平。

(4)评估方法

以定量的员工评价为主，以定性的高层领导评价为辅。

2.3.5.3　反馈

评估不是目的，靖远二电进行企业文化建设评估是为了更好地落实企业文化，为公司的发展服务。没有反馈，评估工作将失去意义，员工认识不到评估工作的意义，就会失去积极性，将评估工作视为额外的工作负担。

反馈环节作为一个文化工作阶段的结束，不仅是对本阶段所做工作的总结，也是下一阶段文化工作的起点。反馈阶段的质量将关系到整个文化日常管理工作的效果，是文化日常管理工作的关键所在。为此，靖远二电从两方面着手，打造优质反馈平台。

(1)建立畅通的反馈渠道

反馈是为了及时总结经验，改正错误。畅通的反馈渠道从过程上保证了反馈工作的时效性。

(2)健全表彰与惩罚制度

对于文化工作出色的部门，要给予相应的物质奖励，同时组织经验介绍，促进其他部门共同发展。对于文化工作中存在不足的部门，在帮助提升的前提下提出改正意见，并反映到部门工作绩效中。健全的奖惩制度从结果上保证了反馈工作的权威性。

(3)文化工作是一项需要常抓不懈的工作

企业文化日常管理是一个不断提高的过程，规划、评估、反馈过程是不断循环进行的，上一阶段的反馈将为下一阶段的规划工作提供参考和依据，规划是在更高水平上的规划，如图2-3所示。这一过程将不断进行，推动“日新”文化逐步向更高水平发展。

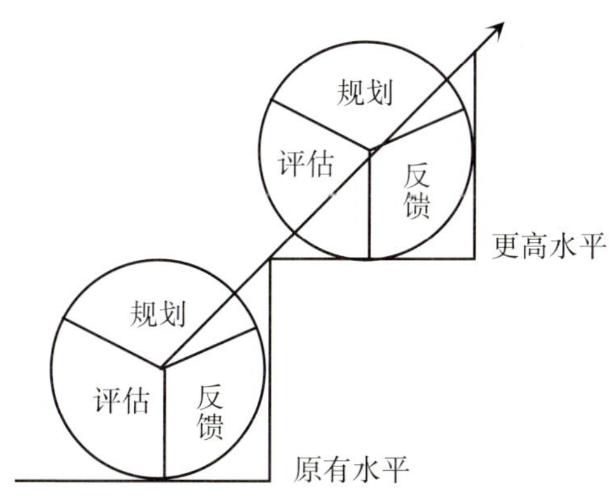

图 2-3　**文化日常管理循环提升示意图**

2.4 “日新”文化的价值

独立运营十年来，靖远二电先后成功施行先进的管理方法30余项。这些管理方法从思想、生产、经营、后勤等各个方面改变了企业，使之成为一个“高效率、高收益、高安全性、低资源消耗、低成本、低风险”的先进合资发电企业。在这个过程中，“日新”文化发挥了举足轻重的作用，正如靖远二电历任领导坚信并倡导的那样，企业文化不是“看不见、摸不着”的缥缈之物，而是能够为企业带来看得见效益的宝贵财富。

2.4.1 内部价值

企业文化的最大价值在于统一员工认识、规范员工行为、激发员工潜能、调动员工热情，从而调动配置企业资源、保障实现企业目标、优化提升企业管理、促进推动企业发展。

2.4.1.1 员工的精神指引

“日新”文化强调，企业生存与发展的原动力是全体员工共同的目标感、使命感、责任感和荣誉感，以及在此基础上形成的凝聚力和向心力。“日新”文化犹如心灵的黏合剂，把员工与公司之间、员工相互之间牢牢地聚合在一起，把员工的思想感情和理想追求与公司的发展紧密联系起来，形成“上下同欲者胜”的有利局面。

“日新”文化成为靖远二电员工无坚不摧的精神支柱和活力源泉，不仅表现在它将员工紧密地凝聚在公司周围，而且体现在员工将这种思想意识自觉地转化为实际行动，在共同的目标、共同的价值理念的驱使下，用积极主动、爱岗敬业的态度坚守着自己对公司的责任。这些都充分彰显了“日新”文化强大的凝聚与激励作用。

(1)培育员工认同感、归属感

独立运营之初，公司面临的重重困难无不考验着靖远二电人的智慧和勇气，可是这并没能阻挡靖远二电人前进的脚步。员工们在“日新”文化的指引下，坚持以创新为发展动力，通过多年的艰苦努力将靖远二电打造成了行业先进的合资发电企业。效益的提升、知名度的提高又反过来加深了员工对企业的认同感，大家以身为靖远二电员工感到自豪，对企业产生了强烈的归属感。

随着电力市场体制改革的不断深化，公司面临甘肃电网负荷大幅下滑、煤炭供应市场的巨大变化等不利因素，经营形势比较艰难，此时“日新”文化对员工的激励作用就显得更加重要。

(2)提高员工积极性、主动性

充分发挥员工在企业发展中的主体地位，增强员工的主人翁意识既是“日新”文化的目的，也是“日新”文化的作用。“日新”文化将员工个人的工作与他们的人生目标联系起来，这是其工作自主性和主动性的源泉，有利于员工超越个人的局限，发挥集体的协同作用。员工体验到在共同的目标中有自己的一份，并且与自己的人生目标是相联系的，有利于增强他们的事业心和责任感。“日新”文化激发了员工的敬业精神，当面对困难时，员工勇于挑起重担，视压力为动力，变被动为主动，自觉把力量凝聚到立足岗位、敬岗奉献上，凝聚到自我勉励、提升业绩上，凝聚到积极进取、完成工作上。

(3)营造员工的精神家园

靖远二电通过各种手段为员工营造良好的工作、生活环境，从感情上关心员工。靖远二电利用员工节、颁奖晚会等活动，表明公司对全体员工辛勤工作的认可，表达公司对全体员工的真诚祝愿和衷心感谢，体现了公司以人为本、亲情管理的理念。同时，靖远二电的员工节也是新时期构建和谐社会、建立融洽劳动关系、落实以人为本的有效途径。公司以员工最关注的话题为内容，精心设计出版了公司特色刊物《能之源》，因其优美的文字和图片，极强的时代感而获得员工的普遍认同。公司网站等舆论宣传平台更是很好地承担了建设员工精神家园的重任。无微不至的关怀让靖远二电员工内心产生强烈的归属感。

2.4.1.2 企业行动纲领

“日新”文化不仅对员工的价值取向有导向作用，对员工的行为选择也能进行有效的引导。“日新”文化通过建立起一套自身系统的价值和规范标准，向员工提出了期望，是员工行为决策的依据，解决员工“做什么”的问题，从而让员工有意识地按照“日新”文化的指导进行自我管理和控制。

经过不断强化，“日新”文化已经成为靖远二电的行动纲领。从企业人员看，上至高层管理者，下至基层员工都将自觉遵守企业行为规范、规章制度作为自己的责任；从企业活动看，无论是生产经营还是日常管理都以“日新”文化“团队、创新、执行、绩效”的核心价值观作为指导思想和追求目标。

(1)领导与员工齐遵循

“教者，效也，上为之，下效之”。在企业中，领导往往是员工的行为导师，其言行举止对员工有着巨大的示范作用。靖远二电的领导者从“日新”文化建设开始就认识到价值观面前无特权，提出“高层是号角、中层是关键、员工是主体”的目标要求，积极对照“日新”文化定位自己的角色，率先依据“日新”文化规范自己的行为。管理人员坚持履职尽责，把工作的着力点真正放到解决生产经营中的重大问题上，不搞表面文章，摒弃华而不实。坚持与时俱进，不断学习丰富自身管理理论和业务知识，注重学用结合，在学习和实践中提高解决问题的能力、经营管理的能力、带好队伍的能力，以适应新的形势要求。

员工是“日新”文化建设和执行的主体，“日新”文化要想发挥提升企业能力、促进企业发展的作用，就必须体现在每一个员工日常的具体行为中。“日新”文化要求员工“从自己做起，从现在做起”，自动自发、不折不扣，再简单的工作也要立刻去做，不搞拖延；再困难的任务也要想办法解决，不找借口。“日新”文化强化了员工的责任意识，激发了员工的责任心，增强了员工的执行力，使员工能自觉对照“日新”文化的要求，不断规范行为、提高能力，用自己的点滴行动为企业增砖添瓦、增光添彩。

(2)管理与生产共遵守

在管理层面，“日新”文化强调“善于接受新事物，并迅速转化为生产力”，这是靖远二电每一项管理活动的要求和目的。在宏观层面，“日新”文化是企业战略规划与实施的基础性依据和重要保障；在微观层面，企业强调在出台一些制度、措施时，要时刻与“日新”文化保持一致，剔除那些与“日新”文化相悖的制度，坚持完善、执行与“日新”文化相符的制度。在“日新”文化的指导下，企业对现有管理体系进行了系统修订和整合。通过管理体系整合，消除了职能重复现象，理顺了管理流程，提高了管理效率和管理水平。通过“日新”文化的执行过程，在企业形成了认真办实事的浓厚氛围，在这样的大环境下，上下级之间、各部门及班组之间也逐渐向无缝配合发展，通过项目或者员工之间的默契配合，集思广益，顺利解决问题。

在靖远二电这样的生产型企业，提高生产的安全性、稳定性、可靠性显得尤为重要，这也是每一次技术革新和流程优化的着眼点和落脚点。“日新”文化使“安全第一”的理念深入人心，以“平安春检”“和谐秋检”和“安全生产月”等活动为抓手，增强员工安全意识、保障设备安全运行、排查各类安全隐患、实现企业安全生产。一直以来，企业高度重视节能减排工作，认真研究落实国家政策要求，坚持以技术创新为先导，以对标管理为手段，通过机组增容改造、燃料监管控制等方式，圆满完成节能和环保任务。企业通过优化供应结构，降低燃煤采购成本；加强财务管理，降低财务费用；实施机组降耗增容，节约燃料成本；积极争取外送电量，增加边际利润等方式有效地缓解了成本压力，使降本增效活动取得丰硕成果。

2.4.2 外部价值

企业是社会的细胞，企业文化不仅在企业内部发挥整合资源、凝聚员工的作用，而且通过企业与外界的交往将企业的优良作风、精神风貌辐射到整个社会。纵观世界成功企业的经营实践可以发现，一个企业之所以能在激烈的市场竞争中脱颖而出，长盛不衰，归根到底是因为在其经营实践中形成和应用了优秀的、独具特色的企业文化。

2.4.2.1 核心竞争力

核心竞争力是企业长期形成的，蕴含于企业内质的，由企业独特拥有并能使企业获得长久竞争优势的核心能力资源。技术可以学习，人才可以流动，但一个企业的核心价值观却是带不走的。经过多年的发展建设，“日新”文化从人员、技术、管理的方方面面改变了靖远二电的面貌，成为靖远二电的核心竞争力。

(1)文化凝聚员工，员工保障发展

优秀的员工是企业生存发展的基础，其所拥有的知识技能、专业素质、能动性、创新性是企业获得竞争优势的主要来源。靖远二电将员工视作公司发展的动力源泉，高度重视员工队伍建设工作，并将“日新”文化建设工作与之结合起来，相互促进，共同发展。“日新”文化强大的凝聚功能和激励功能，不仅使优秀的员工为公司停留，更提高了员工的目标追求，激发了他们潜在的积极性和创造力，在公司目标方向形成巨大的合力，从而保证了各项工作的有效开展，以及技术创新和管理创新工作的深入推进。

(2)文化促进技术,技术创造效益

“日新”文化“精益求精、不断创新”的思想使公司QC、TPM等管理活动得以广泛深入地开展，成就了公司技术改造项目的成功实施，为企业创造了显著的经济与社会效益。例如，6号捞渣机改造项目，每年合计节约电费、设备更新及维护费用819万元，获得了国家节能技术改造财政奖励资金210万元。靖远二电6项科技成果获国家知识产权局颁发的实用新型技术专利证书，因此，靖远二电被认定为国家高新技术企业，这是国投集团第一家，也是全国第一家通过国家高新技术企业认定的火力发电企业。技术的革新和应用既是靖远二电安全生产的保障，也是其立足当下、谋划未来的重要基础。

(3)文化提升管理,管理推动进步

靖远二电将“日新”文化的理念和要求与企业的具体管理相结合，不断优化管理策略、丰富管理手段、改善管理方法，不仅创造了优秀的经营业绩，而且为建立一流企业奠定了坚实的基础。例如，2011年靖远二电深入分析，把握市场形势，在综合考虑全年煤价、电价和机组利用小时变化趋势的基础上，制定了“一季度保证基数，二、三季度增大外送，四季度稳发多供”的发电策略，超额完成年度计划发电目标，发电量创历史新高。企业成功开通了省外电煤铁路运输通道，全年煤炭采购突破400万t，年内煤炭库存最高达到76万t，两项指标均创历史最高水平。

2.4.2.2 社会效益显著

良好的企业形象不仅为企业吸引社会资金创造了条件，而且为建立稳定可靠的合作关系奠定了基础。靖远二电非常重视对企业形象的塑造，积极培育和建设具有自身特色的“日新”文化，使先进的精神层创造良好的理念形象，先进的制度层培育良好的行为形象，先进的物质层塑造良好的视觉形象。

靖远二电在“日新”文化的熏陶滋养下，打造了一支结构合理、技术过硬、爱岗敬业、奋发向上的员工队伍，受到了兄弟单位和合作伙伴的高度评价，从而展现了企业良好的形象。例如，2010年靖远二电选派技术骨干人员支援国投罗钾项目，承接浙江琥珀京兴燃气电厂6S咨询项目，圆满完成兰铝机组检修任务，得到了上述企业的高度评价。在“人才走出去”战略的实施过程中，“日新”文化逐渐得到了合作伙伴的认同，使得双方沟通过程简洁流畅，实现了合作共赢。

靖远二电作为国投集团和电力行业的“标杆企业”，遵循“奉献绿色能源，服务社会公众”的原则，在科学发展、安全生产、环境保护、员工关怀、社会和谐等方面履行了社会责任，积极践行了企业使命的内在要求，得到了政府相关部门、周围社区的交口称赞。全面履行社会责任不仅为企业各项工作顺利开展营造了良好的社会环境，也借此提升了企业的社会形象。靖远二电企业文化建设方面获得的重要荣誉见表2-1。

表2-1 靖远二电企业文化建设方面获得的重要荣誉

时间	获奖内容
2005年	全国和谐劳动关系优秀企业
2006年	全国电力企业文化特等奖
2006年	全国企业文化建设工作优秀单位
2008年	甘肃省电力行业优秀企业管理创新成果一等奖
2009年	全国电力系统企业文化建设标杆企业
2010年	全国电力系统企业文化建设品牌企业
2011年	白银市精神文明建设先进单位
2011年	全国电力行业用户满意企业
2013年	中央企业企业文化示范单位

唯有忧患意识，才能永远长存。

——英特尔公司董事长兼CEO葛洛夫

第三章　经营管理

经营管理模块是在全面分析经营环境变化和总结经营运作关键要素的基础上，整合经营核心要素而形成的整体经营框架。它是靖远二电开展各项经营活动的“中枢神经”，具有统筹全局的作用。在“日新”文化理念的引导下，公司以全面风险管理理论为依据，把握市场发展脉搏，熟识企业发展现状，以标准化、目标、项目、市场四个维度作为切入点，建立起完整的经营管理框架，如图3-1所示。

3.1　基于全面风险管理的经营管控体系概述

基于全面风险管理的经营管控体系以全面风险管理理念为核心指导思想，由标准化管控体系、目标管控体系、项目管控体系和市场管控体系四个相互联系、相互推动的部分构成。

全面风险管理理念贯穿于经营管理活动的始终，是经营管理的核心指导理念；标准化管控体系是经营管理的制度保障，成为经营活动开展的规范和标准；目标管控体系是经营管理活动开展的目标框架；项目管控体系是经营管理活动的流程化管理和层次化管理，成为商务管理活动得以实施的流程保障；市场管控体系是立足外部环境变化而进行的商务创新，成为公司应对环境变化的有力工具。基于全面风险管理的经营管控体系有助于实现市场环境变化与企业内部经营条件变动间的均衡，为企业战略目标的实现提供有力的保障。

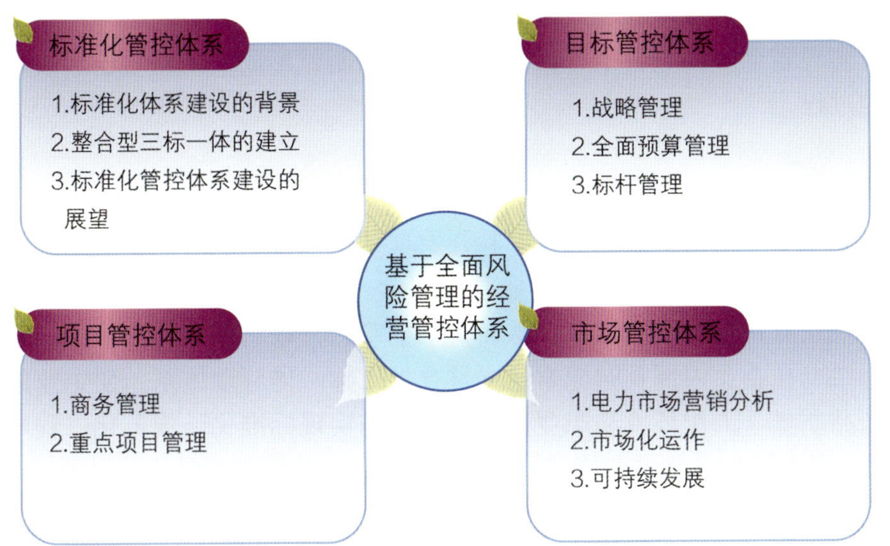

图 3-1 基于全面风险管理的经营管控体系

3.2 标准化管控体系

现代组织理论和管理实践证明，组织的一切管理工作都应从建立健全内部控制制度开始，归结为一句话便是“得控则强，失控则弱，无控则乱”。靖远二电的标准化管控体系指的是在企业内部环境下，根据国家有关法律法规和企业章程，以专业管理制度为基础，制定和实施的一系列控制程序、制度和细则。

3.2.1 标准化体系建设的背景

内部控制制度是现代企业管理中一个相对薄弱的环节，是企业发生重大风险事件的重要原因。在国内，以财政部牵头的五部委颁布了

《企业内部控制基本规范》，试图建立健全风险管理长效机制，推动企业内部风险控制工作的开展。随着国家电力体制改革的推进，行业竞争、环保政策、燃料市场等环境要素的变化越来越频繁，导致火电企业的经营存在不确定性，面临更多的经营风险，迫使火电企业重新审视经营条件，给自己新的经营定位。正是在这样复杂的背景环境下，靖远二电敏锐感觉到强化风险意识在未来经营管理中的紧迫感和重要性，率先在公司内部开始构建靖远二电特色的标准化管控体系。它不仅使各层次的管理者建立风险意识，重视风险问题，防患于未然，而且实现各个阶段、各个方面风险的有效控制，形成一个前后连贯的内控过程。

3.2.2 整合型三标一体管理体系的建立

探寻国际化企业成功的经验，发现其中不可或缺的因素之一是按照国际化标准建立起来的企业管理理念。在为顾客创造价值的同时，实现企业自身价值的增值，从而达到“双赢”或“多赢”的局面。靖远二电在企业内部及时探索建立整合型三标一体管理体系，使企业的产品质量、工作环境和职业健康安全工作实现标准化、规范化、程序化，使企业的各项经营管理工作全面步入精细化管理的时代。

3.2.2.1 整合型三标一体体系的认识

整合型三标一体（简称QEHS管理体系）是基于系统论、控制论、信息论的基本思想，采用先进的管理技术（如目标管理、过程方法、系统的管理方法、标准化管理方法、优化技术、信息技术等）将质量管理体系（QMS）、环境管理体系（EMS）和职业健康安全管理体系（OHSAS）三个管理体系经过整合有机地融为一体，从而形成独具特色的靖远二电质量—环境—职业健康安全管理体系（简称QEHSMS)。在三种管理体系的认证实践中，有许多要素交叉、重叠，会给组织带来工作重复、资源浪费，与市场经济发展的规律不相符。整合型三标一体则有效解决了这一问题，成为靖远二电提高经营管理水平，增强电力市场竞争力，实现可持续发展的有力制度保障。

整合型三标一体管理体系的特点是具有包容性、系统性、科学性、预防性、透明性和扩展性。ISO 9001、ISO 14001、OHSAS 18001三个标准关注的对象和目的有所不同。三大标准体系的对比见表3-1。

表3-1　三大标准体系对比

标　准	对　象	目　的	范　围
ISO 9001	顾客	控制产品质量,满足顾客要求	产品
ISO 14001	社会、相关方	预防污染,资源合理利用	产品、活动、场所
OHSAS 18001	员工	预防事故和职业病	产品、活动、场所

除上述三大标准体系之外，靖远二电还将导入NOSA五星管理系统和卓越绩效管理体系，对三标一体进行更高层次和更广泛意义的提升，进一步丰富和完善标准化管控体系。

NOSA五星管理系统是一个集安全、环境、健康于一体的管理体系，以风险管理为基础，强调人性化管理和持续改进的理念，目标是实现安全、环境、健康的综合风险管理。该标准与GB/T 19001不同，其参照国外质量奖的评价准则，结合我国质量管理的实际情况，从领导，战略，顾客与市场，资源、过程管理，测量、分析与改进以及经营结果等方面对组织绩效评价要求做出规范，为组织提供追求卓越绩效的经营管理模式，强调战略、绩效结果和社会责任。

3.2.2.2　整合型三标一体体系的建设

(1)建立整合型三标一体的步骤

①前期准备：一是要得到管理层的理解和支持，这是推广一体化管理体系最有力的保证；二是必须确保资源（包括人力、财力和物力）配置的充足、信息通畅。

②初始状态评审：在建立整合之前，企业对企业的质量、环境和职业健康安全方面进行全面调查，对质量过程、环境和职业健康安全危险的因素进行充分识别，为最高管理者提供制定方针、目标所需的信息。初始评审的内容一般包括：环境因素的识别、危险源的辨识、相应法律法规的获取、基础资料的收集以及重大问题的分析和改进措施的探讨等。经过汇总、分析和评价，组织应当形成初始评审报告，作为组织实施一体化管理体系的基础材料。

③方针目标确定：方针目标应该由企业的最高管理者制定，同时兼顾三个标准对质量、环境和职业健康安全方针的要求。方针目标必须适合组织的使命，符合企业的活动、产品、性质和规模，以及环境影响、职业健康安全风险的性质和规模，体现组织的经营理念和发展方向。目标还应包含对持续改进、顾客满意、污染预防、降低风险和

遵守法律及其他要求的承诺。

④体系文件整合：体系的建立和实施离不开文件的支持，在编写体系文件时，要注意其实用性和可操作性，避免文件交叉重复。编写体系文件应遵循系统性和适用性的原则。

⑤体系运行控制：企业要开展大量的培训工作，一方面提高员工对质量、环境及职业健康安全的意识；另一方面增长其知识，不仅要让员工知道怎样做，而且知道为什么要这样做。全体员工的积极参与是体系顺利运行的保障。

⑥体系的审核与管理评审：企业的内审在深度和广度上都有别于外审，其目的在于识别体系是否得到了正确的实施和保持，发现问题以及可以改进的领域，分析不合格产生的原因，进而采取纠正和预防措施。整合型三标一体的建设步骤如图3-2所示。

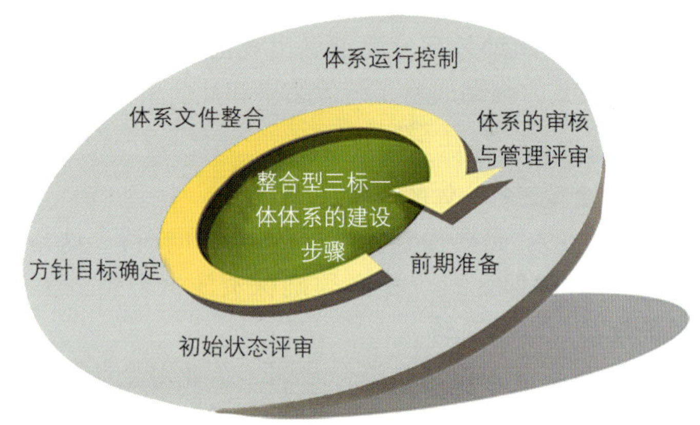

图3-2　整合型三标一体的建设步骤

(2)整合型三标一体的主要内容

①引用标准：靖远二电在三标整合中，按照方针、目标统一化，管理职能一体化，体系文件一体化，过程控制协调化，“三级”监控同步化，持续改进综合化的原则，对质量管理体系、环境管理体系和职业健康安全管理体系进行了有机整合，在引用GB/T 19000—2008《质量管理体系基础和术语》、GB/T 19001—2008《质量管理体系要求》、GB/T 24001—2004《环境管理体系要求及使用指南》、GB/T 28001—2011《职业健康安全管理体系规范》体系标准的基础上，将GB/T

19004—2011《质量管理体系业绩改进指南》和GB/T 19580—2012《卓越绩效评价准则》两个标准也创造性地融进了整合型三标一体当中，使整合型三标一体与靖远二电的“日新”文化、卓越绩效管理、一体化经营管理体系很好地融合了起来。

②建立文件体系：靖远二电的体系文件由管理手册、程序文件、三级文件和记录文件四部分组成（如图3-3所示）。其中：管理手册涵盖三个标准85个要素，是整个体系的纲领性核心文件；程序文件共有33个，是承接管理手册的支撑性文件；作业文件由技术标准、管理标准和工作标准三块构成，技术标准包括各类规程、系统图、操作卡、文件包、巡回检查卡等10类，60多个文件，工作标准是各部门的岗位工作标准，有300个，管理标准193个。

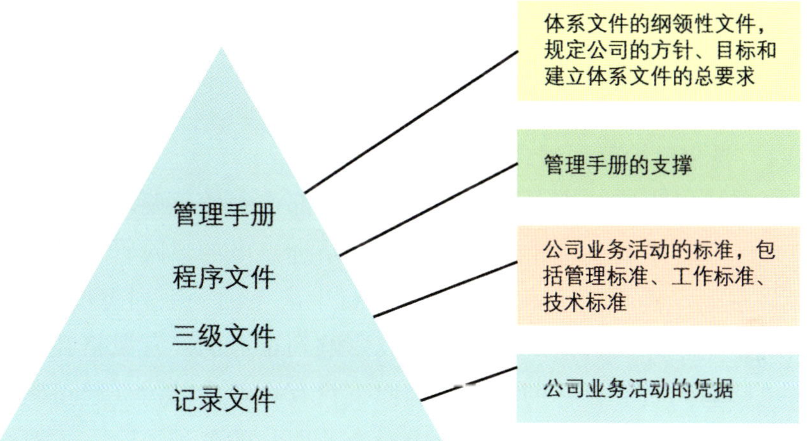

图3-3 整合型三标一体的文件体系

③建立质量、环境和健康安全方针：质量是生命，环保是使命，职业健康安全是保证。为了创建现代一流发电企业，靖远二电制定了自己的质量方针、环境方针和健康安全方针，向顾客、员工和社会郑重地做出了自己的承诺。

a.质量方针：规范发电、过程管理、完善提高、顾客满意。规范发电指遵章守法、稳定发电、规范检修；过程管理指采用过程控制方法PDCA循环；完善提高指体现持续改进、可持续发展、追求卓越；顾客满意指满足电网公司要求，使之满意。

b. 环境方针：遵守法规、污染预防、持续改进、清洁电力。遵守法规指在遵守与环境有关的法律法规的同时，努力改进管理；污染预防指预防和治理污染，以先进的科学技术，预防环境污染；持续改进指不断改进工作方法和治理环保设施，使公司环境管理水平达到世界一流，同时在公司活动的一切方面充分考虑环保；清洁电力指持续提高能源使用效率，自愿减少排放污染物，为社会生生不息的发展提供真正持久的绿色动力与保障。

c. 健康安全方针：有章必循、超前预控、过程监督、持续改进。有章必循指实事求是、照章办事、严格执行各项规定；超前预控指事故、事件、风险都是可以避免和预控的；过程监督指从风险的源头抓起，加强过程控制与监督；持续改进指提高安全意识，消除和减少事故、事件。

3.2.3 标准化管控体系建设的展望

3.2.3.1 强化风险管理理念

良好的风险管理理念既是企业进行内部控制的重要环境要素，也是企业风险管理存在的重要基础条件。靖远二电的风险管理理念是企业在日常生产经营活动和战略制定执行中产生的一系列态度和信念，反映出企业整体的价值观念，这不仅影响到企业的经营风格和文化理念，也影响到企业目标的实现。因此，只有企业内部树立起正确的风险管理理念，才能在整体上积极应对企业面临的各种风险，才能够使企业得以健康发展。风险管理理念作为靖远二电对于风险的整体态度和认识，需要被企业各个岗位的员工认同和接受，才能够在整体上及时发现、准确评估、合理应对各种风险。

3.2.3.2 健全内部控制的组织体系

内部控制职能的有效发挥，依赖于企业良好的内部控制环境，其中公司治理结构及其工作程序决定了内部控制环境的基调。为了能给内部控制的建立、运行、维护和整改提供组织和制度基础，公司根据国家有关法律法规和公司规章制度，建立规范的公司治理结构和议事规则，明确了公司内部决策、执行和监督职责的权限，形成了科学有效的职责分工和制衡机制。

3.2.3.3 完善内部控制制度

内部控制的基本要求是保证企业经营管理的各项活动都有相应的制度加以规范和引导。靖远二电从规章制度的合理性、必要性、充分性和操作性入手，广泛开展各项规章制度评审工作；从规章制度的有效性、协调性入手，重点解决制度规定的统一和环节接口的一致问题，建立内控手册、内控流程汇编和内控运行管理办法，统筹各项管理制度的内控体系文件，确保企业各项活动有章可循。

3.2.3.4 提高对风险的管理意识

为了强化风险意识，靖远二电结合火电企业的特点，并借鉴风险管理流程建立公司特色的风险管控体系。基于风险管理的内控体系建设是个循序渐进的过程，需要各层管理人员和基层员工的共同努力。风险理念需要贯穿于企业经营的全过程，旨在让员工具备危机意识和风险意识，能够帮助员工在经营活动中养成考虑和识别潜在风险的习惯。为培养这种风险管理理念，让员工学会按照风险管理的流程对这些潜在的风险进行及时辨识，保障经营活动的顺利开展，需要员工熟识风险的管理思路。

3.3 目标管控体系

经过多年的管理实践和经验总结，靖远二电从目标的制定、分解、保障和学习等方面强化对公司目标体系的管理，逐步建立起高效的目标管控体系。首先，经过战略管理过程，靖远二电建立起年度经营管理的任务框架，描绘出年度商务活动的主线，明确年度经营活动的目标和经营重点。其次，公司在横向和纵向上分别通过价值链连接企业的业务活动，在此基础上，利用全面预算管理体系对价值链上的每一环节加以控制。最后，在风险管理理念的指导下，公司结合火电行业特征和市场形势，从自身出发建立一套完整的对标管理流程，以开阔的视野和进取的心态在更高范围内寻找新的学习目标，以保证靖远二电能够不断维持和创造领先优势。

3.3.1 战略管理

为适应电力行业市场化的改革，不断提升管理水平，保证公司稳定发展，靖远二电高层管理者在借鉴国内外优秀管理经验和分析公司内外部的形势基础上，制定了公司的发展战略。靖远二电的发展战略具有全局性、长远性、纲领性、抗争性、风险性等特点，成为其经营管理工作的最高纲领。

3.3.1.1 战略环境分析

在制定战略规划时，靖远二电对环境进行全方位考虑。既考虑政治、经济、法律和技术等宏观环境分析，又进行行业环境分析，同时对企业内部的环境进行深入剖析。在环境分析过程中，注重理论与实践的结合，立足于理论又服务于实践。由浅入深的环境分析为靖远二电战略的制定奠定坚实的信息基础。

(1)宏观环境分析

①政治法律环境：指国家或地区的政治制度、体制、方针政策、法律法规等方面。这些因素常常制约、影响公司的经营行为。

②经济环境：指构成企业生存和发展的社会经济状况和国家经济政策。企业的经济环境主要由社会经济结构、经济发展水平、经济体制和宏观经济政策四个要素构成。

③技术环境：指公司所处的社会环境中科技要素及与该要素直接相关的各种社会现象的集合。

(2)行业环境分析

①电力行业细分：随着电力体制改革的深入，为了打破垄断，形成有序的竞争体系，国家电力公司拆分为2家电网公司，5家发电集团公司，4家辅业集团公司，加之其他独立发电公司，中国的电力呈现出诸侯群立的局面。

②五种模型分析：这五种基本竞争力量的状况及综合强度，决定着竞争的激烈程度，从而决定着行业中最终的获利潜力以及资本向本行业的流向程度，这一切最终决定着企业保持高收益的能力。

a. 潜在的行业新进入者：核电、水电、风电、太阳能发电、潮汐发电、地热发电等。这其中大部分属于环保型发电，国家将在政策上给予倾斜，后期将是火力发电的竞争对手。

b. 替代品的威胁：天然气、煤气、太阳能、页岩气等的技术应用。

c. 买方讨价还价的能力：随着电力市场竞价上网的开始，买方可能要求降低购买价格，要求高质量的产品和更多的优质服务，其结果使得各个发电公司相互竞争，导致行业利润下降。

d. 供应商讨价还价的能力：供应商的威胁手段，一是提高供应价格，二是降低相应产品或服务的质量。尽管靖远二电采用货比三家的采购模式，会大大降低供应商讨价还价的能力；但是由于计划的不周密而进行的急购会增强了供应商讨价还价的能力。

e. 现有竞争者之间的竞争：随着竞价上网的试点，各个发电公司之间必然会展开激烈的竞争。电价的高低、电能质量的高低、适应电网的能力、优质服务的承诺是发电公司竞争的武器。谁先占得先机，谁就会在竞争中站住脚。

③电力行业发展趋势：未来10年到20年，将是我国电力发展的关键时期，同时是电力发展规模最大的时期。电力发展的重点是加快电网建设和全国联网，培育竞争有序的电力市场；加快西部和西南部水电基地建设，提高水电资源的开发程度，减轻对煤炭的压力；加大西部和北部大型煤电基地的开发，以减轻对运输与东部环境的压力，并促进西部地区经济发展，缩小东西差距。

(3)企业内部环境分析

企业内部环境分析的目的是找到企业内部的优势和劣势。靖远二电将内部环境细分为公司业绩、人员结构、公司内部管理、公司活力、公司潜力、公司能力、公司竞争地位、公司经济效益这八个方面，勾勒出企业内部环境分析的基本思路。这里对企业资源、企业能力两个方面进行内部环境分析举例。

①公司的资源分析：指对企业控制或拥有的、服务于企业生产经营的各种投入品的分析（见表3-2）。资源反映了企业的实力，是企业经营活动的原材料。

表3-2　资源要素内容

资源要素	要素内容
人力资源	性别、管理岗位与非管理岗位等
财务资源	资产总值、资产负债率、流动比率等
物力资源	厂房、各类设备、基础设施等
技术资源	缺乏专利项目的研发以及信息情报的收集工作，公司逐步加大技术改造，改善技术力量、缺少机组效率试验的能力等
市场资源	销售渠道比较单一、因电价原因和用户关系比较微妙、有较好的商誉等
环境资源	建成温馨的工作和生活环境、地处大西北环境恶劣等

②公司的能力分析：企业统筹整合资源以完成预期任务和目标的技能，是企业运用资源创造价值、实现价值的技能（见表3-3）。企业的能力大小与企业资源条件及其有效配置和利用程度正相关。

表3-3　企业能力分析

能力分类	能力内容
供应能力	主要供应商是靖远煤业公司以及其他煤炭供应商，其次为物资材料供应商
	受煤炭价格的影响，与供应商的关系一般。但与其他物资材料供应商有比较融洽的合作关系
生产能力	生产规模
	生产的灵活性较差，机组出力随电网的需求进行调整
	工艺和流程：煤化学能→蒸汽热能→机械能→电能
	劳动生产率
	质量比较稳定
营销能力	市场定位典型火力发电企业
	营销是根据电网需求进行，是一种被动的销售
	市场占有率（规模）：占甘肃省装机容量的百分比
	市场占有率（能力）：占甘肃省发电量的百分比

3.3.1.2 战略选择

对公司的经营条件进行分析后，靖远二电非常清楚现在所处的地位，以及电厂的优势和劣势。借鉴国内外优秀的经验和结合公司的实际情况，公司进行了以下战略选择。

(1)企业技术战略

为提高公司经济效益、工作效率、竞争力和可持续发展能力提供技术的支撑。

(2)管理创新战略

坚持创新性、实践性和效益性的管理创新原则，形成适应本企业实际、有特点的管理模式。

(3)人力资源战略

以人为本，实现个人发展和企业发展的和谐统一。

(4)企业文化战略

强调团队精神、组织学习和安全生产，树立良好的企业的形象。

(5)电力营销战略

坚持以资源为本、以竞争为本、以顾客为本三者统一的营销思维，敏锐抓住顾客需求的变化以及竞争对手的行为，优化配置企业的各种资源，向顾客提供更多的价值，满足顾客的需求，从而实现价值的创造。

3.3.1.3 战略实施控制和保障

靖远二电对战略体系进一步分解，在每个战略子系统下都建立量化了实施计划表，并明确不同职能部门的责任和权限范围。在具体的执行过程中，公司建立起子项目的关键指标，不仅利于日后绩效评价，更能保证各个部门在运行过程中把握重点，形成对战略的有效支撑。实施的战略如图3-4所示。

(1)企业技术战略

技术战略以提高公司经济效益、竞争能力和可持续发展能力提供技术支撑为宗旨，以研究开发应用新技术、追踪火力电站燃烧和控制技术为方向，以塑造开放型高水平的技术队伍为基础，以改造传统技术和老旧设备为内容，在设备管理、环保、节能、科技发展、技术改造、信息化等方面加强管理。

（2）管理创新战略

靖远二电在管理工作程序化的基础上，通过质量、环境、安全三位一体贯标认证进一步提升公司管理水平和企业形象，逐步形成了经营管理以财务管理为中心，财务管理以预算管理为中心，预算管理以资金管理为中心的“危机管理机制”。

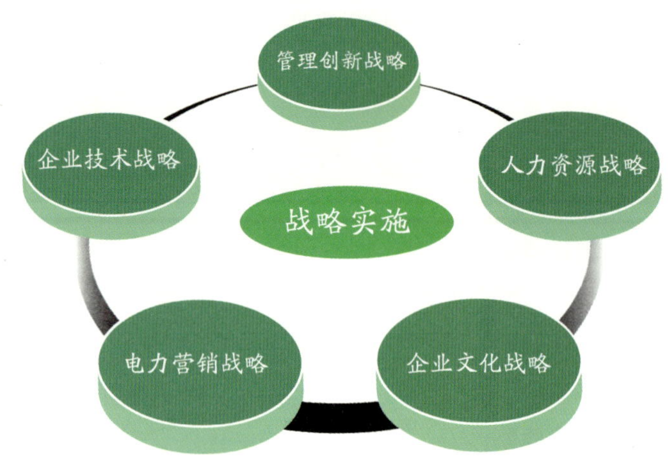

图 3-4 实施的战略

（3）人力资源战略

靖远二电不断优化劳动组织结构，打破“干部”和“员工”的身份界限。企业内部各级管理人员实行公开竞聘、择优聘用、定期考核，建立科学的量化指标考核体系，形成管理人员能上能下的机制。靖远二电还实施“走出去”人才战略，建立健全激励机制和约束机制，大力开展管理者培训，并以国投电力公司为载体，发挥整体优势能力，向外输送管理人才、监理队伍、检修队伍。

（4）企业文化战略

作为专业性的发电企业，靖远二电的企业文化致力于以组织学习为主的行为文化，以安全经济生产为主的制度文化。在“日新”文化理念指导下，靖远二电为企业文化实施“三步走”战略：第一步，挖掘基因、筛选梳理、提炼、升华、丰富公司文化体系；第二步，从外在形象、企业核心价值理念、制度文化建设等各方面来推广与传播公司文化的影响力；第三步，实现公司特有的文化资源的充分利用，使文化资源真正成为公司员工成长的消费品，使公司文化落地生根。

(5)电力营销战略

靖远二电潜心研究电力市场情况，及时把握市场条件的变化，掌握市场信息，做出快速、灵敏、准确的反应。一方面，加强电费回收管理，强化服务意识，提高服务质量；另一方面，掌握竞价上网的试点和国家的相关政策以及临近地区用电大户的信息，加快内部报价系统的研究，对直供的优劣进行分析比较，研究大用户直供的可行性。

好战略是成功的前提，但成功的战略还需要执行。在执行过程中应根据内外部环境的变化进行修改。为此，靖远二电建立起战略控制网络图，以保障和控制战略的贯彻落实（如图3-5所示）。

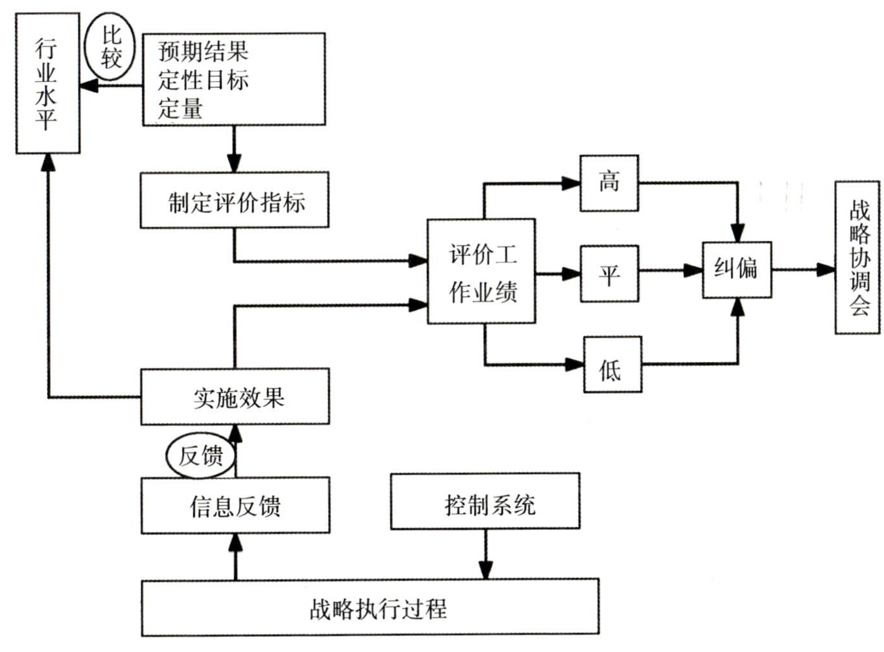

图 3-5 战略控制网络图

3.3.1.4 年度规划

年度规划是对靖远二电战略体系的进一步分解和细化，是各个部门工作开展的具体计划。靖远二电用年度规划（文字化的计划）和全面预算（数字化的计划）来确保靖远二电战略目标的实现。通过业绩指标体系将年度规划和预算分解到部门和员工，以实现部门和员工目标和责任的清晰明确；通过绩效考核体系为年度规划执行提供行为控制和信息反馈，促使年度规划形成完整的闭环系统。

(1)年度规划及预算管理体系的制定步骤

①公司下年度运营情况SWOT分析。

②确定公司下年度工作指导思想、目标体系及重要实施项目。

③编制公司下年度工作规划大纲及预算指导书。

④依据公司总体规划大纲及预算指导书，各部门编制年度规划及预算。

⑤编制各部门《经营管理目标书》及《季度绩效考评》模版。

⑥各部门签订下年度《经营管理目标书》。

⑦年初召开公司年会（总结上年工作，部署本年工作）。

⑧年中召开一次年度预算和规划调整会。

(2)业绩指标体系

年度规划及预算如何转化为公司、部门和员工的日常工作是规划及预算能否实现的关键。业绩指标体系在一体化经营管理体系中就扮演着这样的重要角色，它根据年度规划及预算确定的各项工作和职责，运用价值链、平衡计分卡和零基预算等管理知识，将年度规划及预算层层分解到公司、部门和员工，从而建立各层级的费用、客户、运营和核心四大指标体系，并以岗位职责、工作标准、业务流程、目标责任书等形式固化下来，然后用它们规范公司、部门和员工的日常工作，以公司、部门和员工的日常工作保证年度规划及预算的落实。

(3)绩效考评体系

人是企业中最活跃、起决定作用的因素。企业员工的主动性、积极性和创造性的发挥程度直接决定着年度规划及预算的实现情况，而要充分调动广大员工，企业必须建立一套科学合理的绩效考评体系，使业绩与贡献匹配起来。为实现绩效考评的贯彻落实，靖远二电根据多年的绩效管理经验以及公司的实际情况，建立了月度绩效信息公示、季度绩效考评、绩效面谈和业绩应用制度（如图3-6所示）。通过月度绩效信息公示，使部门和员工及时地了解自己的绩效动态，并及时纠正绩效提升乏力问题，保证或提升绩效；通过季度绩效考评确定薪酬发放，避免月度绩效考评的偶发性事件，使绩效评价更加准确，更富有人情味，更加体现公平性；通过绩效面谈增加绩效考评的互动，增强绩效考评的透明度；通过业绩考评为员工晋升和职业生涯规划提供依据，使靖远二电能够更准确地弄清楚每个员工的资质，从而为其在靖远二电内部的职业生涯做出更加准确的规划。

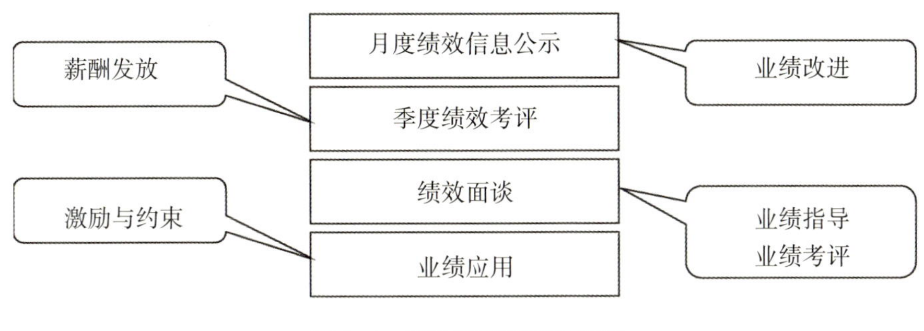

图 3-6 绩效考评的落实措施

3.3.2 全面预算管理

靖远二电的全面预算管理是以经营目标为导向、以现金流管理为核心的内部资源管控工具，其服务于公司的战略目标，对公司经营发展起着重大推动作用。通过对公司内业务、资金、信息和人力资源的整合，靖远二电实现现金流在公司内部的统筹安排，达到有效控制企业各种经济行为的目的。

3.3.2.1 全面预算流程

秉持低成本运营的战略思想，靖远二电将财务预算、业务预算、资本预算、筹资预算等若干个密切联系的环节融为一体，逐渐在内部形成了从编制到执行、从考核到奖惩的完备的预算链条。根据内外部环境变化，靖远二电不断进行业务流程再造和工作流程优化。通过明确各个部门的职责和业务流程，细化到整个公司、部门、班组乃至基层员工的预算目标，在内部建立起职责清晰、流程规范的全面预算管控体系。具体预算流程如图3-7、3-8所示。

(1)预算编制

全面预算编制过程中，靖远二电充分考虑集团公司以及包括国投电力在内的各股东方的要求，采用统一管理、分级实施的方法，做到预算的量入为出、总量平衡。在合法性、科学性、效益性、稳定性原则指导下，靖远二电的预算编制形成了公司下达目标、部门编制上报预算、归口部门审查平衡、公司审议批准、部门遵循执行、公司预算监督的规范化流程。

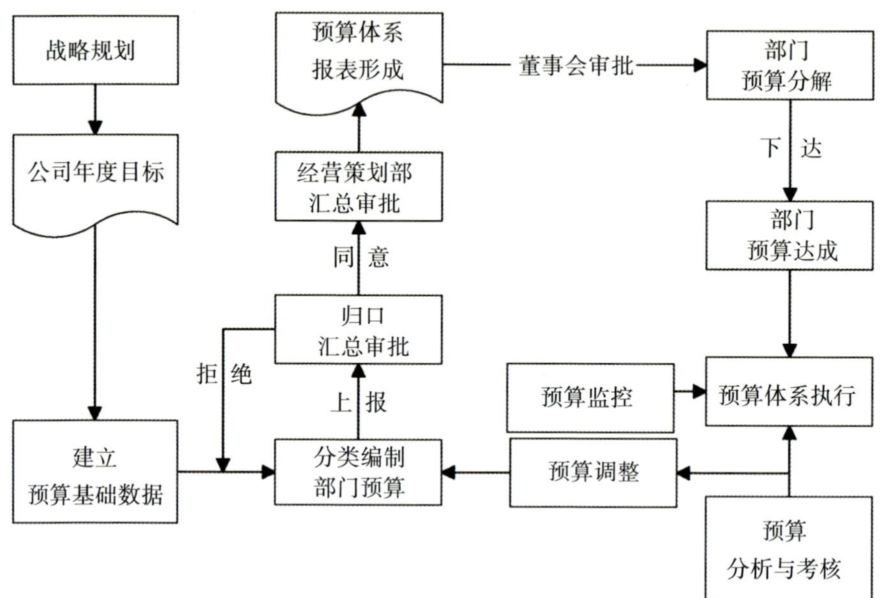

图 3-7 全面预算的业务流程图

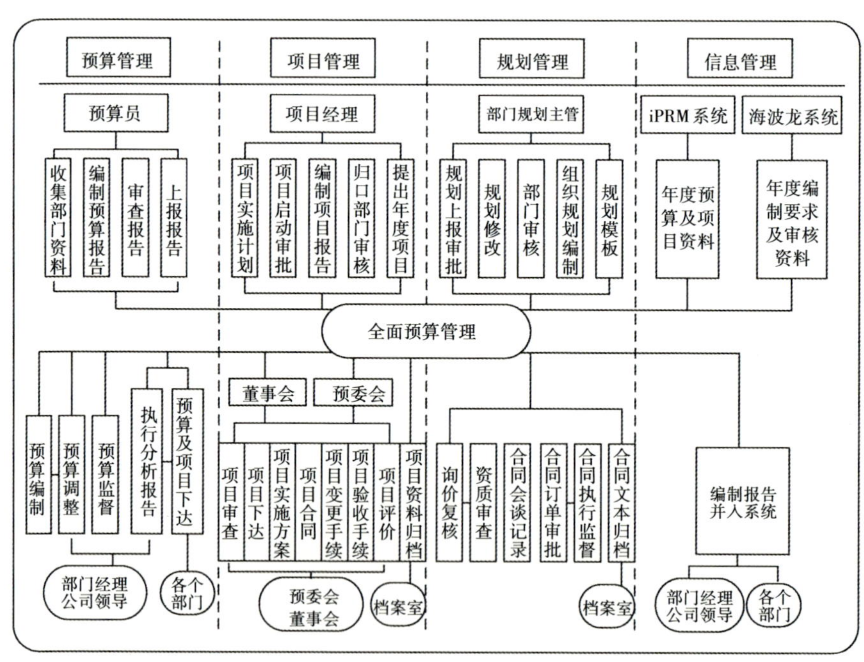

图 3-8 全面预算的职能流程图

(2)全面预算的执行与控制

预算指标是靖远二电上下级共同协商而达成的目标承诺，一经下达便具有严肃性和指令性。各个部门作为单位成本中心必须认真组织和实施预算计划，将其作为经营周期内组织、协调和控制各项经营活动的基本依据。为确保精心编制的预算得到落实执行，各个部门将预算指标层层分解，逐级落实到各部门、各班组、各岗位，形成全方位的预算执行责任体系，为部门工作和班组工作的开展提供直接指导。此外，靖远二电设立预委会办公室，负责协助各部门将年度预算实施项目尽可能分解到月度、季度，进行分期控制，为推动全面预算管理的顺利实施提供机制保障。

(3)全面预算调整

在预算执行过程中，经营环境是不断变化的（市场环境、政策法规、内部经营条件等无时无刻不在变化着），变化带来的不确定性和不稳定性会导致预算编制基础不成立进而导致预算结果产生重大偏差，这时候需要根据环境变化对预算进行纠偏和调整。靖远二电的全面预算管理本质上是动态预算草案。对于因客观因素而不能在经营周期内完成的年度预算或者严重超预算的项目，各部门可以说明调整理由和提交调整预算的草案，并填写预算追加申请表报请预委会办公室。预委会办公室对申请调整项目进行初审、协调和平衡，提出预算调整方案，并上报预委会或董事会审批。预算调整方案批准后，由预委会办公室下达各成本中心按调整后预算执行。在进行预算调整时，靖远二电牢牢把握两条原则：有效控制和信息反馈。在预算及项目开展过程中，检查工作的着眼点在于项目计划是否按时完成；工作计划完成时对应的预算是否按照控制目标执行；得到检查结果后按照预先制定的绩效考核条款对责任人进行绩效考评。通过这种制度规定，预算控制权牢牢掌握在总经理手中，确保了年度和月度的实际发生值与预算值的差距被高层管理者所重视。

(4)预算的考核与分析

靖远二电的预算归口部门定期督查各个部门预算的执行情况，采用比较分析法和因素分析法，对比预算与实际经营情况的结果，分析造成差异的具体原因，从战略经营角度提出改进意见并进行最终的预算再审核。预算委员会对全面预算的执行情况按月度统计、季度小结和年度总结进行，并进行预算结果分析。各个部门预算的编制、控制、分析和执行的结果将作为考评各个部门负责人业绩的重要因素，成为靖远二电建立公平合理的绩效考核和薪酬体系的依据。经预算管理委员会审批确定的各种预算指标，是考核和评价各个预算责任单位工作的基本尺度。通过对比实际完成情况与预算计划、考核预算指标的执行情况，预算管理委员会判断预算的实际偏离程度，进而评价其预算期的经营业绩或工作业绩，落实相应的奖惩措施。

靖远二电的全面预算得到领导层、归口部门、预委会三方的监督和管理，从运营角度和资源管理角度进行监控，保证对内部各部门资源进行合理分配、考核、控制。三方的监管促进了企业内部各部门间的合作和交流，减少了相互间的冲突与矛盾，利于企业高层管理者考虑整体运行环节之间的相互关系，明确各部门的职责。

3.3.2.2 全面预算特色

与其他行业相比，电力行业的销售模式、生产运行、维护维修、安全环保等方面都受大量的国家与行业法规的直接监管。行业和环境的独特性也孕育了靖远二电独特的全面预算管理。

(1)以战略规划为起点

靖远二电的全面预算是战略导向的预算，是战略细化驱动的预算，是战略行动方案依托的预算。战略强调的重点是业务单元目标是否通过年度预算得到落实，现有预算是否支持行动计划。靖远二电在制定下年度全面预算时，首先根据公司战略规划的框架图确定战略目标和关键评价指标；其次将评价指标分解为阶段性的目标值和具体行动计划，并明确相应负责人，同时以经营预算与资本支出预算实现资源分配；最后以此为基础汇总形成全面预算。

(2)以项目为切入点

靖远二电将企业内部一次性的，具有明确目标、预算和进度要求的，多任务的活动视为项目。这些项目既包括工程浩大的诸如三期工程、iPRM等大型项目，也包括设备安装、检修等小型工程项目。全面预算便是以这些项目作为切入点的最小核算单元。靖远二电应用价值链管理和项目管理的指导思想，将企业视为许许多多项目组成的项目群，这些单个项目（群）又以项目（群）链条的形式，将企业的业务单元组合在一起。这种情况下，全面预算让企业经营者对企业的控制和规划从经营结果（利润预算）扩大到经营过程（业务预算和资金预算），并进而延伸到经营质量（资产负债预算和现金流量预算）领域。

(3)预算管理动态化

虽然在编制全面预算时靖远二电考虑到了方方面面的因素，但是市场环境的突变和国家宏观政策的变更是难以预测的，预算编制所预计的指标数据与经营的实际指标数据往往存在较大的差异。在预算执行过程中，公司采用的是滚动预算，对原来的预算进行动态调整。滚动预算不仅能够适应不同经济活动的变化，更好地发挥预算的控制作用，而且为实际结果与预算比较提供了一个动态的基础，使对实际执行情况的评价与考核建立在更加客观的基础上，如图3-9所示，便是靖远二电滚动预算的简图。

(4)与iPRM相结合

靖远二电将iPRM系统与全面预算管理相结合，真正实现了全员全过程的全面预算。在日常工作中，各个成本中心借助于iPRM系统把握预算执行情况，每月对照预算的明细项目进行分析，找出偏离的原因，并进行严格考核，实现各项生产活动事前有预算、事中有控制、事后有反馈。在iPRM系统环境下，全面预算管理要求企业各职能部门均要加强支出的计划性，不断完善预算控制体系。

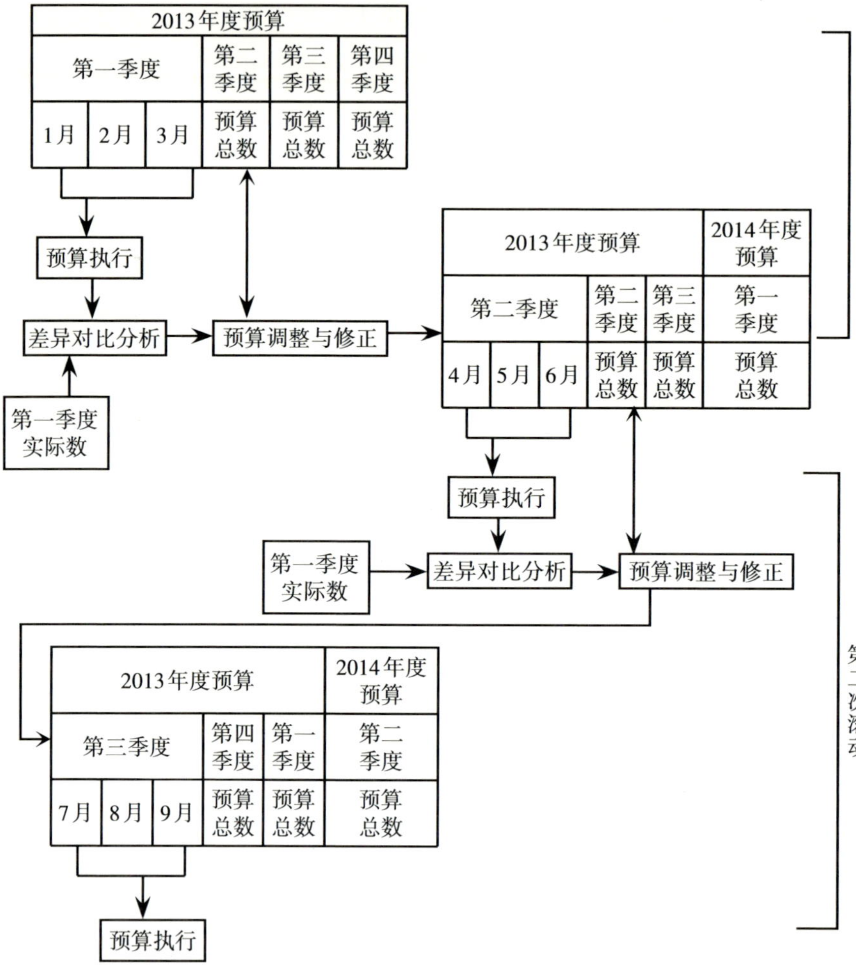

2013年度预算					
第一季度			第二季度	第三季度	第四季度
1月	2月	3月	预算总数	预算总数	预算总数

预算执行

第一季度实际数 → 差异对比分析 → 预算调整与修正 →

2013年度预算					2014年度预算
第二季度			第二季度	第三季度	第一季度
4月	5月	6月	预算总数	预算总数	预算总数

第一次滚动

预算执行

第一季度实际数 → 差异对比分析 → 预算调整与修正 →

2013年度预算					2014年度预算
第三季度			第四季度	第一季度	第二季度
7月	8月	9月	预算总数	预算总数	预算总数

预算执行

第二次滚动

图 3-9　混合滚动预算示意图

3.3.2.3　全面预算具体应用

靖远二电全面预算管理应用于企业的方方面面，成为各个成本中心开展工作的依据。由于各个部门的功能和职责有所不同，其预算的侧重点和表现形式也不尽相同。此处，我们选择比较有代表性的两个成本中心进行展示：一是燃料管理部门的电煤管理；二是财务部门的资金管理。尽管部门不同，但体现着全面预算管理和风险管理的理念在企业中的指导作用。

(1)电煤管理

近年来，我国经济快速发展，能源需求日益增加，煤价不断飙升，火力发电厂煤炭成本已超过经营成本的70%。面对巨大的企业经营压力，靖远二电管理层果断决策，在2010年成立燃料管理部，通过“整合管理资源，突出管理重点，完善管理制度，创新管理思路”，实施燃料集中管理和统一运作，理顺收耗存各环节的关系，形成燃料成本以公司预算为基础、预控为核心的燃料管控体系，如图3-10所示。借助公司iPRM燃料信息化管理手段，实现燃料从采购计划，合同检质、检斤到统计核算报表产生的全流程管理，并不断扩展到采制化信息闭锁，分析数据传递，规范各项业务的开展，促进企业各项经营指标的完成，提升发电企业的生产经营管理水平。

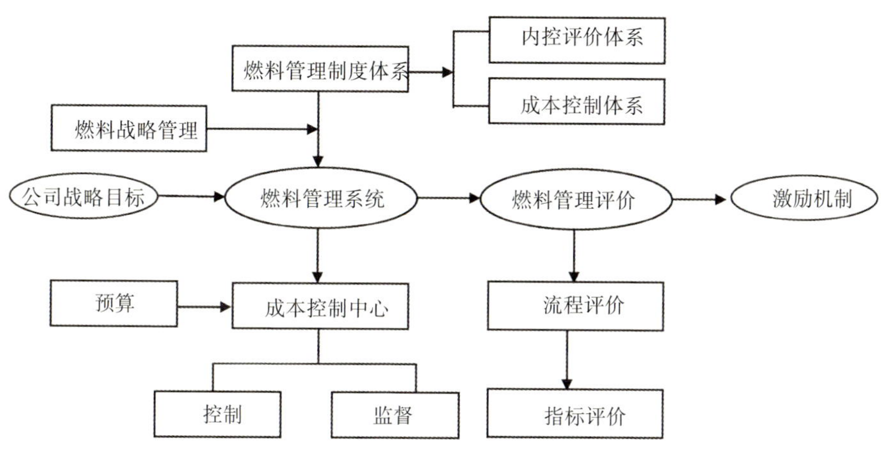

图3-10 以预算为基础的燃料管控体系

除了要监控和维持安全燃料库存量之外，公司还对可能的采购方式、现金周转状况、运输过程、采购指令的下达、采购的时间及质量等状态实施定期分析与监控，从中得到收耗存变动规律。依据国家能源安全与燃料采购的政策、企业资金占有率等，公司科学地选择燃料采购方案，优化相应的采购计划，避开价格的波动以实现利益的最大化。在充分论证了燃料成本扰动的风险因素后，公司全面分析成本的影响要素并建立起成本控制模型，以应对燃料成本剧烈波动对公司经营业绩造成的影响。燃料成本管理模型由影响电厂燃料成本的各项成本要素（采购成本要素、厂内管理成本要素和耗用成本要素）及影响因素和控制手段组成。分析成本要素的目的是明确其发生的方向，优化结果，从而降低费用。

(2)资金管理

靖远二电资金管理采取了预算与计划相结合、长期与短期相结合的多层次管理模式。

①长期资金预测和年度资金预算。依据公司战略和年度规划，财务管理部每年认真编制长期资金预测和年度资金平衡预算。通过对公司未来三年生产经营状况的预测，结合公司负债结构，制定出长期资金预测，一方面用于指导年度资金预算，另一方面明确长期资金管理的方案和计划，提前进行准备。

②月度资金滚动预算和平衡计划。公司月度资金计划在年度预算的指导下，由财务部牵头会同各个相关部门共同开展。资金计划管理人员通过与材料管理、燃料管理、固定资金管理等会计岗位的协调，实施资金计划管理，负责每月上下旬两次资金计划的编报工作。计划是对实际工作的指导，按照月度资金平衡计划的预测。当出现资金短缺时，财务部一方面积极加强与省电力公司沟通，争取更高比例的电费收入现金比例；另一方面将会同物资采购部、燃料管理部等相关部门沟通，积极与公司供应商协商并加大银行承兑汇票支付比例。以上措施实行后还是出现资金短缺，公司再考虑是否进行银行承兑汇票贴现，是否进行短期贷款融资等来保障资金安全。

③资金的日常动态管理。公司的所有付款业务必须有付款申请，对无付款申请业务财务部将拒绝付款。在要求各个部门严格按照付款申请使用资金的同时，对付款申请的实效性也提出了具体的要求，即要求各部门每月必须在一定日期之前从iPRM系统中完成上半月的付款申请汇总，在之后几天内完成下半月的付款申请汇总。付款申请汇总表审批金额与最后转明细金额偏差率需控制在3%以内。

3.3.3 标杆管理

标杆管理的核心是向业内或业外最优秀的企业学习，本质是定点赶超的学习程序。据此，靖远二电的标杆管理是指将其发电煤耗、供电煤耗、厂用电率、发电燃油消耗、发电水耗等主要节能指标与标杆企业的节能数据进行比较，进而发现自身存在的差距和不足，并采取相应的节能措施，以提高发电企业节能效率的过程。

3.3.3.1 标杆管理流程

标杆管理的具体实施内容要因行业与企业而异，因为不同行业、不同企业有不同的衡量标准。靖远二电根据企业自身所处的行业发展前景，结合企业发展战略，考虑成本、时间和收益，归纳了标杆管理的实施步骤，如图3-11所示。

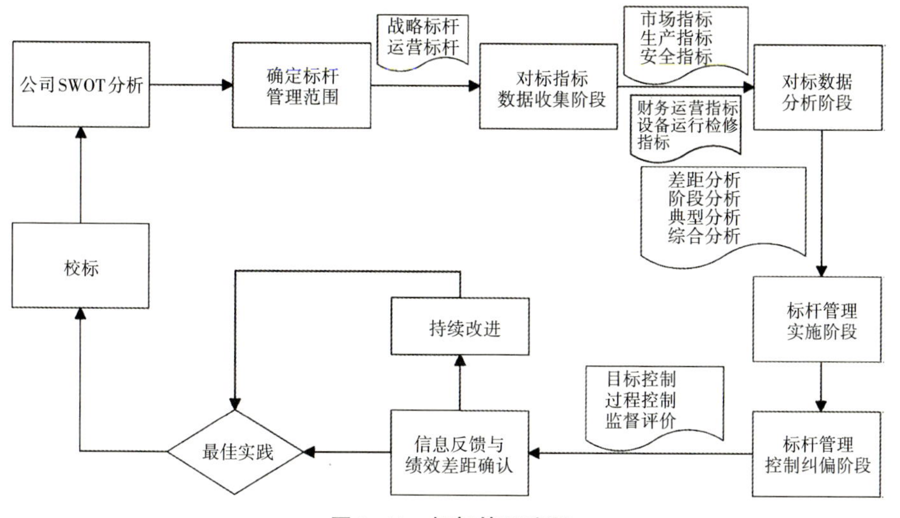

图3-11　标杆管理流程

(1)对标计划制订阶段

对标计划的制订主要活动包括成立标杆管理高层团队、测评项目、构建标杆管理项目组、遴选标杆瞄准合作伙伴、定出活动与任务的时间表。标杆管理项目小组的成员通常由5～10人构成，人员由不同职能部门的代表组成，项目成员一般应包括负责对标工作的领导、对标管理专工和一线员工。在成立标杆管理团队后，需要进行项目的测评，其主要工作是确定参与标杆管理的部门、岗位或者流程。靖远二电的项目测评分为战略和运营两个层面，在确定参与标杆管理的部门和人员后，采取团队管理方式确保小组成员各有明确的角色以及责任，而这些角色和责任又与项目的目标衔接，项目目标又支撑企业的战略规划。

(2)对标数据收集阶段

对标数据收集阶段的主要工作是企业内外部对标数据收集和最终对标目标的确定。其中企业内部数据收集是标杆管理的基础，内部对标数据不仅是内部标杆管理必不可少的数据，而且是进行外部标杆对标的基础。内部数据要求尽可能详细、具体、全面，不仅包括目前的数据，而且还应包括企业历史上的数据。对于内部标杆管理，需要收集到国投集团内部历史上的一些相关数据。靖远二电内部建立了iPRM系统，因此内部数据的收集工作相对比较容易，只需要将来自不同部门的对标数据输入到中心数据库便可。

(3)对标数据分析阶段

标杆管理中心数据库建成后，标杆管理活动便进入了分析阶段。靖远二电标杆管理分析阶段的主要任务包括找出对标数据存在的差距及原因，设定既富有挑战性又具有可行性的学习目标。利用数据库中的数据进行分析，寻找企业存在的差距，是有效实施标杆管理的重要一环，而找出存在差距的原因又是设定对标目标、制定对标方案的关键。为了能够最大限度发现提高效率的机会和存在差距的根本原因，靖远二电常常采用现场考察与参观的学习方式。现场考察与参观前需要进行精心策划和准备，制订出详尽的考察计划。此外，靖远二电还通过多次的参观考察、专题讨论、调研访问、委托第三方开展标杆瞄准调查研究等方式进行更深入的标杆信息了解。

(4)对标方案实施阶段

对标方案实施阶段的主要任务包括制定对标方案、争取高层管理者的批准以及评估对标效果。对标方案的制定以标杆管理项目组为主体，必要时靖远二电邀请外部专家论证节能方案的可行性。对标计划实际上是一份变革计划，在具体实施过程中难免遇到各种阻力，尽可能排除与变革相抵触的力量，争取企业成员的理解、接纳与支持可关系到变革方案的成败。为化解变革阻力，公司在开展对标计划时首先会争取高层管理者的批准和支持，这种支持体现在物质和精神两个方面。对标方案实施阶段的另一项主要活动就是对学习效果进行评估，靖远二电对标管理信息的反馈与评价由经营策划部组织各职能部门实施。经营策划部根据对标管理过程中暴露的问题，从市场、指标、设备、安全和管理五个方面进行现状分析，提出改进意见并跟踪落实，使公司的对标指标趋于完善。为了更好地做好信息反馈与评价，公司实行内部经验交流、内部对标评估及对标指标保密管理制度。

(5)方案控制纠偏阶段

在对标体系运行的过程中，靖远二电坚持指标对比与过程控制兼备的原则。通过数据指标透视，相关部门对管理过程中产生的影响指标先进性的问题及时提出控制和改进要求。靖远二电的动态控制包括目标保证、过程控制和监督评价三个方面的具体措施。目标保证措施指的是公司根据经营现状，在每年年度计划中定出对标指标和阶段性改善目标，并逐项逐层分解到相关部门和具体责任人，同时将目标落实到月度工作中，纳入月度、年度绩效考核，保证对标工作按目标计划开展。过程控制措施指的是根据上年度全国参赛机组指标分析排序结果，对照靖远二电对标管理工作目标，判断其主要指标完成水平和预期效果，及时发现指标差异和管理过程中存在的关键性、倾向性、趋势性等影响指标先进性的问题，并制定控制措施组织实施。监督评价措施指的是根据对标管理工作目标，经营策划部和相关部门及时监控相应的管理和技术保障措施，保证各项措施的先进性和可操作性，同时对过程控制中采取的各项措施执行效果进行监督评价，对最初提出的问题及时反馈，形成封闭的过程控制机制，确保对标指标达到预期目标。

3.3.3.2 标杆管理内容

靖远二电领导层确定公司对标工作的指导思想和基本原则，归口部门根据公司生产经营管理水平和同业指标完成情况，制定对标管理体系，完善对标控制体系、分析体系和反馈评价体系，并组织对标工作交流、指标发布、分析评估、总结和考核工作。在确定对标内容时，靖远二电精心选择实施标杆管理的流程或项目，按照SMART原则合理设置对标目标，强调对标过程和对标内容的管理。

(1)内部标杆管理

内部对标是进行标杆管理的基础，因此，靖远二电以内部对标活动为起点。靖远二电的内部标杆管理不涉及保密问题，且开展内部对标活动成本较低，同时可以获得非常详细的对标资料。

(2)外部标杆管理

靖远二电的外部标杆管理是指通过借鉴不同集团的发电企业和不同行业的节能经验，不断提高企业的节能效率和管理水平。通过外部标杆管理，靖远二电可以寻找全新的节能方法与实践。根据目前行业发展的实际情况，靖远二电从战略发展规划和愿景出发，将生产经营指标作为公司近几年的主要营运标杆。在分析同类型机组生产经营指标体系的基础上，靖远二电从自身机组的营运情况出发建立起五大对标指标，即市场指标、生产指标、安全指标、经营财务指标及检修运行指标。外部标杆如图3–12所示。

图3–12　外部标杆

①市场指标：该指标是基于电能的特殊性而建立的。2012年发改委出台《关于利用价格杠杆鼓励和引导民间投资发展的实施意见》，选择了部分电力供需较为宽松的地区，开展竞价上网试点，鼓励那些符合国家产业政策、体现转变经济发展方式要求、具备一定规模的非高耗能企业，按照有关规定与发电企业开展直接交易试点，交易电量、交易价格由双方自愿协商确定，增加电力用户的选择权。目前，西北电力市场“竞价上网”在暂时没有实施的情况下，靖远二电面临的客户主要是甘肃调度、西北调度及供应商，随着电力行业市场化发展，以后其客户范围将进一步扩大。市场对标指标由经营策划部根据公司内外部环境制定，设备技术部、运行部和物资采购部负责执行和控制。

②生产指标：公司生产指标对标体系包括体现靖远二电机组经济性、可靠性和稳定性的指标，旨在通过对标管理找出存在的差距，提出改进措施，以便改善，达到或超过对标指标。主要生产指标的对标管理由经营策划部根据靖远二电内外部环境制定，设备技术部、运行

部和检修部负责执行和控制。

③安全指标：为进一步提高靖远二电的整体安全管理，学习和借鉴先进安全管理经验，公司将安全管理纳入对标管理。安全指标对标管理由经营策划部和设备技术部根据公司机组运行的实际情况制定，设备技术部、运行部、检修部、综合管理部和其他相关部门负责执行和控制。

④经营财务指标：它是反映靖远二电整体营运能力的重要指标。通过对标管理，靖远二电可以及时监控和调整资源配置，降低运营成本，提高市场竞争力，为用户提供稳定便利、价格低廉的电力产品，同时为员工提供价值发挥的平台和条件优越的工作生活环境。经营财务指标对标管理由经营策划部和财务管理部根据公司的整体经营情况、内外部市场环境、公司的战略规划而制定，物资采购部、设备技术部、运行部、检修部和其他相关部门负责执行和控制。

⑤设备检修运行指标：树立科技为先导和科学技术是第一生产力的理念，坚持“改进、优化、引进、创新”的方略，推进新技术、新设备、新工艺、新机制在公司生产各环节的应用，靖远二电在设备检修和运行过程中实行全过程的动态管理，公司将设备检修运行指标纳入对标管理体系，有效地防止“过维修”或“欠维修”问题，减少设备的故障发生率，降低设备维护费用。设备检修运行指标对标管理由经营策划部和设备技术部根据靖远二电机组的性能、设备的可靠性，并结合发电情况制定，由设备技术部、运行部、检修部及其他相关部门负责执行和控制。

3.4 项目管控体系

项目管控体系由商务管理和重点项目管理两部分组成，体现了靖远二电对于经营业务流程和重点商务项目的关注。

3.4.1 商务管理流程

在生产经营活动中，靖远二电逐渐建立起完善的商务管理流程。从年度商务计划编制到项目确认、项目启动、项目招投标、项目执行、项目后评价、项目结算，公司形成了标准化的商务管理作业流程，从而确保商务活动开展的连贯性和高效性。其中招投标管理和合同管理是商务管理的重点和难点。商务管理主要流程是依据年初董事会批复的预算和项目，借助iPRM商务管理系统有序开展的，如图3-13所示。

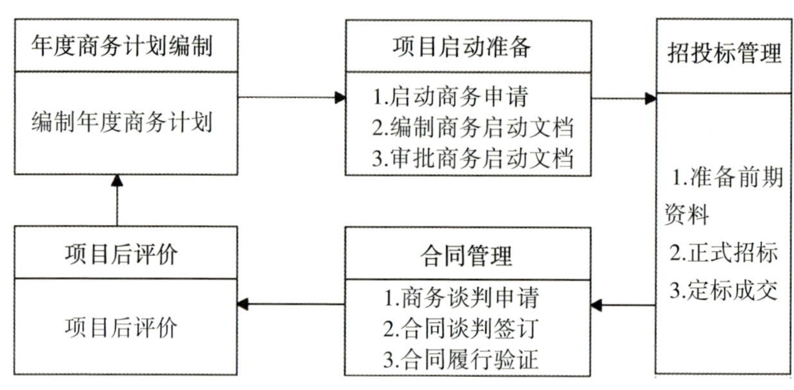

图3-13 商务管理流程图

3.4.1.1 年度商务计划编制

年度商务计划的制订是靖远二电商务管理工作的基础和依据，是靖远二电战略的分解和量化及其经营活动得以开展的主线，也是全面预算管理得以开展的依据。根据公司下达的年度项目任务，各部门组织编制本部门年度商务计划，经部门经理审批后，然后报给经营策划部汇总。经营策划部负责统筹协调各个部门的年度商务计划，编制成公司的年度商务计划，并上报高层管理者审批。最后，经营策划部将完整的年度商务计划录入iPRM系统。年度商务计划具有连续性和完整性的特点，是靖远二电实现战略目标的整体计划体系。

3.4.1.2 项目启动准备

各部门项目负责人根据项目实施进度和本部门的任务完成情况，从年度商务计划表中启动商务申请。这是项目执行的开始，标志着项目由计划阶段转变为执行阶段。商务启动后，项目负责人根据项目类型编制商务启动文档，包括项目建议书、供应商评价报告、市场调研报告、实施方案、施工图预算、招标方案等，并将商务启动文档上传至服务器提交审批。

商务启动文档的编制是项目启动阶段的重点工作，启动文档的编制质量直接决定项目后期的执行进度和效率。对于启动文档不完整、计划存在漏洞的，启动文档审批人可提出修改意见或直接拒绝。只有通过审批，本项目才算是启动成功。

3.4.1.3 项目招投标管理

在项目发包、大宗材料、备品备件采购等实施过程中，靖远二电建立起完善的招投标采购流程和强大的iPRM支持系统，确保采购过程的公正与高效。在商务管理系统中招标准备、招标、投标、开标、评标、定标等各阶段都有明晰的工作流程，实现了各环节业务的有效控制。项目招投标管理各环节主要强化以下工作。

(1)招标准备

搜集和初步筛选推荐供应商信息，确定招标组织形式，编制招标方案。其中推荐的供应商和招标方案需要提交审批组审批。

(2)编制发售招标文件

招标文件编制直接决定招标工作的质量，靖远二电项目招标文件实行严格的审批流程，保证招标文件的质量。

(3)开标

监督部门全过程监督开标活动并邀请投标人参加，保证开标活动的公开性。

(4)评标

公司商务管理系统实现评标的电子化。

3.4.1.4 项目合同管理

靖远二电实施的项目活动均以合同形式来约定合同双方的权利、义务和责任关系。靖远二电的项目合同管理除重点加强合同履行过程的管理外，也关注谈判申请、正式谈判、合同验收等环节的管理。

(1)合同谈判申请

经过严密的招投标流程后，靖远二电项目负责人填写“商务申请”并向经营策划部和相关部门发出商务谈判的邀请，组织集中谈判。商务谈判申请是靖远二电商务管理的必要环节，是合同谈判的启动阶段，其目的在于明确谈判过程中的职责和权限范围，建立合同谈判组，为商务谈判建立组织构架和营造谈判环境。

(2)合同正式谈判

项目负责人组织相关部门与中标供应商进行商务谈判，项目负责人与合同管理专责、各部门参与人员记录并确认谈判内容。在整个合同谈判过程中，靖远二电有多个部门共同参与，这降低了合同管理中的风险，增强了公司内部不同部门间的联系。

(3)合同验收

项目实施完成后，承办部门牵头，组织主管部门、使用部门参加，按照国家相关技术标准和合同要求对项目进行验收评审，填写《项目竣工验收单》，签发验收意见，办理竣工资料归档手续并提交项目评价报告后方可开始竣工结算。

3.4.1.5 项目后评价

公司项目后评价分为综合评价和过程评价。商务管理系统主要控制了项目过程评价，过程评价必须提交《后评价报告》。《后评价报告》直接控制项目的付款申请，是项目付款的支持性文件。项目后评价保证了项目实施的连贯性和延展性，其本质是将项目视为经营活动的子模块，从项目本身和经营整体进行评价，从而保证项目评价的客观公正，而且，项目后评价还为日后项目的开展提供经验借鉴，并为供应商的评选提供参考依据。

3.4.2 年度重点项目管理

靖远二电的年度重点项目指的是能切实保障公司的安全生产经营和提高公司在某方面的管理水平，从而明显降低生产和管理成本，为公司带来较好的经济效益或能为公司发展奠定良好的基础和带来良好社会声誉的项目。年度重点项目管理充分运用价值链管理和项目管理的思想，现已成为靖远二电经营管理的一大特色。

3.4.2.1 年度重点项目管理的组织形式

靖远二电的年度重点项目管理实行经营策划部归口管理，设备技术部和综合管理部分级管理，其他部门参与、配合相结合的工作方法。在经营过程中，靖远二电常面临涉及面广、临时性、复杂的重大工程项目或管理改革任务，这就需要其具备灵活、高效、便于资源共享和组织内部沟通的组织形式。在此背景下，靖远二电采用了矩阵型组织结构，即职能型组织结构与项目型组织结构的混合。

在这个组织结构中，项目负责人常常既是项目经理又是部门经理。在领导项目时，项目负责人对项目的结果负责，同时又对职能部门的业务负责。经理人的双重身份有效地利用了公司的资源，增加了横向部门间的沟通，降低了每个项目的执行成本。同时，这种矩阵型组织结构又使部门经理获得领导和参与各种项目，丰富专业知识和技能，促进个人价值提高以便能够胜任未来的高层职务。为鼓励中层经理的职业发展，除评价和考核部门工作业绩外，还增加了对经理组织领导的项目考核。靖远二电建立的这种矩阵型组织结构不仅提高了项目的运作效率，而且提高了员工工作的积极性和成就感。

3.4.2.2　年度重点项目管理的领导方式

靖远二电的重点项目管理坚持“谁主管、谁承办、谁负责”的原则，涉及企业发展过程中的各种项目，无论是自建项目还是外包项目，均按照价值链管理思想和规律进行有效管理，即按项目管理的理念、模式、方法改造企业的经营管理流程。项目经理作为项目的组织者和执行者，从项目的选项、论证、调研、计划、组织、实施、直到控制与收尾，实行全程跟踪。同时对完成本项目所需的所有业务节点进行管理，以确保项目全部工作在预算范围内按时优质地完成。

为提高项目运作与管理的水平和保障项目经理制的落实，靖远二电调整企业的组织机构设置、部门职责以及工作流程，细化项目管理对项目费用、进度与质量的控制，同时大力培养具有专业化水准的项目管理人才。通常靖远二电的项目负责人由项目主管部门指派担任，是所管项目的牵头者、组织者和协调者，就项目实施过程中的任何情况及任何问题与有关部门和有关人员进行积极协调的处理，不得推诿。

3.4.2.3　年度重点项目管理的流程

(1)重点项目申报

年度重点项目提交公司会议审议立项的时间应在公司年度预算报告和公司年度规划完成之前（原则上每年11月份前提出次年重点项目申请）。在提交公司会议审议时，提交人需同时提交重点项目立项申请报告、重点项目可行性调研报告和立项申请评分表。项目立项申请需确定项目经理及各人员项目分工，详细分解项目在项目周期内各阶段（一般以月、季、年为阶段周期）的任务，拟定项目年度结果考评表中其他关键指标。

(2)重点项目审批

在经营策划部审查并报公司领导同意后，项目立项申请资料由经营策划部存档并作为项目考评和监督检查的标准。项目立项申请在公司会议上采取评分制的原则，由公司领导、各部门经理及其他有关人员共同评分。

(3)年度重点项目责任书签订

年度重点项目经公司会议审议确定后，公司总经理将与各项目经理签订年度重点项目责任书。责任书主要包括项目结果考评表及其他项目部和经营策划部协商确定的内容。

(4)月度进展报告的分析

经公司会议审议确定的年度重点项目将从审议确定的次月开始每月10日前向主管副总、公司总经理、经营策划部报送上月项目月度进展报告，以便公司领导实时掌握项目进展情况。项目月度进展报告内容包括项目月度主要工作、月度目标完成情况、项目累计工作完成情况、项目产生费用情况、完成预算费用情况、项目实施中遇到问题及采取对策、项目次月主要目标等。

(5)经营策划部的责任

经营策划部在各年度重点项目实施过程中，有义务代表公司对各年度重点项目的进展情况及存在问题进行监督和检查，必要时可以出具项目监督检查报告，实事求是地向各项目部门和公司领导及时反映相关情况，以督促年度重点项目更好地实施。

(6)项目效果评估报告编写

年度重点项目完成后，项目部必须在1个月之内出具项目效果评估报告。报告由经营策划部审核，签署评估意见并统一提交公司会议审议确定项目实施效果，同时实施效果将作为项目最终考评的重要依据。项目效果评估报告主要内容应包括项目实施效果、项目产生费用、目标完成情况、项目实际完成周期、项目产生经济效益、项目实施过程中遇到问题及解决办法等内容。

(7)项目结果考评

项目结果的考评由经营策划部提供数据及资料支持，由主管副总和公司总经理根据项目年度结果考评表进行考评。年度重点项目因公司内部或外部特殊原因，不便或不能继续实施时，经公司会议研究同意，可以终止项目实施，所有该项目人员活动、经费安排随之停止。

靖远二电的项目管控体系保证了项目开展的流畅性。在项目运作流程的规范下，提高了项目运行的效率，降低项目运作成本。作为非常规性项目，年度重点项目的开展需要更多的资源支持，拥有更高的知识和技术要求，靖远二电建立起独特的组织形式和领导方式，细化重点项目的运作方式，确保了重点项目的顺利开展。

3.5 市场管控体系

为增强公司的竞争意识和危机意识，靖远二电开展对火电市场的研究。一方面注重企业的可持续发展，用先进的理念和方法引导公司经营业务的开展；另一方面引入模拟市场化运作机制，依靠市场机制来调节内部交易。市场管控体系的建设是在风险理念指导下，应对环境变化而进行的开源节流举措，成为经营管理的又一重大创新。

3.5.1 电力市场营销

靖远二电成立初期具有良好的经营环境，火电企业的经营活动主要集中在生产环节，而关键的销售环节受国家严格控制。火电企业的经营环境相对简单，只需做好本职发电工作便产生最大效益。然而伴随着电力体制改革的深化和市场经济的深入发展，目前火电企业的经营环境正发生着变化，迫使企业必须具备风险意识，具备洞察经营环境和应对环境变化的能力。为了适应电力市场变化，靖远二电成立由总经理直接领导的电力市场营销领导小组，针对大用户直供电交易、挂牌交易、竞价交易及发电权转让交易主动开展各项调研工作，利用灵活高效的机制，积极参与电力市场各项交易，为靖远二电电力市场营销开创了很好的局面。

3.5.1.1 大用户直供电交易

大用户直供电是指符合准入条件的用电企业和发电企业，按照自愿参与、自主协商的原则直接进行的购售电交易，电网企业按规定提供输电服务，是国家政策鼓励和支持的一种电力交易新模式。

靖远二电在确保机组安全稳定及燃料充足的前提下，积极跟进国家《关于开展电解铝企业直购电试点工作的通知》电改政策，主动掌握国家、电网政策信息，了解电力供需信息，对省内甘肃华鹭铝业有限公司、连成铝业等用电大户进行调研，结合国际铝价、电解铝行业产能结构对其电价承受能力进行分析。同时，积极沟通电力交易部门了解大用户直供电电网输配电价实施政策，结合发电利用小时数增加对公司电价成本的影响，进行电价成本测算，确定大用户直供电最佳电价，实现公司经营效益最大化。

3.5.1.2 挂牌交易

挂牌交易是指以国家发改委《关于促进跨地区电能交易的指导意见》为指导，坚持市场竞争和节能发电调度相结合，按照平等自愿、公平竞争、互利互惠的原则，通过电网公司交易平台，集中挂牌采购本区域发电企业富余电量，再向其他区域电网或本区域缺电省（区）电网销售的电能交易。

针对挂牌交易，靖远二电及时同电网公司交易中心沟通，确保公司目前装机规模能够进入挂牌交易门槛，所有挂牌交易均积极以允许申请最高电量参加。自挂牌交易执行以来，公司积极参加了每次挂牌交易，挂牌交易电量完成率百分之百，受到了电网公司交易中心多次表彰，同时为降低公司发电边际成本做出了很大贡献。

3.5.1.3 竞价交易

竞价交易同挂牌交易的最大差别是通过竞价采购本区域发电企业富余电量，再向其他区域电网或本区域缺电省（区）电网销售的电能交易，而不是挂牌采购。

针对竞价交易，靖远二电充分发挥电力市场营销领导小组作用，在完全掌握竞价交易规则的基础上，由经营策划部门牵头，联合财务管理、燃料管理及燃料采购部门，对公司发电成本进行精确测算，对区域电网内各发电公司的电煤价格、发电成本、经营状况进行初步了解。通过以往竞价交易报价情况，对各发电公司报价规则进行分析。经过高效执行及全面分析，公司经营策划部门直接向电力市场营销领导小组负责汇报，最后根据公司实际情况，报出符合公司经营形势的最佳竞价交易报价。在西北电网向华中电网、西南电网跨区送电竞价交易中，靖远二电均能积极参与并多次获得较同类型机组高的竞价电量，其竞价交易电量完成率百分之百。

3.5.1.4 发电权转让交易

国家“十一五”期间，由于节能降耗及行业升级的需要，纳入国家小火电机组关停规划并按期或提前关停的机组可依据国家有关规定享受发电量指标并进行发电权交易。发电权交易原则上由高效环保机组替代低效、高污染火电机组发电，由水电、核电等清洁能源发电机组替代火电机组发电。交易双方自己自主协商，也可以集中在交易平台上进行交易。

面对甘肃火电发电利用小时数较低的局面，靖远二电对甘肃境内符合发电权交易的发电公司进行摸排，最后确定同甘肃电投永昌发电有限责任公司、甘肃敦煌凯腾电力有限公司进行协商，经多次诚恳洽谈，靖远二电以合理价格获得其发电权交易电量，既解决了历时长久的小火电关停难题，又在电力面临过剩情况下，提高了公司机组利用小时数，为公司电力市场营销多样化开拓了前景。

3.5.2 市场化运作

面对日益激烈的市场竞争，靖远二电以提高经济效益为中心，以市场化为导向，明确目标，强化管理，实行了管理体制上的调整，引入了市场竞争机制，在公司内部稳步实施模拟市场化运作。通过转换经营责任，靖远二电降低了运营费用，提高了工作质量和管理水平，促进了企业快速健康发展，为今后各项任务目标和企业阶段性经济发展目标的实现奠定了基础。

靖远二电在实施市场化运作后，发挥市场的控制能力，引导内部管理趋于合理化，提升企业的经济效益，利于实现企业的可持续发展。靖远二电在将市场机制引入企业内部过程中分析企业内部市场化的特点、类型与产生要素，在管理流程的进一步加工中，提升企业的管理水平与效益。

(1)明确市场主体

明确市场主体主要指的是明确内部市场化的目标。内部市场化有产品市场化、要素市场化，或者两者的结合。靖远二电的市场化指的是要素的市场化，目的是强化成本约束和发挥专业化优势，将成本中心变为利润增长点。在引入内部市场化时，靖远二电首先审慎分析各部门在经济利益驱动下的行为倾向及其后果，并进行局部目标和整体目标的有效协同。

(2)建立内部核算体系

内部市场化管理模式建立之后，市场主体对生产经营的控制和核算成为关键环节。企业职能管理部门要深入到生产经营管理一线，了解各个环节出现的新问题，不断揭示内部价格的不合理性，根据生产经营管理中提出的建议和设想，及时准确地补充内部价格体系，建立快速反应机制。

(3)加强合同效力

在实行模拟市场化运作之前，各部门之间的协作主要是靠上级部门的行政命令来约束，奖励和惩罚也都采用行政手段，各主体之间的运作完全建立在行政分工的基础上。模拟市场化后，各独立部门之间主要靠内部承包合同来约束对方。企业内部承包合同是本企业内部各单位为完成各自承担的生产经营任务所订立的明确相互权利义务的协议。订立承包合同必须贯彻平等互利、协商一致、等价有偿的原则；贯彻以责为中心的责、权、利三结合原则，实行有奖有罚、赏罚分明的奖罚制度。

(4)引入市场竞争

在虚拟运作条件下，靖远二电可以利用行政手段更好地实现目标协同、规划协同和业务协同，较好地矫正市场机制缺陷，同时弥补计划体制的不足。开放市场中的竞争越激烈，企业提高效率的努力程度就越高，这同样适用于企业内部各模拟市场主体。

3.5.3 可持续发展

从世界范围来看，电煤在电源结构中的主导地位没有改变。受各方面条件的限制，中国未来很长一段时期仍将以燃煤发电为主。随着电力企业改革步伐的加快和电力企业市场化程度的不断提高，靖远二电意识到必须创新工作方法、经营理念和发展思路，运用先进管理理念来妥善解决计划经济时代给电力企业带来的不利影响。靖远二电在企业内运用可持续发展理念，循环经济、低碳经济等先进思想指导企业经营活动的发展方向。可持续发展的策略如下所述。

(1)制定科学发展规划

靖远二电需要科学策划企业发展战略，拓宽融资渠道，为电力企业的发展注入新鲜的血液。认真分析电力企业所处的政策法律环境、经济发展环境、企业财务状况等企业所面临的内外部环境对企业发展的影响，靖远二电对电力企业发展的机遇和挑战有着清晰、明确的认识，以市场化运作手段全面整合电力企业的发展资源、优化资源配置、着力捕捉发展机遇。通过对企业的发展制定科学的发展规划，以市场需求为导向，以挖掘电力企业发展潜力为抓手，积极拓展企业的业务广度和深度，不断降低企业的生产成本，做好企业的质量管理和控制、成本管理和控制、安全管理和控制，全面促进企业的可持续发展。

(2)理清企业发展思路

理清企业发展的思路，实现电力企业发展的科学规划是企业可持续发展在发展方向上的必要措施。每一个企业的科学发展都需要有科学规划予以支撑，靖远二电的科学发展也不例外，没有成熟的发展思想和发展规划作为发展方向。因此要实现企业的可持续发展，就必须理清靖远二电的发展思路，实现企业发展的科学规划。企业必须做好电力企业可持续发展的策划，合理规划企业发展方向，用足用好国家的优惠政策，全面促进企业的可持续发展。在这样的发展背景下，需要企业的经营管理者们时刻保持清醒的可持续发展的头脑，切记头脑发热，在缺乏科学规划的前提下就盲目进行投资，而是要采取审慎经营的态度，认真分析每一项发展决策的可行性，摆脱计划经济时代电力企业发展的惯性思维。

(3)遵守电力市场的发展规则

严格按照电力市场的发展规则进行电力企业的可持续发展是企业可持续发展在市场竞争方面的必要措施。企业的可持续发展是在电力市场有序、良性竞争的环境下实现的。因此，靖远二电必须遵从市场竞争的规则，按照电力市场的发展规则策划电力企业可持续发展的规划设计，建设资金的融入、电力企业的经营管理、电力项目的建设、电网的建设等一系列发展都要按照市场经济规律办事，力求实现企业的市场化经营模式，促进企业的可持续发展。

自始至终把人放在第一位，尊重员工是成功的关键。

——IBM创始人托马斯·沃森

第四章 人本管理

任何一个企业，都拥有一套指导其全部行为的价值观和行为准则，而作为企业的人力资源管理，同样拥有一套自身的管理方法、准则和价值观，它是制定一切人力资源管理政策和措施的出发点。在靖远二电，人本管理是公司管理人力资源的指导原则，是靖远二电的员工哲学。

员工哲学决定了一个公司在管理活动中伦理精神的多寡，决定了公司对待员工的态度和方式，而公司对待员工的态度和方式又决定了员工对待公司的态度和方式，后者在一定程度上就决定了企业的命运。无论是过去、现在还是将来，具有执行力、胜任力和创造力的员工都将是企业最大的财富，也会是企业发展的根本所在。

基于这样的认识，公司以“以人为本”的员工哲学为指导思想，以理性的契约整合公司与员工的共同利益点，积极推动员工在制度约束下的自我管理。通过公正科学的人才选拔、方式多样的培训开发、客观全面的业绩评价、公平合理的薪酬待遇、益于创新的组织氛围营造和员工发展成长平台的提供，使公司在尊重员工的价值创造，尊重员工的个人选择，保持员工个人尊严等方面得以实现，体现了公司为员工高度负责的审慎态度。随着公司人力资源政策的不断完善和基层管理人员技能水平的提高，人力资源管理工作的重心实现了不断下移，部门及班组管理的自主化程度越来越高。公司努力促进员工与公司之间心理契约的形成，鼓励组织公民行为，引导员工不断提高职业素养，关注员工关系管理，从影响工作绩效的视角出发，寻找一切影响工作绩效水平的因素并施加影响，“无边界”管理意识已悄然形成。

十年磨一剑。通过学习思考和实践探索，公司建立了完善的人力资源管理制度，抓住人才“选、育、用、留”四个环节，优化人力资源结构，提升员工工作技能水平，培养后备人才，完成了传统人事管理向现代人力资源管理的转变，为公司的发展提供了可靠的人力资源保障。在不断探索、解决实际工作问题的过程中，对单一首长负责制、员工任用、岗位动态管理、绩效管理、薪酬管理、员工发展和员工关系管理七个方面进行了总结和提炼，逐步形成了内容丰富、特色鲜明的“人本管理模式”，深刻地影响了公司的各项管理工作。

4.1 单一首长负责制

靖远二电的单一首长负责制是公司在特定的经营背景下建立的中层管理机制。与传统的多层级集体决策体制不同，实行单一首长负责制后，公司的每个部门只设一名部门经理，不设副职，部门经理集权力和责任于一身，其不仅参与公司战略决策的制定与执行，也积极推动部门和团队建设，在“日新”文化的指导下，结合人本管理的理念，不断进行管理创新与技术创新。

4.1.1 结合实际，不断创新

4.1.1.1 完善的运行流程

单一首长负责制对部门经理各方面的能力提出较其他企业更为严格的要求，各种各样的部门工作以及公司相关事务都需要部门经理进行处理，一个科学、合理的执行流程成为单一首长负责制成功运行的基础。如图4-1所示，单一首长负责制的运行流程由进入、作为、激励、监督及退出五大环节构成。其中，进入既是其运行的开始，也是前提；作为是主体，它明确了单一首长的岗位职责，规定了单一首长的职责；激励与监督是其成功运行的保障；退出则是说明单一首长离开中层管理岗位而被调至其他适合岗位的过程，它与进入共同保证了单一首长负责制的动态流动性。结合岗位动态管理和员工任用管理，当考核不合格时，单一首长退出中层管理岗位，流向与其能力相匹配的其他岗位。一旦中层管理岗位出现空缺，只要员工的个人能力满足岗位需求，就可以通过竞聘成为单一首长。整个运行过程体现了单一首长负责制的动态性，实现了能上能下的良性循环，使单一首长时刻充满活力与斗志。

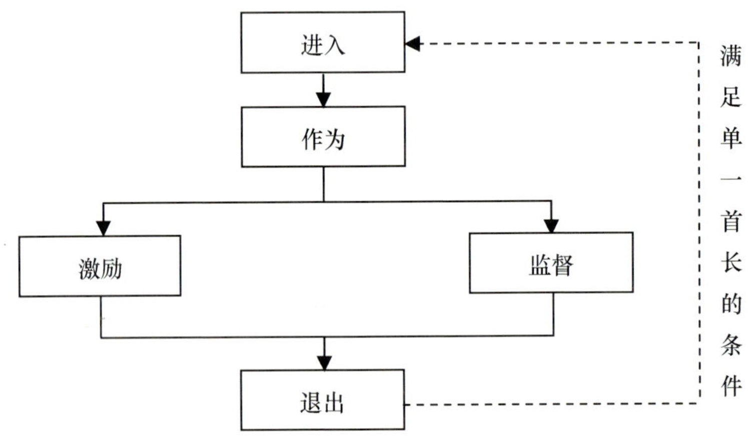

图4-1　单一首长负责制的运行流程图

专栏文章4.1

刘明的追求

刘明曾是一名通过退出机制从单一首长岗位上离开的部门经理。2003年退下来之后，他成为经营策划部一名普通管理人员。面对这样的结果，他显得极为平静。在他看来，被淘汰主要是由于自身的能力尚不能胜任之前的岗位，这也是情理之中的事。

公司的制度是公平的，每一个人都有相同的机会到达自己期望的高度，关键就在于平时的学习是否为你提供了足够的能力去达到这个高度。经过不断的努力，刘明的能力得到证明。2005年，通过自己的努力，鉴于在经营策划部工作岗位上的出色表现，刘明重新竞聘成为一名部门经理——经营策划部经理。2013年，因其出色的工作表现和多岗位锻炼的工作经历，他顺利通过了后备干部考察，成为公司的总经理助理，有了更高的发展平台。

4.1.1.2 合理的运行方式

(1)科学的选拔手段

部门经理岗位出现空缺后，公司主要通过内部公开招聘的方式产生。只有在特殊情况下（如内部竞聘失败，确无合适人选），公司才会考虑进行外部招聘。单一首长的选拔条件极为严苛，这主要根据岗位任职资格来确定，包括学历、相关工作经验、工作年限、工作技能、发展潜质、职业素养和价值观等。在竞聘时，竞聘条件和竞聘者的相关信息会完全公开，接受最广泛的检验。竞聘的流程包括资格审查、笔试、竞聘演讲、资质评价、结构化面试和民主评议等诸多环节，全面考察候选人的胜任力。

专栏文章4.2

单一首长胜任力的主要因素

战略思维：综合考虑行业和公司的发展趋势，界定团队的中长期工作目标并寻找达成该目标的手段和方法。

①说服感召：让别人（一个人或一群人）接受一种观点的能力。

②决策能力：在不确定和有风险的情况下，及时权衡利弊做出抉择。

③组织执行：促使一群人（同事或合作伙伴）以最快的速度落实计划，实现目标。

④人际理解：觉察和体会，判断他人需求、动机和情感。

⑤知人识才：分辨下属才干的种类和高低，并充分发挥其

特长。

⑥教练指导：通过讲解、示范等手段促进下属在职业心态和工作技能上的成长。

⑦激励卓越：对不同才干、不同贡献的下属给予不同的待遇和成长机会，把资源重点投入到优秀员工身上。

(2)有效的激励措施

对现代企业而言，企业中、高层管理人员的工作绩效，是决定其总体经营管理水平和经营效益的核心要素之一。如何激励中层管理者，充分发挥部门经理的潜能为公司创造更大的效益，是公司重点关心的问题。要使激励产生预期的效果，就必须考虑奖励内容、奖励方法、组织分工、目标设置和公平考核等一系列因素，并注重工作沟通，这样才能使部门经理更好地为公司服务。

①工作业绩决定收入水平。公司对中层管理者的外在激励主要体现在薪酬方面。公司采用的是“岗位+绩效+奖金”的薪酬模式，除了“以岗定薪”的岗位工资外，占个人收入60%以上的绩效工资和奖金都与部门经理的工作业绩直接挂钩，“工作业绩决定分配”的管理思路体现得淋漓尽致。

②持续培养。为了保证员工胜任岗位，出色地完成各项工作，公司一直重视对关键人才尤其是部门经理的持续开发，为中、高层管理人员制定了月度集体学习的制度。鼓励部门经理参加管理技能提升班及学历教育班，到工作业务联系紧密的其他部门兼职轮岗，加强了部门经理的知识掌握深度，丰富了工作经历，提升了综合管理能力，为其进一步的发展创造了机会，从而激发他们的工作积极性。

③自我实现。单一首长负责制的实行使得公司管理层级减少，从而促进了扁平化组织结构的形成，实现了高层管理者的分权与授权。这不仅为部门经理提供了自我实现的机会与平台，而且为员工追求成长、锻炼自己、获得认可及自我实现进行了激励。根据战略性人力资源管理的思想，公司的各个部门在一定程度上成为公司的战略合作伙伴，部门经理拥有更大的决策权和话语权，这为部门经理提供了施展抱负、实现自我价值的舞台。

(3)综合性的约束机制

单一首长负责制将部门经理的权力与责任集于一身，在明确权责、提高工作效率的同时，也可能导致部门经理由于权力过度集中而滥用权力的行为。为了对部门经理权力的行使情况进行有效监督，除了质询会制度和业绩考评制度之外，公司还设立了员工高层对话制、直接上级监管制和员工离职面谈等一系列监督机制。

公司每月都会召开质询会，质询会由公司领导主持，各部门经理参加。会议的主要内容包括通报上次会议纪要的落实情况、工作进度情况、存在的问题、公司领导及其他部门的质询。被质询的部门经理要一一解答，对于已经完成的工作要进行汇报，对于未完成的工作要解释说明，并要拿出整改措施和实施计划。月度质询会是落实公司监督问责制的主要平台，监督问责制的重点在于对部门经理的“不作为、乱作为、不会作为”的行为进行责任追究。当上述情况出现时，公司领导将会根据问责结果，对部门经理的月度工作业绩进行评价打分，对部门经理采取谈话告诫、通报批评、岗位调整等轻重不同的处理措施。

专栏文章4.3

监督问责的行为

靖远二电对部门经理的三种行为进行责任追究，主要体现为以下三点：

①不作为：对公司做出的决策不执行，对公司分配的任务不能积极、主动地完成，所在部门的工作没有起色等。

②乱作为：将公司的规章制度置之度外，违规违法，侵害员工和公司利益的行为。

③不会作为：难以胜任领导职务，没有能力履行岗位职责以及不能按要求完成公司分配的工作任务。

为全面、准确、客观、公正地评价部门经理的岗位职责履行情况、个人工作能力提升及工作作风改善情况，公司每年都会开展部门经理的年终综合考评工作，公司将年终综合考评定位为鉴定性考评，将考评结果应用于岗位调整和奖金发放等方面。从定量和定性两个维度对部门经理的工作业绩、工作态度、工作技能及政治素质四个方面进行全面评价，以考评工作业绩为主。由上级、同事及下级参与评分，实行360度考核，“考绩”与“评人”相结合，并根据考评得分评定等级，增强其成就感和压力感，促进其提高工作能力，改善工作方法，调动其工作积极性。在考评工作中，部门经理要对考评周期内的工作开展情况进行述职，述职内容至少包括工作完成情况、预算完成情况、未完成任务说明、团队建设、人才培养、员工管理、任职能力提升、工作改进思路及措施等方面。通过述职，能够督促部门经理履行岗位职责，形成有效监督。

近年来，公司增加了年中综合考评环节，将年中综合考评定位为开发性考评，考评结果主要作为培训开发工作的依据。开展年中综合考评工作要召开省思会，这已成为开发性考评工作的一种探索和创新。省思会不谈成绩，只谈问题及改进措施，对部门管理方面存在的问题、个人自身存在的问题和能力差距、学习成长及轮岗情况、工作作风等方面进行深刻剖析，目的在于通过省思查找不足和差距，总结教训，省思会采取自我省思、他人补充、领导提问及点评相结合的方式进行，其他部门经理则根据平时部门工作配合情况，与省思人坦诚、客观地探讨工作中的不足，提出意见和建议，帮助省思者提高认识水平。公司领导对各部门经理的省思情况进行点评，对部门管理和个人存在的不足提出了改进要求。因此，省思的过程既是一个监督的过程，也是一个总结、思考、学习、进步的过程。

员工高层对话制是指高层管理者会不定期地与基层员工进行单独面谈，了解员工生活、工作中的困难和部门经理对权力的使用情况，并根据面谈结果，核实后及时处理相关问题。在平时工作中，员工也可以通过既定的渠道向公司的高层管理者反映情况。

直接上级监管制是指在日常的工作中，公司可通过直接观察和听取工作汇报了解部门经理的工作情况，从而对其进行监督和约束。

员工离职面谈是公司为了解即将离职的员工的相关意见而与其进行的谈话。面谈内容较为广泛，可包括离职原因、对所在岗位工作的建议、对直接上级的建议、对公司管理的建议和公司发展等诸多方面。通过离职面谈，获悉部门经理的工作情况，从而也能实现对部门经理的间接监督和约束。

专栏文章4.4

从不关门的总经理办公室

在科技楼的五楼，有一间从不关门、十分朴素的办公室。初来乍到之人总是好奇，这会是谁的办公室呢？为什么总是敞着门？而公司的员工都知道，这就是总经理的办公室。

总经理办公室总是大敞着门，这听起来似乎很不合常理，然而，较之于外人的困惑，公司的员工却是深知缘由。原来，公司独立运营后第一任总经理就是这么做的，目的就是方便一线员工向总经理反映问题。这已成为一种习惯和传统。对一线员工而言，和公司领导直接打交道的机会不是很多，在反映问题时有着诸多的顾虑，在敲门的时候也需要一些勇气。就这么一扇敞开的门，已经表明了公司对反映问题的态度。

正所谓“拆了门墙，没了心墙”，公司高层管理者与基层员工的距离近了，建立了一条对话专线，对部门经理的职责履行情况形成了有效的监督。

4.1.2 不断深化，促进发展

单一首长负责制的推行，改变了公司长期以来的管理模式，避免了由于设立副职而带来的权责不清、相互推诿现象的发生以及官本位思想的滋生，形成了“能上能下”的良性循环，节约了管理成本，提高了管理效率，强化了岗位责任制，打造出了一支高效团结的管理团队。未来，公司将不断完善单一首长负责制，使其更好地发挥作用。

单一首长负责制的实施，部门经理有了更大的决策权和话语权，随之而来的是更大的责任和更重的担子，这对其综合能力提出了更大的挑战。在经营环境不断变化的情况下，要完全满足单一首长的岗位任职资格要求，部门经理必须具备更为全面的工作能力，如领导能力、决策能力、沟通协作能力、战略思维能力等。在今后的工作中，部门经理还要加强学习，树立“终身学习、学以致用”的理念，不光要给自己“充电”，也要创造机会、提供平台培养后备人才，从而实现一个团队的能力提升，以便更好地为公司服务。

专栏文章4.5

部门经理“消失”后

单一首长负责制实现了公司各部门只设一名直接领导的初衷，但当部门经理因事外出（出差或其他事务）时，则无法及时处理本部门事务。电力企业追求的是持续生产，即便是有信息技术作为支撑，部门经理仍然不能完全处理本部门的事务。针对这种情况，公司做出特别规定，部门经理因事外出时必须请假，并指定一名部门临时负责人报请公司领导同意，并通知相关部门。在此期间，通过授权，临时负责人担任部门经理的角色，全面主持部门各项工作，以保持部门工作的持续性。

如果部门经理“消失”时，部门事务乱如一团麻，那么部门经理就“摊上大事了”！“消失”之后如同在岗，那么就意味着他（她）必须要打造一个强有力的团队。

4.2 员工任用管理

公司的总体目标是成为“管理卓越的国际一流发电企业”，实现这一目标必须有一流的人才队伍作为保障。在人才的选用环节，公司以“公平公正”和“人岗匹配”为根本原则，把“公平公正”这一原则提高到管理伦理的高度，这是“以人为本”员工哲学的具体体现。以“公平公正”为“道”，以“完善的制度和科学的方法工具”为“术”，以“道”治“术”，以“术”致“道”，从制度层面回答了“如何用人”的问题。公司制定了严格的选人用人工作程序，建立了人才选任监督机制，坚持“注重实绩”的用人导向，营造了一个良好、有序、公正的人才成长环境和工作环境，为员工提供了一个发挥才能的平台。促进员工在公司内部合理流动，激活内部人力资源，实现了人尽其才、才尽其用、人岗匹配的管理目标。

4.2.1 员工任用的“四项基本原则”

在员工选用过程中，任何一个环节出现问题，都有可能影响选用工作的有效性和公信度。结合公司人员选拔和配置的案例，从长期的工作实践中总结出了“四项基本原则”，这四个方面对于选人用人工作的有效性和公信度至关重要。

(1)公平公正

这里的“公平公正”有两个意思：一是结果是公正客观的；二是程序是公开、公平、公正的。公平公正程度决定着员工对企业的信任程度，只要企业做了不公平、不公正的事情，员工的信心就会受到打击，会失去对企业的信任，不愿意主动开展工作，公司的公信度也会下降。因此，公司在选人用人方面一直把“公信度”作为选用工作成效的第一评价指标。

(2)注重品行

公司在人才选拔过程中特别注重候选人的品行，主要关注个人道德修养和职业素养两个方面。要求候选人具有较高的道德修养，诚实守信，严于律己，宽以待人，公道正派，心胸宽广，说得通俗一些就是“有人气”，能得到多数人的认可，支持率比较高。在职业素养方面主要关注敬业精神及团队意识，要求候选人原则性强，按制度办事，顾大局，责任心强，“用心”去做好公司分配的每一份工作。

(3)注重能力

公司要求候选人具备较高的专业技术能力和管理能力，即具备自己动手干工作的能力和带领他人干好工作的能力。候选人要掌握本专业的知识，精通本专业业务，对所从事的工作具有专门的技能和经验，熟悉专业范围内的方法、程序、工艺和技术，有运用专业工具的本领。除了具有专业技术是某一行业的专家之外，还要掌握一定的现代管理科学知识，具有带领团队成员把工作干好、实现团队目标的能力。

(4)人岗匹配

这也是公司选人用人的基本原则，岗位要求与人的知识、技能、能力相匹配，工作报酬与人的工作动机相匹配，把最合适的人放在合适的岗位上，人尽其才。

4.2.2 以内部招聘为主的选人途径

公司根据有效的人员需求计划开展人才选拔工作。人员需求主要是岗位空缺、扩大编制及人才储备需要三种情形产生的。公司的招聘途径有内部招聘与外部招聘两种。当岗位出现空缺时，优先考虑内部招聘，在内部没有合适人选的情况下会考虑外部招聘。内部优先招聘既可以解决局部的人员富余问题，还可以使员工获得与个人职业发展目标相一致的工作岗位，能够促进人员的内部流动。对于外部招聘公司则采用社会招聘、校园招聘、网络招聘和专业人员推荐等形式。无论是外部招聘，还是内部选拔，公司始终都在贯彻落实公平竞争的基本原则，并且采用一致的选拔标准。

4.2.3 科学的选拔手段

在人员选用过程中，公司使用的主要方法和工具是笔试、民主评议、结构化面试、公文筐测试和资质模型评价。

(1)笔试

笔试是常用的选人手段，主要应用于专业技术类岗位的人才招聘，在竞聘人数较多时，笔试只是作为初选的一种方式。为了保证笔试的公平公正，对抄袭、漏题等情形有严格的考核规定。在笔试过程中会采取措施隐藏候选人的身份信息，如试卷从公司试题库中抽取，答题时要求答题人不填姓名、工号等能够识别个人身份的信息，而是以编码的形式进行代替，在阅卷后由监督人员进行解码，尽可能地减少笔试环节的干扰因素。

(2)民主评议

民主评议主要是评价候选人的工作能力、工作态度和政治素质，完全由员工代表打分，员工代表由候选人所在的部门及与所竞聘岗位业务往来密切的员工组成。民主评议的结果是公司选人用人的重要依据，这一关能通过的人不一定胜出，但不能通过的人是绝对无法胜出的。

(3)结构化面试

结构化面试主要考察竞聘者的管理资质、业务知识水平以及该岗位所必须具备的其他能力等，基于以往的工作行为和结果，从而预测未来在工作中的表现及绩效。结构化面试的题目和评分标准都紧扣岗位要求，可以由人力资源部设计，评委也可以根据岗位需要自行设计，以不偏离主题为原则。面试一般由人力资源从业人员主持，面试得分由评委根据候选人的作答情况进行打分并署名，结构化面试的结果是决定候选人能否胜出的最重要依据。

(4)公文筐测试

公文筐测试主要用于选拔重要管理岗位的人员，如部门经理、专业主管等岗位。通过公文筐测试，可以掌握候选人的真实工作能力水平。模拟一个发生多项实际业务的工作情境，提供给候选人一些涉及财务、人事、市场信息、政府公文、客户关系的多份材料，在规定条件下（通常是较紧迫困难的条件，如时间与信息有限，独立无援，初履新职等）要求候选人以管理者的身份，模拟真实工作环境下的想法，对各类公文材料进行处理，形成公文处理报告。通过观察候选人在规定条件下处理过程中的行为表现和书面作答情况，评估其计划、组织、预测、决策和沟通能力。

(5)资质模型评价

通过资质评价，可以了解候选人内在的、隐性的且与工作行为高度相关的内容，测评候选人的内在动机、个人特质、自我概念、知识及技能等方面。传统的招聘选拔大多重视知识、技能等外显特征，而素质模型则强调一个人的成功与否同其成就动机、合作能力、自信等特点关联性更大，关注内在的、对于员工的工作业绩起至关重要作用的因素则更为重要。公司有通用类、中层管理类、生产管理类、运行类、检修类、职能管理类六大资质模型，通过测评，可以盘点员工能力，帮助员工正确地认识自己，识别个人与岗位的内在匹配程度。

4.2.4　公平合理用人的保障因素

选人用人方面出现问题比较常见，较为普遍的问题是“只能上，不能下”，任人唯亲或者一把手一个人说了算。有的企业在选人的过程中比较严格，但人员上岗后缺乏必要的监督；有的企业喜欢“拿来主义”，不大喜欢自己培养人，导致“空降兵”对企业文化的认同感不高；有的企业政治色彩浓厚，等级森严，很多员工把聪明才智用到了不该用的地方，不能为企业带来增值却产生内耗等。公司把一些企业出现的各种问题当作镜子，采取了一些措施进行防范。

(1)岗位动态管理

公司鼓励员工内部正常流动，以岗位晋升、末位淘汰、降职免职等方式以实现“能者上、平者让、庸者下”，解决用人“只能上、不能下”的问题。候选人以竞聘上岗的方式通过招聘考评，而后进入岗位；如果进入岗位后明显缺乏能力，工作勉强应付难以胜任，则以绩效考评结果为依据决定其去留。以竞聘的方式进入，以考评淘汰的方式进行纠错。

(2)建立健全人才选任监督机制

公司形成了较为系统和配套的制度，通过定期考评、责任追究等制度进行监督，督促在岗人才要作为，会作为。通过定期考评进行督促，以岗位职责为考评依据，重点评价任期内的工作业绩，坚持注重实绩的用人导向，人才的奖惩、岗位晋升或降职都由业绩来决定，接受广大员工的监督。

(3)重视对人才的持续培养

选人的目的是为了用人，选好是前提，培养是关键，用人是根本。培养人才是选拔人才和使用人才的中间环节，发挥着不可替代的作用。公司在人才培养过程中指定职业生涯辅导人，采取导师制和学分制的方式督促员工持续学习。人才的培养开发是一项长期的工作，公司在人才培养方面有长远的规划，有具体的措施，有大量的资源支持，也重视培训开发效果的评估。

(4)营造利于人才成长与工作的环境

公司努力创造一个良好、有序、公正的人才成长环境和工作环境，为员工提供一个发挥才能的平台，并对人才在成长过程中难以避免的错误给予极大的包容，排除许多不必要的干扰和人为因素，使员工在公司能够安心工作，不用担心在工作中犯个什么错误，或者得罪了上级就会影响工作的正常开展和个人发展。在一个较为公正、宽容的环境中，有利于人才创造出更出色的业绩，发挥更大的作用。当员工能力确实超出公司的现有需求，而公司却无法为员工提供更高的发展平台时，公司也有勇气放手，让员工出去实现自己的追求。

4.2.5 发展趋势

近年来，公司在选人用人方面积极探索，勇于尝试，使一大批人才脱颖而出。由于晋升而产生的空缺岗位为其他人员提供了发展的机会，带动了人才队伍的内部良性流动与成长，大大提高了员工的参与程度，通过笔试、面试、考察等环节全方位了解员工，运用多种方式对候选人做出评价，拓展了公司的知人深度，也加深了员工对自己的了解。作为人力资源工作的发轫环节，促进人才培养和内部流动、激活人力资源则是员工任用工作在未来的主要任务。

(1)以战略为导向的员工任用管理

在员工任用管理过程中，公司向来注重人岗匹配，用人所长，强调“选对人”。其实，“选对人”可能是一种结果，也可能是一个过程。就目前而言，更看重这种结果。但从长远来看，如果选对的人只能胜任目前岗位的需要，那么可能会阻碍对人才开发的探索和尝试，因为人才培养是长期的，需要长远的眼光，需要较长的证明时间。以战略为导向的员工任用管理则体现了这种思路，把人看作是最宝贵的资源，强调一种动态的培养与开发，不只是选拔和任用公司现在所需要的人才，更重要的是储备公司未来可能需要的人才，着眼于公司的未来发展。根据资质评价结果，公司据此制定出与公司发展目标、岗位任职资格及员工个人职业生涯规划相一致的人才培养开发方案，并在此基础上进行选拔配置、培训、岗位动态管理和激励。

(2)促进员工内部合理流动

合理的人员流动频率是人力资源活力的基本保证，员工任用则伴随着一定数量的人员流动。公司人员合理流动主要包括竞聘上岗、自愿转岗、以丰富工作经历为目的的岗位轮换或不能胜任岗位的末位淘汰等途径，从人才培养、减少职业倦怠的角度来看，公司还需要提高竞聘上岗、岗位轮换的比例，并且要体现内动流动的计划性，充分挖掘员工潜力，保证内部流动的效果。

专栏文章4.6

关于员工任用系统的一组数字

①2005年，公司先后两次对5个部门经理岗位实施竞聘选拔，符合相应条件的24人参加，5人通过竞聘获聘；培养、选拔了4名值长。

②2006年，公司公开招聘了12名点检员及1名专业工程师，39人参加，13名员工实现了职业生涯通道转换。

③2007年，公司为运行部选拔了4名专业工程师，5名值长，41人参与公开竞聘。

④2008年，公司开展了煤管班班长、脱硫主值、总经理工作部经理、检修部经理岗位的竞聘活动，共有26人参加了竞聘，8人获聘。

⑤2009年，公司采取“竞聘为主、任命为辅”的形式完成了40多人次的关键人才岗位调整，以岗位组合的形式完成人员内部流动183人次，其中包括5名部门经理。

⑥2010年，公司组织开展了30多个岗位的人员招聘及配置工作，涉及80余人次。

⑦2011年，公司开展了13次公开选拔工作，140多人次参与了29个岗位的竞聘。

⑧2012年，公司开展了9次内部公开竞聘选拔工作，63人次参与了11个岗位的竞聘，13名员工实现了个人发展目标。

4.3 岗位动态管理

为了深化公司内部用人制度的改革，建立“能上能下，能进能出”良性循环的用工机制，实现人力资源优化配置，多年来公司一直坚持实施岗位动态管理。岗位动态管理是一种以岗位竞聘为中心的管理机制，根据员工的岗位胜任情况通过劳动组合、岗位竞聘等方式促使员工岗位发生变动，实现了“在岗人员待岗流动”和“待岗人员上岗流动”的动态管理目标，充分调动了员工工作的主动性和积极性，人力资源结构得以优化，促进了内部的人员流动，使公司的人力资源管理得以激活。

专栏文章4.7

靖远二电的岗位动态管理

靖远二电的岗位动态管理（Position Dynamic Management），是以岗位管理为轴心，在竞争上岗的基础上，通过定期地对在岗员工进行全面、科学的考核，依据岗位规范，剔除不合格者，同时对其实行待岗管理，当岗位空缺时，再通过公开竞聘、择优聘用的方式实现待岗人员上岗等一系列规范性活动的综合。简言之，即员工由于工作需要、个人业绩表现及其他方面的原因，在相同或不同的岗位层次之间进行调换的活动。

岗位动态管理不同于传统的以身份管理、亲情管理以及物质资源管理为中心的管理模式，在这种模式中，企业的各项管理工作均以岗位管理为核心，因事设岗，根据岗位赋予员工相应的权力与责任，同时按岗位制度和要求通过竞争上岗的方式，进行人力资源的配置。此外，各级员工按照岗位制度和要求规范自身的工作行为，其待遇也主要取决于岗位的性质和级别。

4.3.1 计划为先的管理理念

最初实行岗位动态管理，公司主要通过业绩考评考核（如“安全积分制”）、以定员标准为依据的劳动组合、自愿转岗等途径来实现。尽管这种方式在一定程度上实现了人岗匹配，增强了员工的竞争意识，激发了员工的工作热情，但也不可避免地出现一些关键岗位空缺却没有合适的员工上岗的现象，在促进人员流动方面的措施还不够主动，计划性不强。

鉴于此，公司及时总结经验，采取有效的引导措施，逐渐由以往人员的被动流动向主动流动转变。通过制定有效的《关键岗位人才替补方案》和《后备人才甄选培养计划》，以岗位轮换、业务交叉的方式作为主要途径，使得公司的岗位动态管理工作与人才培养开发工作紧密结合，具有鲜明的计划性。由于建立了一支数量庞大的后备人才队伍，公司掌握了岗位动态管理的主动权。

4.3.2 全员变动的实施原则

在岗位动态管理工作中，经过长期实践，公司确定了“橄榄球”的实施原则。如图4-2所示，橄榄球的两端，表示公司的明星员工与问题员工，即公司希望通过岗位动态管理，实现公司的优秀员工（明星员工）在人力资源整体的比重达到甚至超过20%，保证问题员工的比重不超过10%，而作为中流砥柱的中间员工，在整体的人力资源结构中，实现70%的目标。

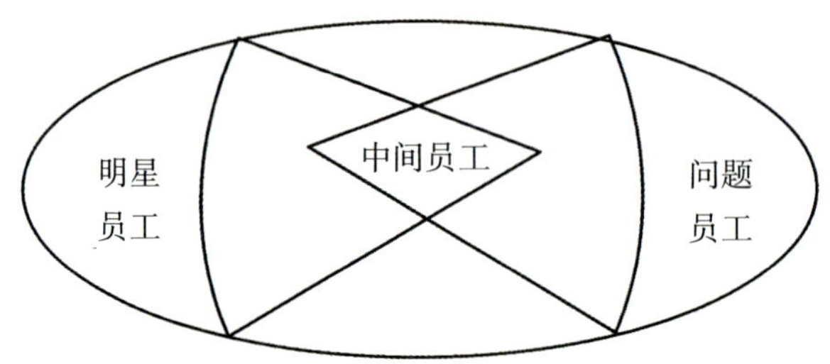

图 4-2 靖远二电员工岗位动态管理的“橄榄球”示意图

实施岗位动态管理，公司的首要目标是优化人力资源配置，对中间员工和明星员工择优培养，使岗位动态管理成为其“快速成长通道”，唤醒其内心自我实现的强烈愿望，激发工作热情；对“问题员工”形成压力，“汰劣”示警。通过对员工进行细分和深化管理，不断提升员工的综合能力，形成“活力曲线”。

4.3.3 培养为主的实施流程

公司的岗位动态管理包括三个环节，即流入系统、培训系统和流出系统，如图4-3所示。流入系统主要解决进入培训系统的员工来源问题，培训系统则主要解决员工的工作技能和工作态度问题，流出系统解决的是经培训之后的员工上岗问题。

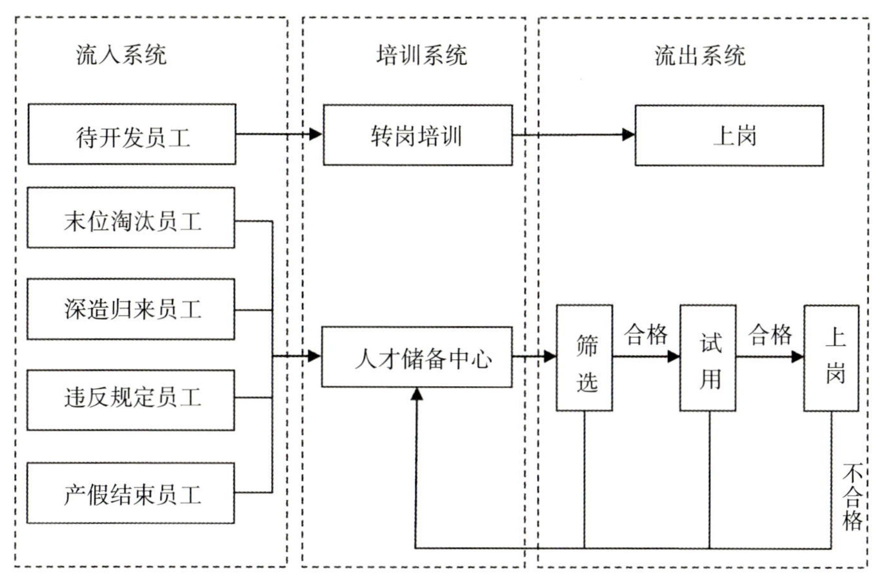

图 4-3　靖远二电岗位动态管理流程

专栏文章4.8

岗位动态管理的“三张面孔”

公司的岗位动态管理包括上岗、转岗以及待岗三种形式。

①上岗：是指对于具备岗位任职条件的员工，通过选拔程序，在符合公司定岗定员要求的前提下，通过劳动组合、竞聘上岗等形式获得岗位的过程。

②转岗：是指公司从工作需要出发，结合员工个人的职业发展规划与工作绩效，公司内部对员工的岗位进行调配的过程。转岗的原因主要分为三类：一是由于员工的工作能力与所在岗位之间不匹配导致工作绩效低下而进行的转岗；二是因为违反公司的相关规定而引发的转岗；三是为了丰富员工工作经历而在不同岗位进行锻炼的岗位轮换，拓宽其职业生涯发展宽度，这也是公司岗位动态管理现在和未来的工作重点和指导方针。因此，转岗不仅有助于实现人岗匹配，也促进了工作内容的不断扩大与丰富化，满足了员工职业发展的多样化需求。

③待岗：是相对于在岗而言的，员工自身存在某种困难而暂时不在岗、未履行岗位职责的状态。当员工在岗期间工作绩效达

不到公司要求或因某些个人原因而最终下岗，进入待岗培训中心。在待岗期间，如果员工通过培训考试，则可以竞争上岗。

4.3.3.1 流入系统

进入培训系统的员工主要分为两类：一类是主动转岗或计划培养的员工，即接受公司多岗位锻炼与培训以作为后备人才的员工；一类是从现岗位淘汰或符合待岗条件的员工，主要包括末位淘汰的人员、违反安全积分制度的人员、深造归来的人员以及产假结束的人员。

由于传统的晋升机会受到限制，为了满足更多员工的发展需要，扩宽员工的职业生涯发展路径，丰富员工的工作经验，加强公司关键岗位后备力量的培养，公司根据员工能力特点、个人意愿及工作的需要，按照一定的比例对员工开展有计划的岗位轮换活动。

为了正确、客观、公正地评价在岗员工的工作业绩，公司制定了各种考核制度。当某一岗位的员工考核结果达不到公司的要求时，该员工可能就面临着待岗。

4.3.3.2 培训系统

(1)转岗培训

公司的转岗培训主要体现为在岗培训。转岗人员到岗后，继任者要在原任职人员的指导和帮助下，根据岗位任职资格的要求，为前者制订培训计划，学习并掌握本岗位的各项制度、工作内容以及相关知识和技能。试岗期结束后，通过综合考评后方可正式上岗。

(2)待岗培训

公司的待岗培训主要包括调查待岗人员的培训需求、确定培训内容、制订培训计划及实施和评估培训效果四个环节。培训内容主要包括“日新”文化、安全、专业知识与其他专题内容。同时，公司根据员工的需求及工作的需要向其免费发放各类书籍，鼓励员工进行有针对性的学习。

4.3.3.3 流出系统

对于转岗人员而言，试岗结束后，转岗人员按照转入部门的工作安排和岗位职责独立开展工作，并需要与原任职人员保持沟通，一旦在工作中遇到问题，可以向原任职人员请教和咨询。对于待岗人员而言，需要通过竞争上岗的方式，获得上岗的机会。当经过培训之后，仍然不符合岗位要求、无法融入企业的员工，即待岗培训中心的“沉淀”人员，公司将会与其解除劳动合同。其实施过程如图4-4所示。

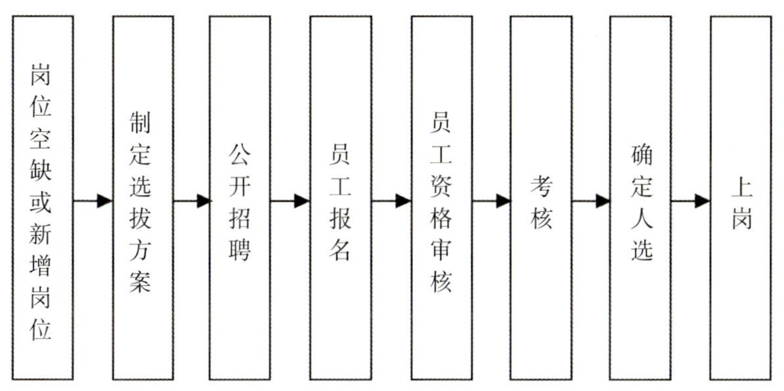

图4-4　靖远二电员工竞争上岗流程图

专栏文章4.9

靖远二电员工竞聘上岗的一组数据

①2006年，公司通过竞聘上岗的方式实现再上岗50余人次，涉及公司4个部门。

②2007年，公司通过竞聘上岗的方式实现再上岗90余人次，涉及公司5个部门。

③2008年，公司通过竞聘上岗的方式实现再上岗80余人次，涉及公司4个部门。

④2009年，公司通过竞聘上岗的方式实现再上岗30余人次，几乎涵盖公司的所有部门。

⑤2010年，公司通过竞聘上岗的方式实现再上岗50余人次，涉及公司6个部门。

⑥2011年，公司通过竞聘上岗的方式实现再上岗60余人次，几乎涵盖公司的所有部门。

⑦2012年，公司通过竞聘上岗的方式实现再上岗30余人次，涉及公司6个部门。

4.4 绩效管理

十多年来，公司坚持“以绩效管理为纲”，不仅视绩效管理为一种管理工具，更视其为一种思想，利用绩效管理这一工具，客观地评价员工和组织的业绩水平，肯定员工为公司所做的贡献，以考评结果为依据对员工进行激励，从而形成了一种绩效牵引力。

通过实施绩效管理，对不同员工的工作结果进行有效区分，与员工的工作业绩与薪酬福利、选拔任用、培训开发、职业生涯发展等方面形成正相关，绩效管理的理念深入人心，成为公司便于操作、员工乐于接受的管理方法。这种“绩效至上”的管理思想，根植于员工深层次的行为意识当中，逐步形成了一种以工作结果为导向的“绩效文化”。

4.4.1 深入人心的“绩效至上”理念

通过定期开展绩效考评工作，员工能够了解自己的工作完成情况，掌握上级及同事对自己工作的评价，清楚自己在他人心目中的位置。公开的绩效考评结果排序会对员工形成强烈的刺激，实际工作结果与岗位要求之间的差距也会对员工形成一种刺激，这种刺激促使员工迎难而上，有了昂扬的斗志，有了持续改进的动力。在这个不断完成具有一定挑战性工作目标的过程中，员工从工作本身找到了乐趣，也获得了成就感。在这种工作氛围中，员工形成了脚踏实地、求真务实的工作作风，用简单有效的方法做事，关注工作结果，在授权、追求结果的条件下激发员工的参与热情和工作主动性。员工愿意自我加压，愿意付出更多的努力将个人、部门与公司的绩效目标有机结合起来，提高公司的整体绩效水平。靖远二电绩效管理基本流程如图4-5所示。

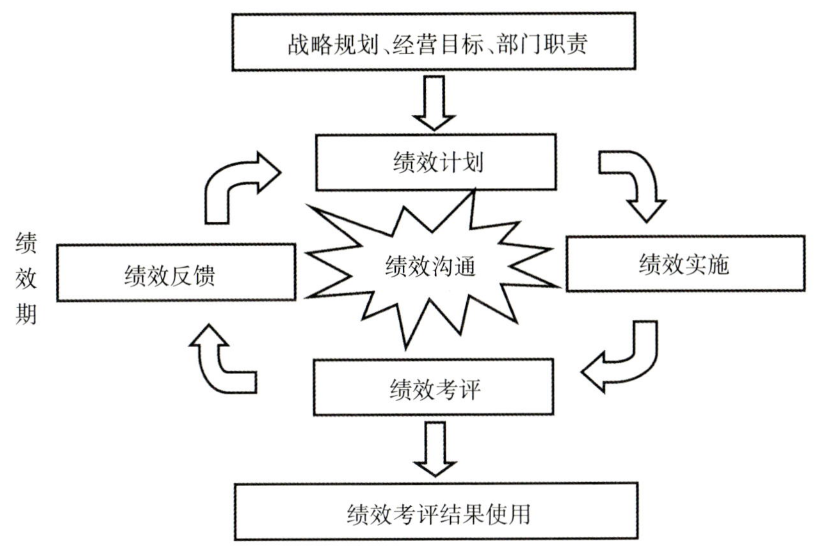

图 4-5　靖远二电绩效管理基本流程图

4.4.2　目标导向的绩效计划

在靖远二电的办公地点，挂在墙上的月度绩效计划书随处可见。这是一张团队的“工作地图”，有哪些任务，从哪里开始，要实现怎样的目标都一清二楚。从目标管理的角度出发，公司将绩效管理和目标管理紧密结合在一起。公司绩效计划来源于公司发展战略和董事会下达的当期经营目标，部门绩效计划来源于部门职责、部门年度规划、内外部工作需求和上一考评周期工作存在的不足，个人绩效计划则以本岗位职责、个人年度规划、其他部门或岗位的需求及上一考评周期的存在不足为依据。通过平衡计分卡等管理工具实现了绩效目标的层层分解，将团队计划和个人计划紧密联系在一起。公司以年度、月度为考评周期，因此，公司既有年度绩效计划，也有月度绩效计划。

员工个人的绩效计划是上下级共同制订的，并就绩效目标、考评指标、考评标准及权重进行沟通后达成共识，实现了公司、部门绩效目标的层层分解，把公司目标和个人目标统一了起来，把团队的绩效目标转化成对员工清晰的工作要求，确保员工在清晰的目标指引下工作；员工参与了计划的制订过程，对计划比较理解和接受，知道如何达到这些要求，容易贯彻落实。下级参与本岗位绩效计划的制订过程，对组织目标会有更深刻的理解，也能够认识到本岗位、本部门在整个绩效目标中的角色和可能发挥的作用，增强了员工的使命感。

绩效计划下达后，员工根据既定计划开展工作，在计划执行期间与上级保持必要的沟通，汇报工作结果以及重点工作的进度。上级能够及时地掌握绩效计划执行情况，并就下级的工作开展情况提供一些指导意见、建议及资源支持，协助实现绩效计划。公司规定，上级还需要就重要工作任务的资源支持形成书面承诺，以确保对下级完成工作提供有力的保障。

4.4.3 分层分类的考评原则

公司以月度为周期进行绩效考评，每月考评一次，考评的频次、及时性比较适中。考评主体为直接上级，由直接上级依据绩效计划、对照考评标准对下级的工作业绩进行评价。除此之外，每年年底还会开展年度综合考评工作，采取360度考评的方式进行，上级、同事及下级都参与评分，考评内容以工作业绩为主，兼顾工作态度、工作能力等。从考评对象的角度看，公司的绩效考评由公司绩效考评、部门（班组）绩效考评、员工绩效考评三个层次构成（见表4-1），公司对部门的绩效进行评价，部门对班组的绩效进行评价，班组对个人的绩效进行评价，层层负责。公司的绩效考评体现了分层分类的原则，针对不同的工作岗位和管理层次采取不同的绩效考评方式，考评指标也不一样。

表 4-1　靖远二电的绩效考评结构

<table>
<tr><th>考评层次</th><th>考评对象</th><th>考评周期</th><th>考评项目</th></tr>
<tr><td>公司绩效考评</td><td>公司</td><td>月度、年度</td><td>安全经济指标</td></tr>
<tr><td>部门绩效考评
（班组）</td><td>所有部门
（班组）</td><td>按月度考评</td><td>关键业绩指标
基础绩效指标</td></tr>
<tr><td rowspan="2">个人绩效考评</td><td rowspan="2">部门经理
一般员工</td><td>月度考评</td><td>关键业绩指标
基础绩效指标</td></tr>
<tr><td>年度考评</td><td>绩效指标和综合考评</td></tr>
</table>

4.4.4 结果导向与过程导向并重

在绩效管理实践中，公司同时有两种导向：一种是结果导向，着眼于结果控制，不关注过程；另一种是过程导向，着眼于过程控制，通过对过程的控制来确保目标的实现。这两种不同的导向充分考虑了不同层次岗位的特点，发挥了强有力的牵引作用，保证了绩效计划的完成。

结果导向的考评主要针对管理岗位（见表4-2）。管理岗位的员工在工作中有更多的自主权，有一定的决策权，关注结果可以给予其发挥主观能动性和积极性的空间与机会，调动员工的工作热情与创造性。同一项工作，不同的人去干有不同的思路，但只要实现既定的目标就可以了，正所谓殊途同归。过程导向的考评方式主要针对操作层岗位，操作层岗位自主权相对较小，按部就班多于创新，控制住了过程就意味着结果有了保证，行为与过程是控制的重点。过程导向可以促进职业化行为的形成，有利于工作效率的提高。

表 4-2　靖远二电的绩效考评工作导向

序号	导向方式	适用范围	关注点	结果
1	结果导向	管理岗位	关注既定目标是否实现	实现了目标控制
2	过程导向	操作岗位	关注是否严格按照规定执行	实现了目标控制

4.4.5　考评方法多样化

公司的绩效考评方式灵活多样，不同岗位类型采取不同的考评方式，采用与岗位性质相匹配的考评指标，讲求实用、适用。公司主要采用了目标管理法（MBO）、关键业绩指标法（KPI）和日清日毕考评法（OEC）。这三种考评方法的应用范围不同，MBO主要适用于管理岗位，KPI主要适用于工作内容较为单一的操作层岗位，OEC主要适用于工作内容有一定的差别、以日常工作为主且工作内容易量化的岗位。

4.4.6　突出关键绩效指标

公司在建立和完善绩效指标体系时坚持以“价值创造”为基本原则。如果一个绩效指标不能反映价值创造，那么它就不能成为靖远二电的绩效指标，这就是靖远二电的绩效逻辑。靖远二电把“关键、可控（被考评人力所能及之范围）、可操作（如收集绩效考评资料不需要付出太高的管理成本）、相关联（与被考评人的绩效目标紧密相关）”作为建立KPI的基本原则。公司充分发挥KPI在绩效考评工作中的引导作用，公司重视什么就重点考评什么，难以按照KPI进行考评的岗位则以“重点工作任务”代之。“发电量、厂用电率、供电煤耗、安全、电费回收率”等指标是靖远二电最高级别的关键业绩指标。不同团队（如部门和班组）和个人的关键业绩指标差异很大，但关键业绩指标一般不会超过5个。

专栏文章4.10

靖远二电实际的关键业绩指标体系

指标维度	战略目标重点	关键成功因素(KSF)	关键业绩及指标(KPI)
财务	降低成本,提高资产利用效率	提高资产利用效率	电费回收率
		降低成本	燃料成本
客户	客户满意,建立良好的合作关系	杜绝重大环境污染事故	环保设施投入率
		建立良好的合作关系	客户满意度
内部运营指标	经济安全生产	人员设备安全	安全指标
		经济运行	厂用电率
学习创新	提高员工技能,培养和储备人才	提高员工技能水平	员工培训参与率
		培养、开发、储备人才	后备人才储备度

公司重视KPI中的量化指标，但向来反对照搬照抄某些貌似量化的指标。公司从实务角度出发，认为量化并不等同于数字化，一个企业真正可以量化的指标并不是太多。如果一个所谓的“量化指标”没有稳定可靠的数据来源，或者这些数据并非伴随工作过程而生，那么这个量化指标就不是真正意义上的量化指标，充其量也只是“数字化指标”而已。如“满意度”这个指标，如果没有数据来源，这个指标只能通过拍脑袋打分。如果通过专门的调查、统计来为该指标提供数据，那么就违背了“可操作性”的原则，增加了不必要的管理成本，

也算不得是一个真正意义上的“量化指标”。基于这种认识，公司并不反对使用必要的定性指标，只是要求上下级在工作过程中都要提供必要的考评信息。如下级经常汇报工作，月底写工作总结；上级利用观察法、工作记录法和与他人交谈等方法收集员工的工作信息，作为工作指导和绩效考评依据。

4.4.7 重视团队绩效

在不少企业，在实施绩效管理之后，由于绩效考评结果应用不当，组织成员之间或多或少地形成了竞争关系，这对组织氛围和团队精神是一种很大的破坏。为了避免滑入日本索尼公司董事天外伺朗所谓的“绩效主义”泥潭，公司向来极其重视对团队绩效的评价，以此作为判断公司绩效管理成败的风向标。团队绩效并非个人绩效的简单加总。组织战略在理论上是可以多次分解的，但战略的整体性就决定了分解的不易实现。“科学管理之父”泰勒关于工效学、工作标准化的研究，实际上是制定出了科学的绩效标准，符合其绩效标准的个人绩效可能都是最优的，但组织绩效却未必是最大的，例如战略失误或者组织战略与个人绩效目标的脱节。

基于这种认识，公司将团队绩效考评结果与团队成员的收入及发展机会绑定，一荣俱荣、一损俱损。但是，团队成员为团队目标所负的责任是很有限的，其权重影响不应太大，团队绩效考评结果应主要与团队负责人的利益直接挂钩。因此，员工个人利益不但受自己业绩水平的影响，还与公司、部门、班组的团队业绩水平紧密相关，促使个人、小团队关注大团队的绩效。团队绩效与个人绩效的联系纽带是团队绩效考评系数，例如部门的考评系数和班组的绩效考评系数。为了破解“绩效主义”的难题，公司的绩效考评过程采取绝对考评法，即考评得分是自己实际工作完成情况与绩效计划、考评标准对比的结果，而不是与其他团队成员比较的结果；在考评结果应用环节，当月绩效工资总额不设上限。因此，员工的绩效收入取决于自己的工作完成情况，与他人无关，不存在“零和博弈”的条件，排除了组织成员之间因绩效考评而引发恶性竞争的可能性，为组织成员之间保持良好的人际关系和团队精神做了合理的制度安排。

4.4.8 绩效考评结果处理

虽然公司制定了严格的绩效考评标准及等级定义，但不同的考评主体所掌握的宽严尺度不同，造成考评结果有一定的偏差，可比性较差，不便于分析和结果的应用。因此，公司按照一定的规范对考评得分进行处理。

值得一提的是，团队绩效考评系数与个人绩效考评系数的分布区间不同，暗含的逻辑是，一般情况下，员工个人的工作业绩水平取决于工作态度和工作技能，具有较大的不确定性，好的时候可能很优秀，差的时候也可能很糟糕。而一个团队的工作绩效即使与公司的要求差距较大，基本上也能够履行起码的职责，弹性较小。当特殊情况下（如发生人员责任性事故），团队的绩效考评系数可以低于0.9，但需要相关职能部门根据事故或工作失误的性质共同确定。此外，公司还赋予部门和班组一定的自由裁量权，团队负责人根据下级的工作完成情况行使奖惩权，考评结果更能客观地反映出实际的工作业绩水平，也能够强化团队负责人的管理权威。

专栏文章4.11

员工月度考评系数标准举例

等级	A(优秀)	B(良好)	C(合格)	D(基本合格)	E(不合格)
等级定义	95～100分，超预期地达成了工作目标	90～94分，全面达成了工作目标，并有所超越	85～89分，保质、保量、按时达成工作目标	80～84分，基本达成工作目标，但有所欠缺	79分及以下，工作目标完成情况与要求差距较大
考评得分	≥95	94～90	89～85	84～80	79～0
月度P值	1.2	1.1	1.0	0.8	0.5～0
比例	不高于10%	不高于20%	不低于70%		

靖远二电班组月度绩效考评系数

等级	A(优秀)	B(良好)	C(合格)	D(基本合格)	E(不合格)
月度P值	1.1	1.05	1.0	0.95	0.9
比例	不高于10%	不高于20%	不低于70%		

4.4.9 广泛应用考评结果

靖远二电的绩效管理工作之所以能够落到实处、取得实效，“绩效至上”的理念深入人心，人人重视绩效管理工作，这与公司及时、广泛地应用考评结果是分不开的。绩效考评结果是整个绩效管理过程的输出，以实现绩效改进、员工发展和培训、薪酬调整及晋升调配等多重管理目标。靖远二电的绩效考评结果主要用于以下几个方面。

(1)薪酬分配

公司将月度绩效考评结果直接应用于绩效工资及奖金的发放，年终综合考评结果则影响员工的年终奖和工资晋级。公司实行岗位绩效薪酬结构模式，其比例基本接近1∶1，绩效工资的多寡对员工的收入水平影响很大。员工个人的绩效工资水平取决于自身的工作业绩，同时团队考评结果也发挥着影响作用，影响程度视其所处的管理层级而定，即管理层级越高影响越大，层级较低的员工则受团队绩效影响的程度较小。设定公司考评系数为$P1$、$P2$、$P3$，个人绩效P值为$P4$，以班组长和一般员工为例，其考评系数相关性见表4–3。

表 4–3 靖远二电的绩效考评系数权重设置

岗位系列	公司考评系数权重	部门考评系数权重	班组考评系数权重	个人考评系数权重
班组长	20%	20%	60%	—
一般员工	20%	10%	10%	60%

因此，班组长的绩效考评汇总系数$P=P3\times60\%+P2\times20\%+P1\times20\%$；一般员工的绩效考评汇总系数$P=P4\times60\%+P3\times10\%+P2\times10\%+P1\times20\%$；绩效工资=岗位工资基数×汇总系数。通过设置绩效考评系数的权重，就界定了每一个考评层级对其上级负责的程度，实现了目标的层层分解与压力传导，体现了权责利的有机统一，强化了员工个人业绩水平和收入之间的关联性，最大限度地实现了“多劳多得、少劳少得、不劳不得”的管理目标。

(2)绩效改进

绩效改进是绩效管理过程中的一个重要环节。在靖远二电，客观公正地评价员工的工作业绩、及时地应用绩效考评结果是绩效管理的最直接目的，而最根本的目的则是提高员工的工作能力，实现绩效的持续改进。通过业绩评价，促使考评双方不断发现并解决工作中出现的各种问题，实现了各项工作的持续改进，提高了员工的工作能力水平。

(3)员工职业发展

依据考评结果，直接上级与下级就绩效计划完成情况进行正式的回顾和沟通，肯定成绩，分析问题，总结经验教训，制订改进计划。通过绩效反馈，使员工了解工作上的得失，并重点关注下一阶段绩效的改进。通过不断地考“绩”评“人”，员工的素质状况、长处与不足也就渐渐变得清晰，在此基础上规划的职业生涯发展目标和制订的培训开发计划也就具有很强的针对性和实现的可能性。此外，在人才选拔任用过程中也将“工作业绩情况”作为重要的参考指标。

4.4.10 贯穿始终的绩效沟通

绩效沟通贯穿于绩效管理的始终，这也是靖远二电绩效管理的基本要求。绩效计划由上下级共同协商制订；计划实施过程中要求下级及时汇报工作进展情况，上级也要随时指导和监督；绩效考评时下级要对当期的工作进行总结回顾，检讨分析，以作为上级打分的重要依据；双方就绩效评价情况进行面谈，面谈结束后双方签字确认，如果下级不认可则可以拒绝签字，进入绩效申诉环节，由人力资源部组织人员进行复核与仲裁；考评工作结束后，上级对下级的成绩予以肯定，指出不足，制订出绩效改进计划；如此再三，循环往复。通过绩效沟通，提高了员工的参与感与凝聚力，提高了员工对公司各项工作的理解与支持程度，对上级考评工作也是一种强有力的监督。

4.4.11 未来发展趋势

十多年间，在经过了多次变革和改进之后，靖远二电的绩效管理系统日趋完善，发挥着越来越重要的作用，也逐步呈现出系统性、战略性和重心不断下移的趋势。

(1)以系统性、战略性为导向

绩效考评结果广泛应用于员工的薪酬分配、培训开发、职业生涯发展、评优评先等各个方面，与其他的管理手段相互支持、相互影响、相互要求，已成为一个密不可分的整体，这种系统性在未来还会得到强化。为保证战略目标的实现，公司需要把战略目标通过绩效管理的手段层层分解至部门和个人，绩效管理的战略性作用因此而凸显。以战略为导向的绩效管理体系模型如图4-6所示。

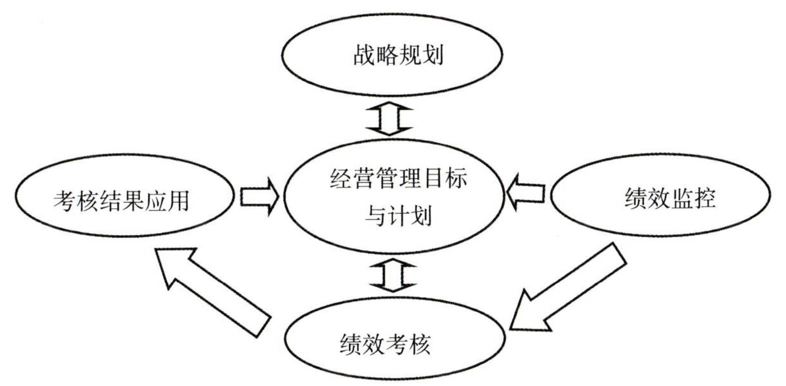

图4-6 以战略为导向的绩效管理体系结构图

(2)绩效管理工作的重心下移

靖远二电的绩效管理工作能够取得实效其原因很多，其中分层分类、合理授权、重心下移的操作技巧是重要的原因之一。公司认为，一个企业的绩效管理工作能不能做好，最重要的是部门经理、班组长对绩效管理是否理解到位，员工是否真心支持。尤其是班组长一级的基层管理人员，其绩效管理能力就基本上决定了公司的整体绩效管理水平。因此，人力资源部等职能部门负责制定、完善绩效管理制度，指导、监督各部门实施，受理申诉，解决操作过程中的各种问题。而部门才是绩效管理工作的主体，公司鼓励各部门、班组制定符合公司制度要求又适合本部门、本班组岗位性质特点的操作规范，制定适合本专业的考评指标和评价标准，自主化程度很高。在此过程中，部门、班组及员工广泛参与，有了理解深度和参与深度，这就为绩效考评工作打下了坚实的基础。有了这些可靠的保障，绩效管理工作能够取得实效就是顺理成章的事情。既然得益于重点下移，公司在未来会进一步培养各级管理人员非人力资源从业人员的人力资源管理技能，强化职能部门的指导与监督作用，及时总结经验并提供分享交流平台，促进“百花齐放”局面的形成。

4.5 薪酬管理

薪酬分配向来是企业管理者无法绕开的难题，既有制度层面的设计问题，也有专业技术上的操作问题，更有社会心理因素的影响问题。薪酬分配不仅仅关系着员工的生理需要（衣食住行），也关系着安全需要（是否为生计发愁），更关系着自我实现的需要（收入的高低在一定程度上反映一个人的社会价值），多层次的问题反映在同一个平台上。秉承“以人为本”的员工哲学，靖远二电从专业的角度制定合理的薪酬福利政策，设计科学的薪酬结构，提供具有竞争力的薪酬福利待遇，通过薪酬动态管理体现环境的变化和员工需求的变化，妥善处理制度的规范性与人性的复杂性之间的矛盾，制度的刚性与团队建设的柔性之间的矛盾，兼顾了公司利益与员工利益。

4.5.1 科学合理的薪酬分配原则

靖远二电的薪酬分配原则与“日新”文化有着内在的一致性，是公司价值观、员工哲学、管理导向的体现。公司的薪酬分配主要遵循以下原则。

(1)总量控制原则

基于公司的经济效益和支付能力，参考市场价格，设计薪酬起始水平与增长幅度，并从总量上进行控制。

(2)分层分类原则

不同层次和不同类别的岗位在工作性质、素质要求、职业生涯发展需求等方面均存在差别，这在薪酬体系上得到了体现，如不同层级员工的岗位绩效工资比例不同，对夜间工作的员工发放夜班津贴等。

(3)以岗定薪,易岗易薪的原则

通过岗位评价，科学、公正地确定每个岗位的工资标准，建立以岗位为核心的薪酬体系。岗位发生变化则薪酬也随之发生变化，薪酬实行动态管理。

(4)绩效导向原则

员工个人收入与公司经济效益和个人业绩紧密联系，绩效工资随着公司的效益变化有所升降，根据绩效考评结果予以兑现，各种奖金应根据特定工作目标的达成情况及个人的表现核定发放。这有利于调动员工的积极性和主动性，增强薪酬的激励作用。

(5)工资保密原则

薪酬制度公开，但员工之间对具体发放工资金额相互保密，反对员工相互之间胡乱攀比（尤其是可比性较差的岗位之间）。

(6)合理的薪酬差距原则

不同岗位员工的工资水平保持合理的差距，差距的大小与岗位密切相关，较低岗位差距较小，采取“小步慢跑”（小幅度、多频次）原则，注重内部公平；较高层级岗位采取“大踏步”原则，依据竞赛理论，更注重效率优先。

公司采用3P-M薪酬设计模型（如图4-7所示），以岗位（position）、个人（person）、业绩（performance）以及人力资源市场价格（market）为依据进行薪酬分配，确定薪酬水平，解决公司内部公平和外部公平问题，激励公司员工多做贡献，使员工、中高层管理者和股东获得共赢。在3P-M模型中，岗位价值相对固定，但是个人的工作能力水平、工作业绩水平和市场价格是变动的，因此，在薪酬管理中公司通过及时调整上述几个因素，使薪酬“动”起来，使传统意义上的薪酬管理真正转变为薪酬动态管理。

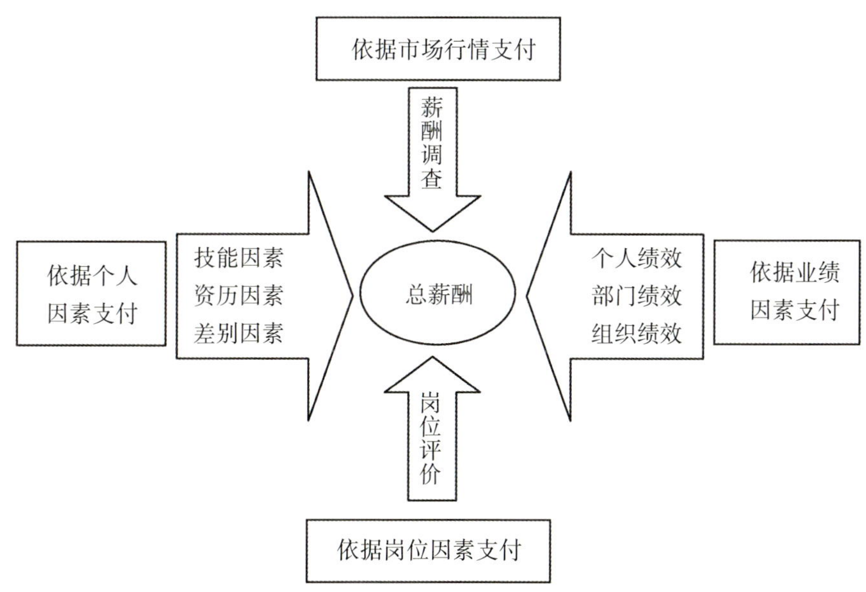

图4-7　靖远二电3P-M薪酬设计模型

4.5.2 以岗位绩效工资制为主的薪酬模式

靖远二电建立的是以岗位绩效工资为主体、协议工资为补充的薪酬模式，以岗定薪，绩效决定分配，鼓励员工通过努力学习提升工作能力，进而实现职业生涯发展，提高岗位层级；鼓励员工努力工作获得更好的工作业绩，得到更多的收入和受到更多的尊重。薪酬分为岗位工资、绩效工资、津贴和奖金四个单元（如图4-8所示），科学合理的薪酬结构在体现了员工所在岗位价值的同时也体现了绩效的重要性。

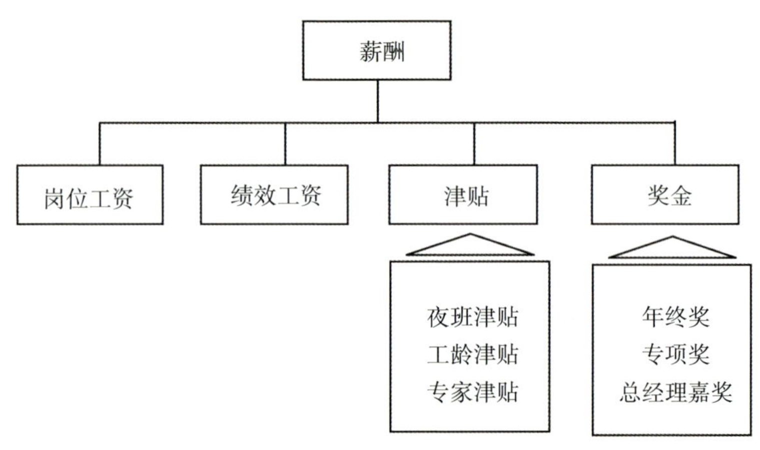

图 4-8 靖远二电薪酬结构图

在薪酬管理过程中，公司追求实现薪酬分配的内部公平性、外部竞争性和自我公平性。内部公平性是公司内部的薪酬与岗位承担的职责和工作的难度相匹配；外部竞争性是公司内与公司外类似岗位的薪酬进行比较时具有竞争性；自我公平性是同一岗位的薪酬与该岗位的业绩表现相匹配。岗位绩效工资制以员工所在岗位的相对价值及员工所做出的业绩作为薪酬支付的主要依据。

4.5.2.1 岗位工资管理

岗位工资是岗位绩效工资制的基础部分，主要是依据岗位评价结果而确定的，按照岗位性质的不同，将全部岗位划分为管理、技术、运行、检修和辅助支持五个类别。结合岗位评价的结果将工资等级划分为15个等，各薪等对应8个薪级，是员工职业生涯发展的上升空间在薪酬待遇上的体现。因公司实施的是宽带薪酬，相邻薪等之间有一定的重合部分，意味着较低薪等的较高薪级可以达到上一个薪等的较低薪级水平。薪等体现了不同岗位相对价值的差别，薪级则充分体现了不同员工在同一岗位上技能水平、工作经验上的差异性，同一薪等内的级差是一样的，不同薪等之间的级差有所不同，薪等越高级差越大。公司所有的岗位都按照岗位评价结果分布在15个薪等所组成的《岗位等级表》里。

员工的岗位确定后，其岗位工资的岗等也就依据《岗位等级表》相应确定。同一岗位的不同人员，可根据其实际履岗能力决定起点薪级。在最初确定薪酬等级之后，可根据员工绩效考评结果及技能水平提升情况逐步调整。岗位发生变换后，岗位工资也依据新职位的工资范围进行重新确定，而该员工的起点薪级由公司根据其以往业绩、能力以及原有岗位工资水平等因素来确定。对于新进员工，试用期内其岗位工资的薪等按所在岗位对应薪等的下一薪等执行，试用期结束后由所在部门进行综合评定（包括绩效考评和能力考评），合格上岗后，岗位工资的薪等按新岗位对应薪等执行。

4.5.2.2 绩效工资管理

绩效工资以岗位工资为基数、以月度绩效考评系数为变量进行计算，按月发放。月度绩效考评结果直接应用于薪酬分配，关乎员工个人利益，员工本人及其所在的组织谁也不敢等闲视之，绩效工资不但激发了员工的工作热情，而且促使各部门、各班组把绩效管理的工作要求落到了实处。

4.5.2.3 津贴管理

公司将津贴分为夜班津贴、工龄津贴和专家津贴。对夜间工作的运行人员发放夜班津贴，从事岗位的性质不同，夜班津贴标准不同。工龄津贴体现员工的累积贡献，伴随工作年限的增加而增长，按月发放。专家津贴是发放给被公司聘请的管理专家、专业技术带头人和高技能人才。专家津贴按月计算，在年度综合考评工作结束后根据考评结果进行发放，考评结果为“优秀”者，发放100%；“良好”者，发放90%；“合格”者，发放80%；“基本合格”者，发放60%；“不合格”者，不享受专家津贴待遇。

4.5.2.4 奖金管理

靖远二电的奖金形式主要分为三种：年终奖、专项奖和总经理嘉奖。年终奖是根据公司当年效益完成情况和可用于分配的工资总额的节余情况确定，并结合员工年终考核结果进行发放。专项奖是对某些经营管理或技术项目制订的奖金计划，根据项目达成目标情况或效果确定对相关部门或团队的奖金标准，如重大节日奖励、完成大型工作项目奖励、安全运行奖等类别。总经理嘉奖是对在生产经营过程中，为公司赢得荣誉及为解决重大难题且表现突出的某些部门、团队或个人给予的一次性奖励，目的在于强化鼓励优秀员工或团体的工作业绩或组织公民行为，激励员工自觉地关心公司的发展。

4.5.3 未来发展趋势

薪酬福利作为物质激励的主要形式，受效用递减的影响及员工感受的不同，在很多时候所能起到的激励作用比较有限，可能作为“保健因素”的意义更大一些。在这种情况下，公司研究精神激励手段，采取具有针对性的激励措施，通过岗位晋升、表彰、给予培训开发的机会等形式，给予员工更多的尊重与价值实现机会，满足员工的多层次需要，以弥补薪酬分配激励形式的不足。但总的来说，差异化的激励措施难以大规模应用，适用对象范围很有限，回过头来还是要把主要精力放在薪酬分配上。就公司的实际经验而言，增强薪酬管理的动态性、增加薪酬“带宽”并与员工职业生涯发展紧密结合应当是一种管理趋势。

(1)薪酬的动态管理

根据公司的内外部环境分析，制定正确的薪酬战略、设计薪酬体系并实施动态管理，使之促进企业战略目标的实现。当外部环境（如市场需求、竞争对手、资源供应和宏观政策等）发生变化时，薪酬策略也需要相应改变以适应外界环境和企业战略。

员工对薪酬的相对满意度是公司薪酬管理工作的风向标。员工对薪酬的满意度受很多因素的影响，如个人工作技能水平的提升、物价水平的上升、身边同事薪酬晋级等。因此，公司一直密切关注员工的成长变化情况（如新取得证书），通过薪酬调查掌握市场工资水平，根据公司的薪酬管理制度及支付能力进行及时调整，并做好解释宣传工作。

(2)与员工职业生涯发展相一致

无论是什么企业，员工的上升通道总是有限的，因此，不能只是指望行政序列的纵向发展通道，而要更重视横向发展通道的分流作用。横向发展的结果在岗位上难以得到反映，而只能从薪酬待遇上予以体现。在薪酬设计上需要留出一定的"带宽"，解决员工岗位未变而工作技能提升、工作经验更多情况下的激励问题。这样扩大了薪酬晋级的路径，有效实现了对员工的激励，基于职级的薪酬等级和宽带薪酬等级的对比如图4-9所示。

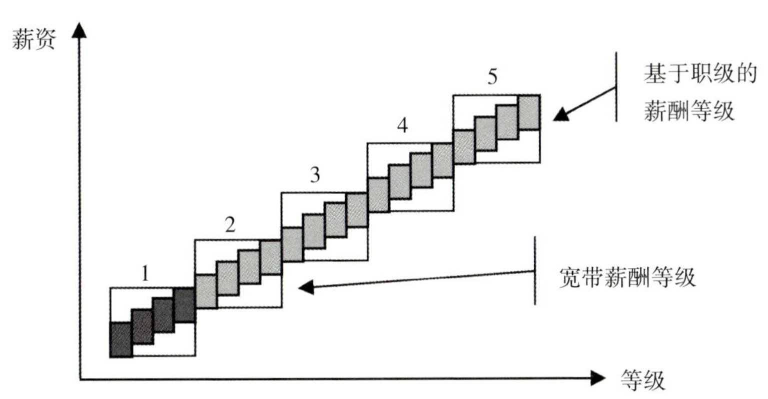

图 4-9　基于职级的薪酬等级和宽带薪酬等级

4.6　员工发展管理

在人力资源管理实践中，企业越来越重视员工职业生涯管理工作，考虑如何才能最好地发挥员工的特长，引导员工将个人的发展与组织的发展匹配起来，把企业的人力资源最大限度地变成人力资本，已经成为企业的重要工作任务，重视员工职业生涯发展是大势所趋。

在员工发展管理方面，靖远二电采取了建章立制、设计职业生涯发展通道、帮助员工认识自己并制定发展规划、立足员工的成长需求进行培训开发、开展专业技术评审、实施宽带式薪酬分配的激励机制等措施，为员工发展指明了方向，调动了员工的工作积极性，淡化了员工对职位晋升的关注程度，形成了积极向上的氛围，稳定了员工队伍，为公司建立起了一支技能水平高、工作业绩突出的关键人才队伍。

4.6.1 “人企共赢”的目标推动

员工的成长与发展是“以人为本”员工哲学的集中体现。帮助员工实现个人发展目标，是对员工最大的负责和尊重。对员工个人来说，在了解员工个人的能力、兴趣、特长、性格等基础上制定职业生涯规划，评估发展目标和现状的差距，能够准确定位员工的职业方向，使员工重新认识自身的价值；以既有的成就为基础，确立人生的奋斗方向和实现策略；有效提高员工技能和素质，增强员工对自身和职业环境、职业机会的把握能力及竞争力，将个人、事业与家庭联系起来，实现工作与生活的平衡。

对于公司来说，可以更深地了解员工的兴趣、愿望和理想，有效促进公司的识人、用人和育人工作，提高人力资源配置的合理性；可以结合公司的需求和员工的需求来安排对员工的培训；为员工提供施展才能的舞台，努力创造出一个“人尽其才，才尽其用”的环境，充分体现员工的自我价值，深层次、持久地调动员工的潜能和工作积极性，并培养起对公司的忠诚感和归属感，提升员工的组织承诺，增加员工队伍的稳定性，最大限度地把人力资源变成人力资本。实施员工职业生涯管理，对员工个人和企业来说都具有极其重要的意义，具有内在的目标一致性。

4.6.2 完善的制度保障和组织保障

公司出台了《员工职业生涯管理制度》，这为员工职业生涯管理工作奠定了基础，从根本上保证了职业生涯管理工作的制度化、规范化和长期化。制度主要规定了轮岗政策、职业辅导人制度以及新员工入职谈话制度的具体内容。轮岗政策的目的在于给部分表现出色的员工提供全面能力的锻炼机会。职业辅导人制度采取“谁考评，谁负责，谁辅导”的办法，签订师徒合同，将员工职业生涯管理工作责任到人。员工的直接上级一般是员工的职业辅导人，在员工的职业发展过程中扮演了极其重要的角色。

专栏文章4.12

职业生涯辅导人

靖远二电员工的职业生涯辅导人一般为其直接上级。关键岗位员工的职业生涯辅导人主要由部门经理担任。

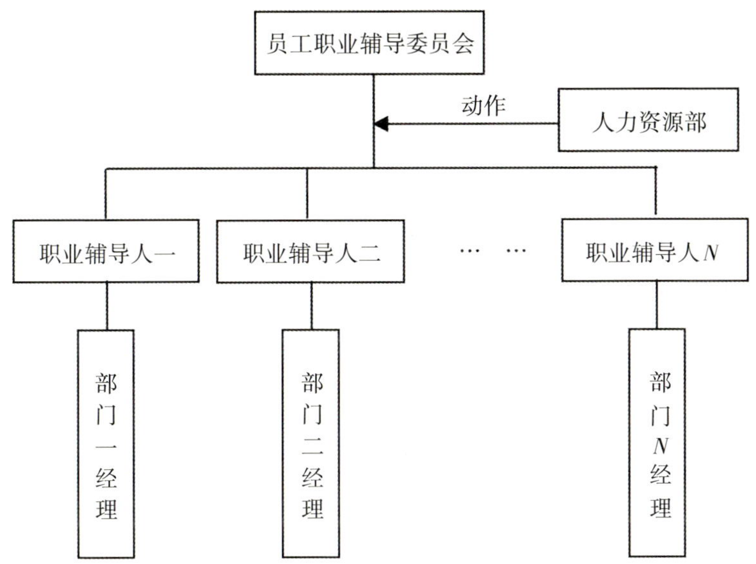

职业生涯辅导人负责监督职业生涯发展规划的实施情况。在每个工作年度结束后，职业生涯辅导人结合公司对员工的月度绩效考评、绩效反馈及年度考评结果，就员工个人工作的开展情况及其能力提升情况与员工进行职业生涯面谈，以确定员工是否适应公司内外部环境的变化以及如何调整自身的发展方向以适应公司发展的需要，不断提高企业发展目标与员工个人发展目标的契合度。

对于员工而言，职业生涯辅导人的作用是明显的：一是通过对员工个人的职业兴趣、资质、技能及个人背景等方面的综合分析，职业生涯辅导人帮助员工大致确定自身的职业发展方向，指导员工填写职业发展规划表，以备日后对照检查，不断完善；二是根据绩效评价的结果，职业生涯辅导人对员工的工作状况以及员工与公司的长期发展规划相匹配之处与员工进行沟通、交流，以确定下一步员工的发展目标与方向；三是在实现目标的过程中，对员工给予辅导、评估和协助，以便更好地朝着既定的方向前行。

公司成立了职业生涯管理委员会作为职业生涯管理的最高机构。委员会不作为基本部门，而是采取矩阵式组织的做法。委员会由公司领导、部门经理以及有关专家组成，根据公司的实际情况，定期开展公司的职业生涯研讨与管理工作。委员会只在开展研讨工作时才临时形成一个组织机构，研讨工作结束后所有的工作都要移交人力资源管理部归档整理。委员会的主要职责是制定公司每年的员工职业生涯年度规划，对有潜力的管理人员进行定位，并对其发展道路进行预测和监督。在日常工作中，员工、部门负责人及人力资源部的责任分工见表4-4。

表 4-4　靖远二电员工职业发展工作责任分工图

计划内容	员　工	部门负责人	人力资源部
职业定位	个人价值观、人生目标 个人能力特点、专长 个人优势、劣势	绩效考核反馈 能力界定、评价	能力界定、评价
职业目标	研究公司发展战略、经营计划、部门职责、岗位职责，确定个人发展目标、衡量标准	结合公司发展方向对个人目标选择进行辅导，提供发展机会	提供人事政策咨询 提供职业机会信息
发展路径	研究公司职级关系图 探讨发展路径	提供发展路径指导建议	提供人事政策咨询
能力发展	探讨达到职业目标所需要的能力	提供指导服务，安排相应培训	组织培训开发

责任分工明确，各司其职，各个环节都有人负责，使帮助员工实现职业生涯发展成为一种长效机制。

4.6.3　多元化的职业发展通道

由于靖远二电实行扁平化的组织结构，公司的管理岗位较少，公司为员工的职业发展提供了可供选择的发展方式，既有行政级别晋升的纵向发展方式，也有轮岗以提高员工多重技能、工作丰富化的横向发展方式，还有职级变化的纵深职业发展通道。根据公司发展的需要和员工个人的实际情况，员工可以在不同的发展通道之间相互转换。

靖远二电的纵向职业发展通道主要是指由于岗位变动而引发的行政级别或岗位的晋升。这一职业发展通道，实现下一级岗位向上一级岗位的变动，使员工清晰地看到个人未来的职业发展序列，在一定程度上起到激励员工的作用。由于这种直线晋升式的发展空间十分有限，员工的发展路径受到很大限制。因此，对于扁平化组织结构的靖远二电员工而言，纵向职业发展通道并不是主要的职业发展通道。

靖远二电的横向发展通道则着眼于解决职业倦怠和后备人才培养问题，通过业务交叉、岗位轮换、岗位任职资格考试和年度综合考评等途径，对岗位进行动态管理，使那些工作业绩比较突出、积极上进的员工有机会在不同的岗位进行锻炼，实现工作丰富化，积累多岗位工作经验，开阔视野，培养“一专多能”的综合性人才。

靖远二电的纵深职业发展通道是指员工的工作岗位不变，通过深入学习、钻研专业技术而成为拥有本专业的权威人士的发展方式，其结果表现在薪酬等级的晋升、工作自由度的扩大和专业话语权的增强等方面，保证了不同职业生涯发展通道员工拥有平等的晋升机会，满足了员工对职业发展的不同需要。公司开展的专业技术等级评审工作便是这一职业发展通道的典型案例。为了确保员工在自身的专业领域内获得成长，获得相对应的待遇，靖远二电结合国家相关规定，率先推行专业技术等级评审，认定员工的技术资格水平，如将检修人员分为一星检修工、二星检修工、三星检修工、四星检修工四个等级，将管理人员的专业技术等级分为业务助理、业务主管、高级业务主管和资深业务主管四个层级。为了鼓励有技术专长的员工持续提升专业技术水平，公司在《薪酬管理制度》中规定：“当员工已达到本岗位的最高薪级后，根据职业发展通道进行薪级晋升。技术管理人员、运行人员最高晋升到15等；职能管理人员、检修人员最高晋升到14等。”靖远二电薪酬15等相当于总经理的工资标准，14等相当于副总经理的工资标准。除此之外，公司在《差旅费管理制度》中还明确规定：“公司正式聘用的高级工程师、高级经济师、高级会计师、高级政工师及相当于以上职别人员的交通费、住宿费标准参照中层干部的标准执行。”

专栏文章4.13

"多面手"刘津评

说到员工在不同职业生涯发展通道之间的转换，很多人自然而然地想到刘津评——一名工作业绩出色、工作态度积极、工作能力突出的员工。15年间，刘津评利用公司提供的岗位轮换机会，先后在运行、生产管理、职能管理岗位上任职，积累了丰富的工作经验，是名副其实的"多面手"。

纵向发展：在初入职场的9年间，刘津评一直从事集控运行工作，岗位从集控巡检开始，经集控副值、集控主值一直到值长岗位，走到了运行通道的顶端。

纵深发展：经过9年的摸爬滚打，刘津评在专业技术方面已积累了丰富的经验。在电气运行专工岗位空缺时，刘津评及时抓住机会成为一名专业技术管理人员，成功地实现了职业生涯发展通道的转换。

横向发展：5年的专业技术管理工作，在组织协调、策划实施、冲突处理过程中，刘津评开阔了视野，对管理工作有了更深的认识，借参与部门管理工作之机实践自己的管理理念。2012年，当人力资源部人事绩效主管岗位空缺时，刘津评参加了竞聘活动。经素质测评发现，刘津评具备从事人力资源管理工作的潜质，顺利获得该岗位，工作很快就得到了部门的认可。

2013年，刘津评又一次迎来了他职业生涯发展的春天。由于安全主管岗位空缺，公司通过素质测评，并根据其以往优秀的工作表现，直接任命为安全主管。

4.6.4 需求导向的培训开发

公司重视员工培训工作，在员工的教育培训方面投入很大，重视培训设施的改善、培训方式的创新和加大培训效果评价力度及广度，提倡"终身学习、学以致用"。根据公司总体的人才培养规划，结合员工职业生涯规划和能力开发需求调查结果，公司采取灵活多样、有针对性的方式和方法对员工进行培养，包括学历教育、专业培训、工作实践、外出考察学习、导师带徒和员工自学等措施，开发了员工的潜能，更新了员工的知识观念，提高了员工的业务技能水平，帮助和促进员工不断发展。

4.6.4.1 科学的培训机制

为了充分利用公司内部的智力资源，引导员工“让经验变成知识，让知识流动起来”，发挥内部人才在公司培训体系中的核心作用，公司通过选拔建立了一支内训师队伍。内训师根据公司需要开发有针对性的培训课程，承担授课任务，参与公司的培训工作总结，对课程体系、课程内容、培训效果评估等工作提出意见和建议，协助完善公司的培训体系。内训师机制在经验交流、知识共享、人才培养和建立学习型组织方面发挥了巨大的作用。

为规范员工培训管理，充分调动员工参与培训的积极性，公司建立了员工培训积分制。员工可通过定期参加知识技能竞赛、参加学历教育及e-learn在线学习等途径，按照相应的培训积分标准获得培训积分，最终的积分会作为个人岗位晋升、年终考评结果、薪酬调整等参照的依据。培训积分制作为培训体系的重要组成部分，激发了员工的学习热情，提高了员工的技能水平，有力地推动了公司的人才培养与开发工作。

专栏文章4.14

靖远二电员工培训积分

（1）各岗位对应的积分标准（部分）

岗位类别	年度学分目标(分)		
	合格	良好	优秀
高层管理	18	24	40
中层管理	24	30	40
职能管理	20	25	30
专业组长/主值	18	24	28
技术类	14	20	28
一般岗位	6	12	15

（2）培训积分标准（部分）

<table>
<tr><th>类别</th><th>积分项目</th><th>积分折算（分）</th><th>认定凭证</th><th>备　注</th></tr>
<tr><td rowspan="3">公司内外部一般培训</td><td>公司级内训</td><td>2</td><td>考勤、成绩</td><td rowspan="3">单次缺勤按照不同的规定扣减分数</td></tr>
<tr><td>部门级内训</td><td>1</td><td>考勤、成绩</td></tr>
<tr><td>外部培训</td><td>3</td><td>总结或心得</td></tr>
<tr><td rowspan="2">兼职授课</td><td>公司内</td><td>2</td><td rowspan="2">课件</td><td rowspan="2">—</td></tr>
<tr><td>公司外</td><td>4</td></tr>
<tr><td rowspan="4">职称证书</td><td>正高级</td><td>30</td><td rowspan="4">证书原件</td><td rowspan="4">以最高级别计，不重复计算</td></tr>
<tr><td>副高级</td><td>20</td></tr>
<tr><td>中级</td><td>10</td></tr>
<tr><td>初级</td><td>5</td></tr>
<tr><td rowspan="3">参加专业技能竞赛</td><td>国家级</td><td>20</td><td rowspan="3">按照获奖等级、凭获奖证书登记学分</td><td rowspan="3">不同的获奖予以不同的系数，以最高级别计，不重复计算</td></tr>
<tr><td>其他上级单位</td><td>10</td></tr>
<tr><td>公司内部</td><td>5</td></tr>
<tr><td rowspan="4">继续教育</td><td>研究生</td><td>30</td><td rowspan="4">毕业证及学历证书</td><td rowspan="4">以最高级别计，不重复计算</td></tr>
<tr><td>本科</td><td>20</td></tr>
<tr><td>大专</td><td>15</td></tr>
<tr><td>中专</td><td>10</td></tr>
<tr><td rowspan="3">在线学习</td><td>在线学习</td><td>—</td><td rowspan="3">由在线学习系统自动积分</td><td rowspan="3">自动积分乘以规定的比例</td></tr>
<tr><td>习题学习</td><td>—</td></tr>
<tr><td>在线考试</td><td>—</td></tr>
</table>

4.6.4.2　不断创新的培训方式

对于公司而言，最有效的培训方式是在岗培训——针对电力企业所处的行业背景和技术特点而设计形成的一整套系统化培训模式，它是任何专业教育机构培训和大专院校学习所不能替代的。岗位培训可以使新员工在短期内掌握电厂专有技术和技能，获得前人留下的宝贵经验，满足尽快上岗的需求。从长远角度来看，岗位培训可以使员工的技能和技术水平得到进一步提高与更新，知识结构不断完善，有利于企业的技术进步和持续发展。公司大力提倡培养“一岗多能”和“一专多能”的复合型技术人才，开展持证上岗、岗位练兵、技术技能比武、评选岗位能手等活动，发现和培养技术能手，促进员工立足岗位成才，调动员工掌握技术技能的积极性，提高员工综合性竞争就业的能力。除此之外，公司还有几种常见的培训方式。

为了有效解决工学矛盾，将员工的零碎时间加以利用，降低培训成本，公司建立了e-learn在线学习系统，倡导员工利用互联网在线学习。该系统具有在线学习、在线考试、试题编写、课程导入、学分统计等功能，包括视频、音频、一般文档等多种形式的培训资料，员工可以自主选择学习自己感兴趣的课程。公司定期公布员工在线学习情况。

公司积极开展"导师带徒"活动。为了让新入职员工或新转岗员工尽快掌握岗位的相关知识和技能，符合岗位任职资格的要求，公司为新人指派一名知识全面、经验丰富的员工作为导师，通过签订《导师带徒合同》明确双方职责，发挥老员工的"传帮带"作用。

公司有计划地开展岗位轮换活动，主要目的是为了培养综合性的人才。公司制定岗位轮换方案，包括轮岗的基本条件、期限、轮岗期工作内容及工作方式等，轮岗期间轮岗人员及接收部门（部门间轮岗）的职责、轮岗人员的培训与学习、薪酬待遇、业绩考核以及轮岗结束后的工作安排等方面。

公司重视继续教育，采取多种方式努力提高员工的学历层次，如与国内一流学校合作开展校企联合办学活动，共同开发相关课程，为员工讲授先进的管理理念、管理工具及科学的管理方法等；采取"请进来、送出去"以及参加网络培训课程的方式提升班组长及骨干人员的管理能力。

此外，公司还通过岗位职责明确基础上的深度业务交叉、员工专业论文的征集、参与和指导其他电厂相关项目的外出实践等方式，实现对员工工作技能的培养和锻炼。

4.6.5 不断革新的实施过程

公司通过管理者与员工的经常接触，能够比较深入地了解员工的兴趣、愿望和理想，从而更切实际地为员工制定职业发展规划。根据职业生涯规划的一般性过程及公司的实际情况，公司制定了合理的实施流程，主要包括自我评估（心理测验和自我指导研究）、现实审查（上级与员工的信息沟通）、目标设定和行动计划四个步骤（如图4-10

所示)。

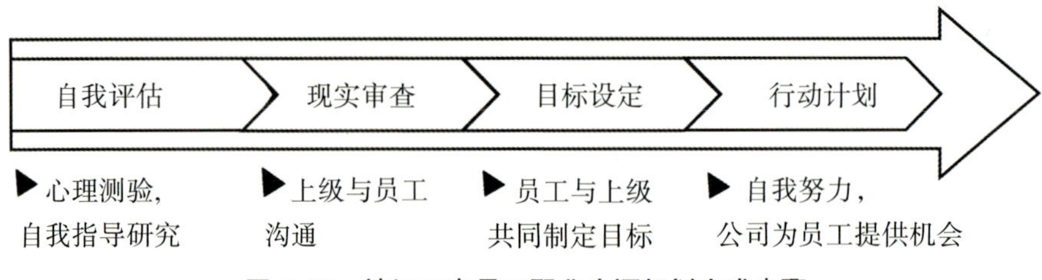

图 4-10　靖远二电员工职业生涯规划完成步骤

4.6.5.1　全面的自我评估

公司开发了一套与火力发电企业岗位性质和要求相匹配的素质模型，对员工进行资质评价，盘点员工的能力（包括通用能力、可转移的能力和独特的能力)，帮助员工正确地认识自己的性格与气质、职业兴趣等。公司为员工提供了两种自我评估的方式，即心理测验和自我指导研究。通过心理测验，测评员工的工作兴趣和职业动机，了解员工的自我评价及员工想要获得的技能和经验、对未来职业发展的看法，从而更加正确地确定自己的职业；自我指导研究则是对自己喜欢或倾向的工作环境的评估和测定，对员工个人进行SWOT分析，分析个人具有的优势与不足、机会与威胁。这样有助于员工了解岗位的要求与自身存在的不足，以此作为公司人力资源开发的依据。

公司在一些技术岗位试点开展岗位任职资格评价工作，主要通过专业技术考试、基本工作技能认定、关键职业经验评价、工作业绩评价和职业素养评价测定员工担任某一岗位应具备的条件和能力。

4.6.5.2　有效的信息沟通

为了加强公司上下级之间的信息沟通，综合分析社会环境和组织环境对员工个人职业生涯发展的影响，实现对员工职业生涯的现实审查，公司建立了员工职业生涯发展沟通机制，包括绩效面谈、建立职业生涯档案、职业生涯发展座谈会等形式，主要涉及员工个人的职业兴趣、资质、技能、个人背景以及由此确定的员工自身职业发展方向，员工的工作状况以及职业生涯规划完成情况，从而有效地实现了公司与员工之间充分的信息交流。

4.6.5.3 合理的目标设定

职业生涯目标主要包括人生目标、长期目标、中期目标与短期目标，它们分别与人生规划、长期规划、中期规划和短期规划相对应。通过运用科学、合理的方法与工具对员工进行自我评估，公司帮助员工认识自身的性格、气质、价值观、能力及行为取向等个人特性，结合员工的期望岗位、工作技能水平、工作目标及技能获得等因素，与员工共同确定其职业生涯目标，同时结合公司和员工个人的未来发展方向，将各目标进行细化，使其更具可行性、操作性。

4.6.5.4 切实可行的行动计划

职业生涯目标确定之后，就需要将其转化为具体的行动方案，以实现目标。行动方案主要包括职业生涯发展路线的选择、职业的选择以及相应的教育与培训计划等方面的内容。在满足岗位需要的前提下，公司从实际出发，每年年终收集员工个人的培训发展计划，安排与职业辅导人面谈，确定下一年度培训开发的内容，同时根据年度培训规划，安排其参加相应的培训项目及日常改善项目，以帮助其实现职业发展的成功。

近年来，为了促使员工不断提高业绩水平，充分发挥薪酬体系和职业生涯发展通道的作用，公司根据员工的绩效考评结果，开展了职业生涯晋降级工作，这也是员工行动计划落实情况的反映。

4.6.6 未来发展趋势

公司在员工职业生涯管理方面所采取的措施具有一定的先进性，做法比较符合公司的实际情况，配套措施也具有系统性。但是，以组织为主导的员工职业生涯规划导致个人发展目标与组织发展目标的契合度不是太高，没有建立起关于对职业生涯发展成功评价的标准，员工对职业生涯发展的理解、主观感受与实际情形不相一致，导致了员工的满意度不高。因此，通过综合分析，公司的员工职业生涯管理工作应从更新员工的职业生涯发展观念和建立员工发展成功标准评价体系方面进行改善。

(1)更新职业生涯发展观念

公司要树立“以人为本”的发展观念，需要持有开放的人才观，正确看待人才流失，不因噎废食；尊重人才成长规律，不盲目追求短期效果；从以企业为主体逐步向以员工为主体的思路转变，应当以员工的意见为主，职业辅导人可以提供信息并提出建议，对员工不切实际的想法进行纠正，但不能代替员工制定规划，导致职业生涯规划在执行过程中形成“两张皮”。

更新员工的职业生涯发展观念，纠正员工的职业生涯定位，修正员工把“职业生涯发展”等同于“岗位晋升”的观念，在制度设计上要从多个方面传达出这样的信息，如专业技术通道发展到一定阶段可以享受中层管理人员的待遇，员工也就不会把“职业生涯发展”等同于“岗位晋升”了。制定科学合理、符合企业和员工实际的职业生涯成功的评价体系，综合考虑个人、家庭、企业、社会等各方面的因素。加大员工职业生涯发展相关知识、理念的宣传力度，特别要重视职业生涯辅导人对员工的信息传达和解释工作，有针对性地进行职业生涯管理教育和指导，详细讲解自我认知的方法，帮助员工摆脱对自我认知的盲目性，提高员工对职业生涯管理的认识，引导员工树立正确的职业观和奋斗目标，规划自己的未来。

(2)建立员工职业生涯管理效果评估体系

职业生涯管理作为一项长期工作，短期内其效果很难评价；也因其是一项系统工程，则很难用单一指标来进行评估。通过建立员工职业生涯管理效果评估体系，定期实施效果评估，找出存在的问题，员工职业生涯管理工作才会得到持续不断的改善。直接的评估有问卷调查、访谈、员工技能评估等方法，间接的评估则通过绩效考评来实现。对于员工个人来说，公司需要制定一套关于职业生涯发展成功与否的评价标准，从岗位晋升、获得培训学习机会、技能水平提升、参与重要工作、提高薪酬福利待遇、同事认可、工作家庭平衡等方面来进行评价，以实现对员工的引导。

4.7 员工关系管理

当一名员工自进入公司的第一天起，员工关系管理工作便开始了。个人与组织之间既有因雇用契约而产生的权利义务关系，更有员工个人看重的人际、情感甚至是道义等伦理关系。制度规范性与人性复杂性之间的矛盾经常会带来冲突与对抗，给公司带来了不稳定因素。无论是管理者还是员工，都希望有一种消弭冲突和矛盾的途径，而员工关系管理（Employee Relations Management，ERM）正是以建立稳定的合作关系为目标的。加强员工关系管理能够建立积极正向的员工关系，提高工作效率，改善组织氛围，提振员工士气，提升工作绩效。良好的员工关系是润滑剂，是激励员工、减轻工作压力的重要手段。

公司在员工关系管理工作中坚持以人为本的管理理念，重视和关心与工作问题有关的员工情感，重视员工的想法和感受，在管理活动中采取可持续的管理方法和机制，公平公正地对待员工，让员工感受到尊重和重视。公司将员工关系管理渗透到人本管理的各个环节，致力于在公司内部形成一种相互交流、相互配合、相互支持、相互协作的人际关系，营造出一种良好的氛围，增强员工的凝聚力，提高工作效率和经营效果，推动公司的发展。凡是影响员工工作绩效的因素，皆是人力资源管理的关注重点。基于这种认识，靖远二电将员工关系管理作为未来人力资源管理工作的重点。

4.7.1 以心理契约为管理核心

在员工与组织的相互关系中，除了正式的劳动合同规定的内容外，还存在着隐含的、非正式的、未公开说明的相互期望，这就是心理契约。心理契约通过对相互责任的界定把个体与组织有机地结合起来，对契约各方的行为进行规定和约束——员工要为自己的组织做出一定的贡献，组织要对员工的贡献给予回报。作为员工关系管理的核心部分，公司特别重视心理契约的构建，具体体现为工作环境的改善、人岗匹配、增强归属感、提供具有竞争力的薪酬福利、提供培训与发展机会等，目的在于深层次激励员工，促使员工不断提高绩效水平，公司也会根据其绩效在薪酬激励方面有所体现，形成一个良性循环。

由于个体之间的差异性，员工对心理契约的要求有所不同。并非所有员工的心理契约都是理性的，非理性心理契约会影响员工的工作状态，最终影响公司的经营绩效。因此，公司一直引导员工履行理性的心理契约，帮助员工建立一个合理期望，并使其为了实现该期望而不断努力。当现实和预期不可避免地出现偏差时，公司通过与员工及时沟通而调整期望值，将心理波动降低到最低，减轻员工的心理负担。公司比较关心一些心理契约失衡员工的预期实现情况，积极参与到员工心理契约的建立、调整和实现过程中，在公司和员工的互动中提高员工的满意度，减少牢骚和抱怨。在公司的引导下，公司出现了多种多样的组织公民行为，如主动帮助其他同事完成任务，尽早规划和完成自己的工作，不计报酬地进行加班加点，追求工作结果的尽可能完美，厉行节约，关心公司的重大事件，积极参加公司举办的活动，为了团体利益放弃自己的利益，主动化解矛盾，为公司建言献策等。所谓组织公民行为，是指超出了员工的岗位职责范围，完全出于个人意愿，既与正式奖励制度无任何联系，又不是角色内要求但对组织有益的行为。具有组织公民行为的员工时时将自己视为组织中的一员，积极努力地参与到工作和组织的运作当中。

4.7.2　劳动关系管理

公司致力于建设和谐的劳动关系。在劳动用工方面，公司遵守国家法律法规，自员工工作之日起即与员工建立劳动关系，在相互尊重、平等协商的基础上签订书面劳动合同，劳动合同签订率达到100%；专项培训协议就培训费、服务期、违约责任以及履行的有关事项进行了约定；试用期约定符合法律规范；基于电力企业不间断生产的行业特点，针对正常班的员工，公司实行日工作7 h的标准工时制，针对生产运行的人员，公司实行“五班四运转”的综合计算工时制，制定了休假制度并严格执行，保证了员工的休息休假权利；按时足额支付报酬，按规定建立社会保险，按标准为员工发放劳动保护用品，履行公司规章制度、工作场所职业危害因素的告知义务，签订集体合同并报省劳动部门批准。

当员工发展受限而公司暂时无法提供机会时，公司也会勇于放手，促进员工的计划性流动，保持组织活力。公司对员工离职实施有效的管理，开展离职面谈，对员工流失关键要素进行分析，以便改善公司的管理。员工办理离职手续时，公司重视工作交接及物品交接，以保证工作的延续性，双方保留清单以减少争议。公司为离职人员建立档案，主动掌握离职后的发展情况，保持必要的联系。

4.7.3 员工冲突管理

在组织中，员工与管理者之间是一种管理与被管理的关系。识别冲突、调解争执是管理最需要的能力之一。虽然员工通过民主管理的途径参与公司的管理，但员工获得的权利与法律上应该具有的权利之间仍有很大的距离，劳动者不愿意处于从属地位。双方在实际地位上的差别是这种差距的总根源，一些员工与公司之间会因利益、立场、认知的不同而不可避免地产生意见分歧，出现争论甚至是对抗，导致彼此间关系紧张。公司认为，应当一分为二地去看待组织冲突，认为冲突不够就不利于团队和组织的改善提高，而冲突太多太大时则会引起混乱和组织的生存危机。在一种“以和为贵”、厌恶冲突的大环境下，公司有这样清醒的认识对组织成员来说是一件好事。

针对建设性冲突和破坏性冲突，公司采取不同的措施积极应对。对于有害的冲突（多为利益之争），公司通过调解或者将出现冲突的人员打包捆绑成为利益共同体的方式予以消弭；对于建设性冲突（多为工作歧见），公司采取合理的措施加以有效管理，找出冲突的根源之所在，分析造成冲突的原因，通过沟通谈判、妥协退让、制定解决方案而最终达成一致。在员工冲突管理实务中，负面情绪导致冲突升级的案例较多，因此，公司要求管理人员注意自己的管理方式、方法和态度，用诚意打动员工。公司善于从员工的不满、牢骚和矛盾冲突中发现管理的改进点。身处在良好的组织氛围中，员工给公司提出了很多建设性的意见，增加了决策的科学性和可行性，促使公司不断完善制度，改进管理措施，从而实现了管理工作的持续提升。

4.7.4 员工沟通管理

沟通是影响员工关系的重要因素，公司一直提倡良好、融洽、简单的人际关系，提倡个人与公司及个人与个人之间坦诚的沟通与合作，建立了全方位的沟通机制，形成了管理层与部门经理、部门经理与普通员工、管理层与普通员工、普通员工之间的多层次交流对话机制。管理人员乐于倾听员工的意见，影响员工工作业绩的一切因素都受到关注，从而增强管理者和员工之间的理解、相互尊重和感情交流，形成良好的人际关系和组织氛围，减少组织冲突。

公司建立了多种形式的正式沟通渠道，公司最重要的沟通途径包括绩效面谈、会议、办公电话、公告和布告栏、协同办公系统（OA）、工作总结或述职、内部申诉、离职面谈及新员工入职培训等。通过正式的沟通渠道，公司向员工传达重要会议精神、生产经营状况和对员工的期望，增强员工的工作责任感；可以了解员工对工作的意见和期望，实现员工对管理的充分参与，提高工作质量和员工士气。此外，公司也非常重视非正式沟通渠道的作用，通过部门或班组聚会、旅游及文体活动等形式，帮助管理人员获得许多无法从正式渠道获取的信息，从而最大限度地提升组织的凝聚力，发挥整体优势。

与一般企业沟通渠道、沟通形式有所不同的是，为了化解员工的不满情绪，解决组织内部不合理的制度安排，公司建立了内部申诉制度，受理员工的投诉，如管理人员滥用权力、员工受到不公正对待等，在查明事实的基础上及时解决问题，为员工提供了正常、合法的申诉渠道，提高了企业内部自行解决问题的能力。公司将新员工的入职培训作为重要的沟通形式，其逻辑起点是入职培训工作做到位了，新员工会对企业文化高度认同，很快融入团队，在以后的工作中即使遇到挫折也不会轻言放弃或离职，忠诚度高，稳定性强。公司通过培训、文体活动、团队拓展训练、新老员工交流等形式引领新员工深入体验这个团队的工作与生活，新员工在极短的时间内了解了公司、熟悉了岗位，感受到了组织的温暖和重视，找到了归属感，成为公司的一分子。公司坚持开展离职面谈工作，并从离职沟通的信息中寻找管理改进点。实践表明，离职面谈不但得到了离职者的理解与信任，减少了隔阂与抵触心理，而且获得了大量有价值的意见和建议，对于管理提升工作起到了极大的促进作用。

4.7.5 职业安全和健康管理

随着组织中工作压力源的增多与增强，员工的心理健康问题受到企业越来越多的重视。为了缓解员工的工作压力，公司努力改善工作环境和条件，营造人性化管理的组织氛围，尊重员工个体思想与能力，组织开展压力管理咨询与培训，向员工提供EAP（员工帮助计划）服务项目。此外，公司定期开展全员健康体检、特殊工种职业健康管理工作。

专栏文章4.15

照耀员工心灵的一束阳光——EAP

EAP是企业通过第三方（员工帮助专业机构）向员工免费提供的专业的、带有福利性质的，并且能够绝对保障隐私的咨询项目，是美、英、日等国多年来普遍采用的解决职业压力及心理健康问题的方案。2008年9月，公司启动了EAP项目，该项目包括24 h免费咨询服务热线、网站自我帮助、心理健康培训教育和讲座、管理层人员的培训和咨询、EAP宣传和推介、专业咨询服务（包括面对面咨询、电话咨询、网络咨询）等内容，且范围覆盖员工配偶以及未成年子女。通过项目推介、专题培训、宣传、使用EAP热线等途径，员工对EAP的接受度较高，尝试使用公司提供的精神福利，取得了预期的效果。

为深入、持续推动员工帮助计划项目，2009年，公司邀请的3名EAP专家再次亲临现场为员工提供面对面的专业服务，并提供多场专题培训，受到员工的欢迎和好评。员工再一次深切感受到公司“润物细无声”的人文关怀，感受到公司为不断提高员工的工作生活质量而做的不懈努力。

本次活动主要包括专题培训、个体咨询及发放书籍三个方面。专题培训以情绪管理、亲子教育为主题，此外还做了两场以家庭婚恋为主题的工作坊。工作坊就是促成者（主持人）为各种不同立场、持不同观点、有不同困惑的人们提供一个共同的关注点，使之思考、探讨、相互交流，通过参与、创新与互动，最终找出解决对策的系统过程。通过培训与工作坊，为员工解决个人困扰提供了解决思路和应对方法，帮助员工掌握提高心理素质的基本技术，增强对心理问题的抵抗力。在个体咨询活动当中，为了保护员工的个人隐私，公司为员工提供单独、安静、使人有心理安全感的咨询室，员工通过热线电话直接与专家约定咨询时间，公司不参与其中，收到了良好的效果。此外，公司为员工配发了《少有人走的路》《爱上双人舞》《陪孩子长大》等通俗的心理学书籍，希望员工从心理学的角度、运用心理学的方法看待和处理工作生活的问题，提高工作满意度和生活的幸福感。

专家通过与员工的广泛接触，对员工心理有了全面深入的了解，提高了员工对EAP服务的认可度和接受程度，建立起了深度的互信关系。同时，专家也帮助公司发现了一些问题，并且提出了相关的组织管理建议，这将有利于员工帮助计划的持续、深入开展。

为员工创造良好的工作环境是提高员工满意度的方式之一。公司注重改善员工工作环境和工作条件，主要体现在对现场管理的改善等方面。6S管理改善了工作环境、提高了工作效率；ERP系统实现了全过程无纸化办公，简化了工作流程；安全积分管理和NOSA安健环管理的实施，保证了员工工作的安全性，提升了公司整体安全管理水平；先进工器具的使用，使员工工作更为安全、便捷。

公司高度重视特殊工种劳动保护及职业健康安全管理工作，对工作环境职业危害因素进行监测和评价，及早采取预防措施，提高工作安全系数。为员工提供高质量的劳动防护用品，降低员工接触职业危害因素的可能性；开展安全教育，普及安全防护知识，增加员工的安全意识，严格按照制度和流程操作，尽可能减少危险因素。

4.7.6 未来展望

尽管公司在员工关系管理方面做了很多努力，但在构建和谐的劳动关系、建立理性的心理契约、增加组织公民行为、减少组织冲突、增强沟通效果、提高员工满意度、强化员工责任意识等方面还有很大的提升空间，还需要公司进一步树立“无边界”的管理意识，关注一切影响员工工作行为及其绩效的因素，改善工作环境，营造良好的组织氛围。

(1)“无边界”的管理意识

杰克·韦尔奇开始再造GE时，提出了“无边界”的理念。“无边界”是在基本的边界的基础上从运作方面突破边界的障碍，使整个组织成为一个灵活的系统，在职责分工明确的基础上进行适当的“越界”。公司所要求的“无边界”管理意识就是要打破部门与部门、岗位与岗位之间的界限，也要求打破工作内容的界限，站在公司的角度考虑问题，工作行为符合公司的整体目标战略，在工作配合过程中实现

“横向到边、纵向到底、不留死角”的目标。凡是影响员工关系、影响员工满意度的因素都要重视，都要作为工作内容，真正将员工关系管理工作提升到一个新的高度。

(2)进一步改善工作环境

在改善硬件环境方面，进一步挖掘改善空间。通过设备改造减少职业危害因素（如噪声与粉尘），改善劳动条件；加强设备的维护检修和管理，减少“跑、冒、滴、漏”；改善通风照明条件；搞好工作场所的环境卫生，消除有害物质的二次污染；合理使用有效的个人防护用品；开展环境因素及危险源辨识及专项风险评估工作，加强安全培训教育等。

在改善软环境方面，公司为员工创造一个良好、有序、公正的人才成长环境和工作环境，为员工提供一个发挥才能的平台；管理人员根据下属的成熟度和准备度（工作能力和工作意愿两个维度）选择相对应的管理风格，合理授权，扩大员工的工作自主权；通过轮岗、业务交叉实现工作内容丰富化，降低职业倦怠感；合理分配工作任务，为员工完成工作提供必要的资源支持，减轻员工的工作压力；通过培训开发，不断提高员工的工作技能水平；遵循“以人为本”的原则，化被动管理为主动管理，尽力避免制度的约束作用而追求员工的自我管理，促使员工按照契约和岗位职责主动承担自己的工作，充分发挥每一个员工的主动性和创造性。

把一件简单的事做好就不简单，把每一件平凡的事做好就不平凡。

——海尔公司总裁张瑞敏

第五章　现场管理

现场管理是一个系统工程，它涉及人员、设备、设施、物料、工艺、流程以及环境等方面，不仅是电力生产的基础，更是企业管理水平和员工素养的集中体现。

自独立运营后，靖远二电管理团队审时度势，秉承“日新”理念，苦练内功、迎难而上，认真贯彻国家节能减排要求，专心致志实施国投集团“二次创业”的战略，积极运用现代化管理理论和方法，纵深开展企业管理创新和技术创新，开创了一条适合自身发展的现场管理之路。

靖远二电的现场管理是“精益管理”思想的集中体现，其框架可概括为“一个基础、一个工具、两个主体、一个目标”。

“一个基础”——6S管理。现场管理的各项工作都是在6S管理的基础上开展的。目前，实践界和理论界普遍认同6S是精益管理的基础。

"一个工具"——TPM全面改善。TPM是提升工具，是现场活力的助推器，是"日新"文化理念的最好诠释。

"两个主体"——安全和效益。安全主体包括员工安全积分管理与NOSA五星安健环综合风险管理系统，两者的主要效能均是夯实基础，保障人员、设备和系统的安全，构建良好的安全、健康、环保的生产局面。效益主体包括点检定修制和技术创新，点检定修制是对设备专业化管理，旨在通过有效实施，避免设备"过维修"和"欠维修"，提高设备的可靠性和经济性。技术创新旨在通过新技术、新工艺、新材料的研发及运用，提升设备运行的效率和经济性，同时实现环保发电和清洁生产。

"一个目标"——精益现场。以6S管理为基础，以TPM全面改善为提升工具，在持续提升人员素质、设备品质的基础上，提升现场管理系统的品质，保障企业的安全和效益，实现精益目标。

现场管理的各个模块是按照内涵、实践、成效的顺序而展开。其中，内涵主要指该模块的起源与内容，是理论来源的部分；实践主要指该模块在靖远二电的具体应用，包括发展历程、实施活动等，是理论的实践；成效主要指该模块在靖远二电实施以来的成效及未来展望。现场管理模型图如图5-1所示。

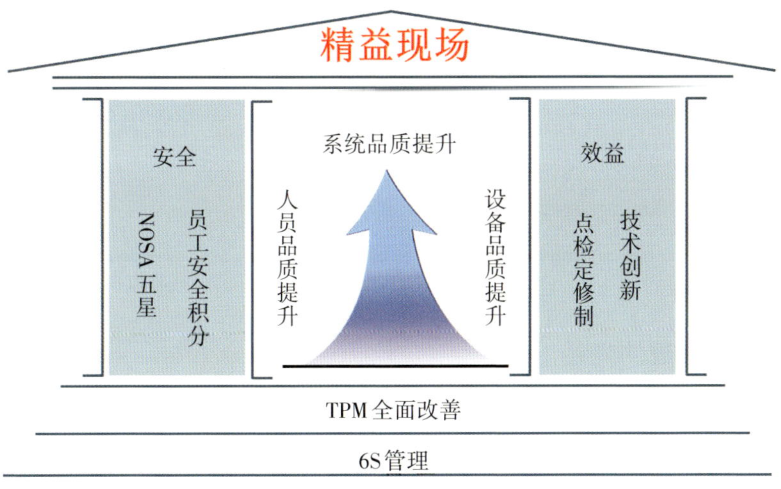

图5-1　现场管理模型图

5.1 6S管理

5.1.1 6S管理的起源

6S就是指对生产现场各生产要素持续不断地进行整理、整顿、清扫、清洁、提高素养及安全的活动。

6S管理起源于5S管理，5S管理取自日文中的“整理、整顿、清扫、清洁、素养”的罗马拼音第一个字母“S”。1986年关于5S的首部著作问世，对现场管理模式起到了冲击作用，并掀起5S推行的热潮。

2004年，靖远二电在推动现场管理提升活动中，根据电力行业运营特点及安全生产工作的重要性，创造性地加入了“安全（Safety）”元素，形成6S，作为现场的基础管理，靖远二电也因此成为全国电力行业第一家实施6S管理的企业。6S管理要素关系如图5-2所示。

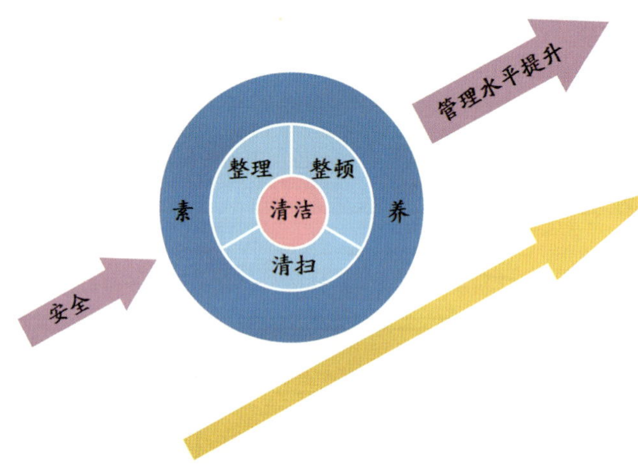

图5-2 6S管理要素关系图

5.1.2 6S管理的内涵

6S管理的各个要素间并不是孤立的，它们之间相互融合、相互促进。其中，整理是整顿的基础，整顿是整理的巩固，清扫显现整理、整顿的效果；通过清洁和素养，在公司形成整体的改善氛围；安全则能够保障以上成果的实现。因此，只有全面推行6S，才能取得显著成果，提高现场管理水平。

6S管理的要素内容见表5-1。

表5-1 6S管理的要素

内　容	内涵及实施目的
整理(Seiri)	整理就是通过对生产现场的各种物品进行彻底的清理,将长期不用和报废的物品全部、干净地清除,将有用的物品根据实际需要摆好。其目的就是区分必需品和非必需品,现场不放置非必需品
整顿(Seiton)	整顿就是指对整理后的物品进行科学、合理的布置与摆放。其目的是最大限度地减少寻找必需品的时间
清扫(Seiso)	清扫就是指对生产现场的设备、工具、物品以及工作地面进行打扫。其目的是使工作场所始终处于干净、整洁的状态
清洁(Seiketsu)	清洁就是指对经过整理、整顿、清扫后的生产现场进行保持清洁的工作,使生产现场始终处于良好的状态。其目的是将整理、整顿、清扫进行到底,并且制度化
素养(Shitsuke)	素养就是指通过开展整理、整顿、清扫活动,员工达到的一种思想境界并形成一种良好的作业习惯和行为规范。其目的就是约定俗成的事情,每个人都要遵守执行
安全(Safety)	安全就是清除事故隐患,排除险情。其目的就是要保障员工的人身安全和生产的正常运行

5.1.3 6S管理在靖远二电的实践活动

(1)整理(Seiri)

整理是指区分需要与不需要的事、物，再对不需要的事、物加以处理，从而达到清理工作现场、增加场地的使用面积、创造干净清洁的工作环境等目的。整理的流程中最为重要的步骤就是制定“要不要”“留不留”的判断基准，制定放置场所、位置的基准，制定废弃物处理的基准。靖远二电在开展“整理”活动中，首先从制度上明确了判断、处理“不要物”的基准，对生产现场摆放和停置的各种物品进行分类，然后对于现场不需要的物品，坚决清理出现场。

(2)整顿(Seiton)

整顿是整理的进一步延伸，通过整理后，对生产现场需要留下的物品进行科学合理的布置和摆放，以便最快速地取得所要之物，在最简捷及有效的规章、制度、流程下完成工作。

靖远二电在实施“整顿”活动时，制定了办公区域、生产现场“整顿”的原则，对公共区域和私人区域进行区分，对柜架、资料、桌面、抽屉、看板等一切“看得见”的物品均做管理要求；对生产现场进行了整体规划与安排，明确了生产现场需要物品的放置场所（如电焊机、升降梯、吸尘车等），并进行“三定”管理，即定点、定容、定量；生产现场地面进行了画线，区分通行区域和生产区域、参观通道和只允许工作人员进出的通道等，用不同颜色加以明确，如绿色表示通道，红色、白色相间楼梯表示只允许工作人员上、下等。

为了培养员工能将物品随时放回原处的习惯，员工集思广益，对很多小物件、公共场所使用率较高的物品进行了一种更为科学直观的管理方法——形迹管理。形迹管理是将物品的形状勾勒出来，将物品放置在对应的图案上，当寻找某一件物品时，能够通过定位、标识迅速找到，物品使用后没有恢复或误放时也能马上知晓。药品、工具应用形迹管理如图5-3所示。

图5-3　药品、工具应用形迹管理

例如，抽屉中的办公物品与私人物品分开放置，私人物品放在最底层的抽屉中，其他抽屉只允许放置办公用品，并用科学方法将物品固定，保证取物的方便与高效率（如图5-4所示）。为了防止物品在抽屉来回拉动的过程中发生移位，利用形迹管理的方法，在抽屉中垫上一块带有各种工具形状的胶皮或硬纸板，将图章、修正液等常用的办公用品放到胶皮上的凹槽处，保证物品不移动。

通过“整顿”活动，使得生产现场规范整洁，物放有序，标识明确，即使不熟悉现场的人员进入生产现场也能够一目了然，管理者的意图在现场得到了明确的体现。

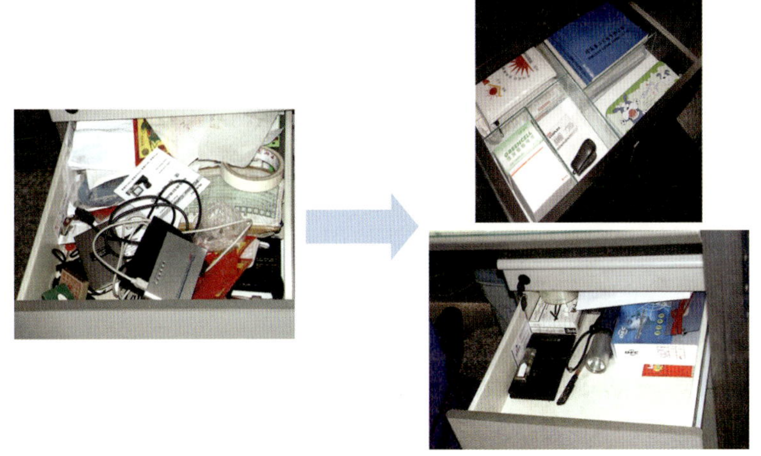

图5-4　抽屉整理三部曲

(3)清扫(Seiso)

清扫是将整理、整顿后的生产现场保持清洁，使其始终处于干净、整洁的状态。通过清扫活动，清除在生产过程中产生的灰尘、油污、铁屑、垃圾等，创建一个明快、舒畅的工作环境，以保证安全、优质、高效率地进行工作。清扫不只是将所有可见的场所清理干净，同时在清扫的过程中，还对有缺陷的设备和工具进行检查和修理，尽可能降低突发故障，并对污染源进行处置的过程。

靖远二电在推行“清扫”活动中，采取以下措施来保证清扫工作的顺利实施：首先，建立相应的清扫责任区（定区域，定责任人），做到每个地方干净整洁；其次，调查污染源并予以杜绝和处理，如长期的渗漏部位消除、遗留的渗漏痕迹清除等；再次，建立清扫基准如清扫范围、频次、标准等，作为实施的规范。

(4)清洁(Seiketsu)

清洁的作用在于把整理、整顿以及清扫的成果进行标准化、制度化，使之持之以恒。靖远二电为了做好现场生产设施的维护与管理，确保清洁生产，杜绝职业危害以及防止环境污染，采取了多项措施。例如，保障道路整洁、无垃圾、无痰迹、无不规则临时建筑物、无堆放物；确保地表建筑和设施及地下建筑和设施完好，符合安全和使用要求；厂区内安全标识、服务性标识规范等。

(5)素养(Shitsuke)

6S管理的核心是提高人的品质，人的品质主要从实施“素养”来实现。素养是指通过晨会等手段，提高全员文明礼貌水准，促使每位成员养成良好的习惯，并遵守规则。靖远二电针对各级员工和部门均制定了相应的规则条例，如制定员工行为规范手册，倡导员工使用文明礼貌用语等，规范员工行为。坚持开展晨会活动，在每日工作前，由团队成员轮流主持，复述文明礼貌用语，安排当班工作，讲解安全注意事项等。

(6)安全(Safety)

安全是生产管理的第一要务。公司采取了全方位、多层次的措施用于保障员工人身以及设备的安全。

首先，公司建立、健全了各种安全管理制度，明确了各级人员安全职责，开展日常安全活动，加强安全教育；其次，制订并实施反事故措施计划和安全劳动保护措施计划，定期修订操作规程，特种作业人员培训持证上岗；各级人员严格执行安全规定、狠抓“三违”；完善设备、设施的安全保护装置，保证齐全可靠，保持安全通道畅通等。

5.1.4 6S管理的实施成效

5.1.4.1 营造干净整齐的生产现场

6S是定置与标识、规范与清洁、安全与素养的代名词，员工养成了“事事讲究”的习惯，固化了“人造环境、环境育人”的氛围。公司实施6S管理时，首先，运用定位、定标、定量等手段，把生产现场的空间充分利用起来，并根据物品的形状和特点，对物品进行标识和定位，提供一个宽敞明亮的现场；其次，定期对生产现场的环境进行评估，始终保持一个干净整洁的生产现场。

从靖远二电现场（如图5-5所示）中可以清楚地看到，通过实施6S管理，彻底地改变了生产现场的环境面貌，公司管理更加规范化及制度化。

图 5-5　干净整洁的工作现场

5.1.4.2　目视化管理充分运用，管理者意图完整体现

目视化管理是为了使工作现场直观化，利用形象直观、色彩适宜的各种视觉信息和感知信息来组织现场生产活动，从而保持较高的效率与正常的工作状态。目视化管理是看得见的管理，能够让员工直接用眼观察是否有异常，并迅速地做出处理。通过目视化管理，设备、管道名称、介质流向清晰，表计的正常与否都能够通过目视化管理及时判断出来，异常能够被及时发现，保障了公司的安全生产，提高了工作效率，管理者的意图在现场得到充分体现。

靖远二电在6S推进活动中，充分运用目视化管理特点，发挥员工的自主性推动实施。例如，用显著的彩色线条标注高低点；在通道拐弯处设置反光镜，增加可视范围；用红色的小布条系在空调、抽风机的出风口，可快速判断其是否工作；在螺栓和螺母上进行画线标记，以确定其相对位置；用图示、照片作为操作的指导书，直观易懂；使用一些有阴影凹槽的工具放置盘，使各类工具或备件的放置不易移动；小零件被分门别类地放在不同的抽屉里，并且被清楚地标识出来；物料柜的空间进行了细致的划分，各种物料均按照规定的位置和顺序摆放，方便取放，并且对责任人也进行了清楚的标识等（如图5-6所示）。

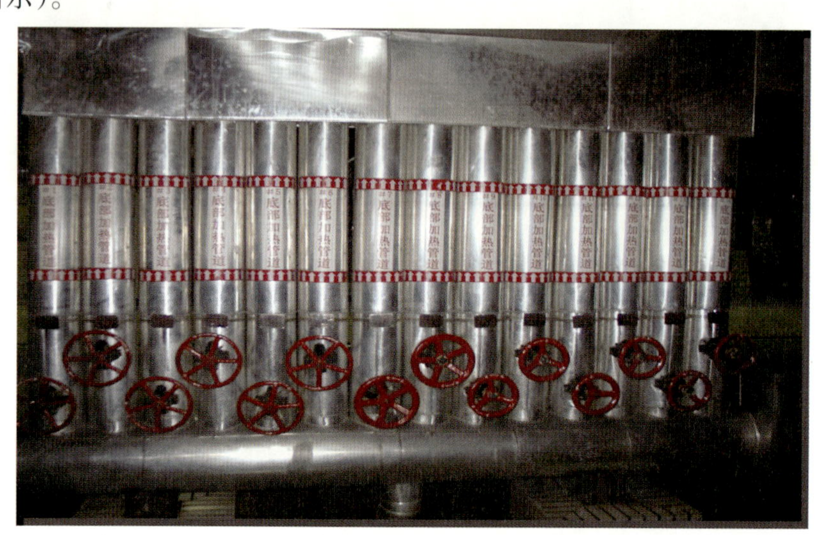

图 5-6　生产现场管道名称、介质流向标识齐全完整

通过目视化管理如图5-7、5-8所示，不仅保持了工作现场的整洁有序，也使得员工在长期的实施活动中提高了个人的素养，现场管理实现了程序化、标准化、规范化，降低了员工出错的概率，营造了高效率、低成本的“傻瓜”现场。

图 5-7　压力表计的目视化管理

图 5-8 目视化管理示意图

5.1.4.3 激发员工无穷的创意

“6S有限，创意无限”。6S管理的实施激发了员工无穷的智慧，为员工提供了展现自己智慧的舞台。通过6S管理活动的实施，员工的潜力得到了开发，员工的聪明才智得到了充分的发挥（如图5-9所示）。

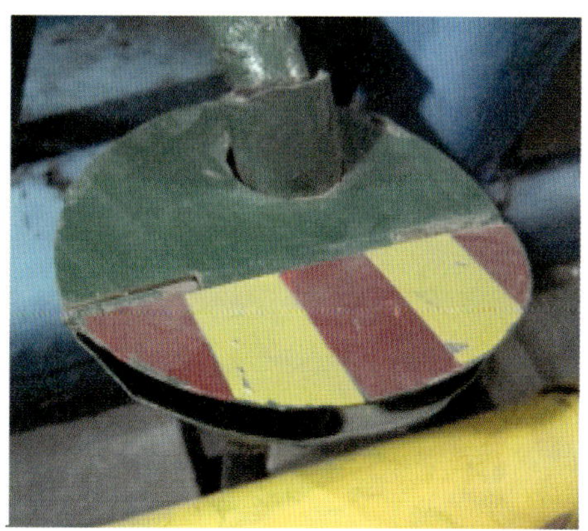

图 5-9 员工的杰作

5.1.4.4 提升员工的品质

6S管理是靖远二电基础管理工作的基础，对于改善工作现场环境、秩序等具有重要作用。但是，如果仅仅是工作现场在变，而人的意识不变，那么6S管理的推行也是不成功的。靖远二电的6S管理得到了所有员工的认可，并已深深植入企业文化中。6S管理不只给生产现场带来很大的变化，更提升了员工的品质，“人造环境，环境育人”是其真实写照。在靖远二电，6S管理已走过第十个年头，早已从强制性靠制度执行转变为员工的一种工作习惯，全员的思想意识、工作习惯都发生了质的改变。每个员工养成了遵守规章制度、按照规定办事的良好习惯，认真对待每一件事。

员工不仅在岗位上践行6S，还把6S的理念融入家庭生活中，提高了家庭生活的品质。例如，衣柜运用6S的方法进行整理，一目了然毫不凌乱；让孩子用6S的方法管理自己的物品，养成随时整理的好习惯等。

专栏文章5.1

员工感言——感动6S

“我们不能改变整个世界，但可以使我们的小区变得更美好!”因为这句话，我感动了一年多，现在仍在感动。

也许有人要问：这是哪位伟人说的话？让我来自豪地告诉你。2004年6月21日，在靖远二电6S管理的启动会上，王维东总经理讲述了这句话。6S推行的成果也无处不体现着这一点。可喜的方面，有目共睹；精彩之处，一言难尽。

君不见：生产现场，地面一尘不染，设备见本色，标识牌醒目，管理工作已趋于细微化、规范化和标准化。生活小区环境优美、温馨舒适；办公室整洁优雅，工作高效；库房货架上物放有序、规格参数一目了然；文件与资料已做了目视化管理，取放方便快捷、效率达100%；工具和物品已然是形迹管理、各有定位、责任分明；“6S晨会制”效果斐然。一句“辛苦啦”是领导对员工的关心；一句“对不起”使同事间的矛盾烟消云散；一句

“你好”架起了员工与客户间沟通的桥梁，在电话中倍感亲切，面对面则如同老朋友，温暖有加；一句“大家好”营造了轻松、民主的会议氛围，与会者畅所欲言，效果出人意料。

整理、整顿、清扫、清洁虽然只是表象的，但不断地通过这四方面的PDCA循环，在日积月累中，在潜移默化中，员工的品质悄然发生了变化：对待每件事都有“讲究”的习惯，能够细致入微、追求卓越；有良好的遵纪守法的习惯；有讲文明礼貌和社会公德品行。归根结底一句话，员工的素养正在不断地提升。这是公司推行6S管理的最终目的，以有形和有限的投入，换取了无尽的收获。员工是最大的受益者。

6S走进生产现场，走进办公室，走进花苑小区，走进生活已有十个年头，它已经改善了我们的生活，现在仍在改善着，明天还将持续改善。

直面6S成果，展望6S效应，我们有信心和决心将6S长期地、坚持不懈地开展下去，为“二电公司”演绎出更多精彩。届时谁不为之感动？

5.2 TPM全面改善

TPM的全称是Total Productive Maintenance，即以设备管理为核心的全员生产维护活动，是卓越的现场管理方法。

5.2.1 TPM的起源

TPM起源于20世纪50年代的美国。当时，美国的制造业出现了设备故障率频增，产品质量与企业效益日益下降的情况，为了解决这样的问题，美国借鉴欧洲工业革命的成果将设备维护的经验加以总结，从而出现了TPM的雏形。第二次世界大战以后，日本向美国学习并引入TPM，创立了生产保全。20世纪80年代以来，以韩国为代表的一些亚洲国家以及美洲、欧洲国家也相继引入TPM。20世纪90年代，TPM真正进入中国。随着时代的发展，越来越多的企业逐步采用TPM这一卓越的现场管理方法。

5.2.2 TPM的内容

目前，TPM的八个支柱是业界的基本共识，它们分别为自主保全、专业保全、个别改善（主题改善）、品质改善（品质保全）、初期改善、事务效率、安全环境以及教育训练。TPM活动体系如图5-10所示。

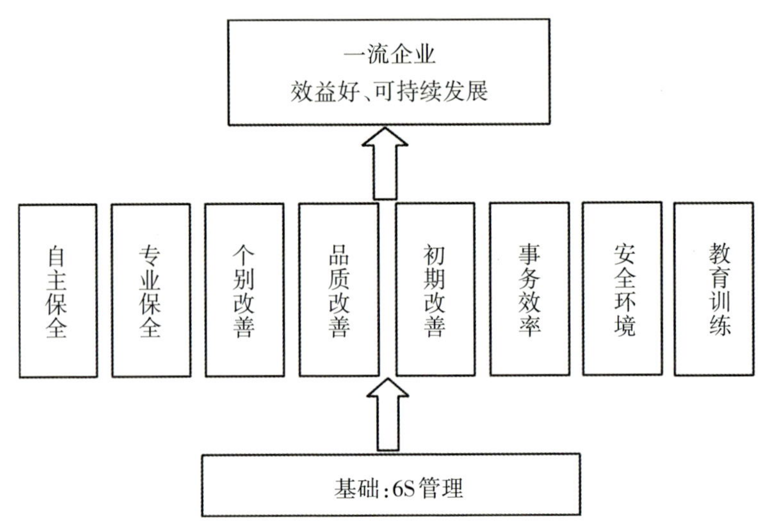

图5-10　TPM活动体系图

TPM八个支柱内涵见表5-2。

表5-2　TPM活动内容

名　称	含　义
自主保全	以作业人员为主,凭借自己的经验对设备、装置进行巡检,并通过对有关人员进行技术培训,使其能对微小的故障进行处理
专业保全	专门的设备管理和维修部门集中精力进行预防保全与计划保全,并通过诊断技术提高对设备状态的预知能力
个别改善	主要是对那些故障频发复发、瓶颈环节以及故障处理难度高等原因的设备,进行有针对性的改进,消除故障,防止再发,提高设备效率的活动
品质改善	为了消除由于设备精度、可靠性等原因所引起的品质不良,采取的维修或改善活动
初期改善	主要是为了保障设备一旦投运就能取得最佳的效果
事务效率	主要是指管理部门(非直接生产)的办公及业务效率
安全环境	追求作业环境改善,使事故、灾害为零
教育训练	对技术人员进行培训,提高其技能水平

5.2.3 TPM在靖远二电的实践活动

为进一步提升人员、设备以及生产经营系统的品质，保障企业良好的安全生产局面，实现综合效益最大化，适应一流企业可持续发展的客观需求，在2005年底靖远二电推行实施TPM。

5.2.3.1 TPM的定位

经过调研，结合火电厂运营特点以及自身6S管理实际情况，总结提炼了具有靖远二电特色的TPM活动体系（如图5-11所示）。它可以概括为“一三一”体系，即一个基础、三个支柱、一个目标。

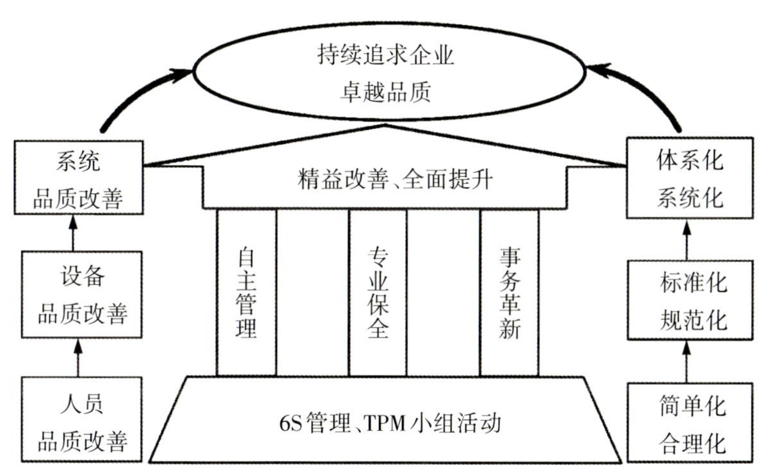

图5-11 TPM全面改善体系图

TPM不仅是围绕设备的生产维护活动，而且是体现了以全员为基础、以全系统为载体、以效率最大化为目标的活动精髓。不管是生产管理的精益改善，还是经营管理的精益改善，都体现了全员、全过程、全方位的理念，即TPM全面改善。推行TPM是以往工作的延伸，是6S管理标准的提升，是点检定修制得到持续改进的重要手段，是实现精益管理的关键工具（如图5-12所示）。

TPM活动的显著特点是“全员参与、关注细节，过程管理、持续改进”。它贯穿于靖远二电所有部门，以6S管理为基础，以全体成员为主体，以相互关联的小组为活动形式，从最高领导到一线员工全员参与，经团队活动推动设备维护。创造富有活力的生产体系，最大限度提高生产效率。具体而言，实施TPM基于以下主要目的：

①培养自主、自信、文明、进取、素养高、业务能力强的员工。

②建设环境整洁、设备完好、管理规范有序的现场。

③降低成本、提高效率，强化企业竞争力、铸造品牌企业。

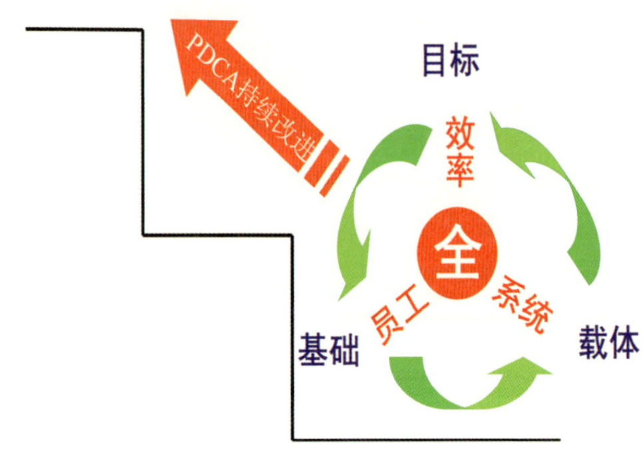

图 5-12 TPM 活动精髓图

5.2.3.2 TPM 的推行准备

(1)明确推行机构及其职责

为了确保TPM活动的顺利实施，靖远二电成立了相应的推行机构。以制度规范为依据，明确了各部门和各级人员的职责。首先，组织推行计划、方案以及措施，并负责日常推行的协调、检查与指导工作；其次是做好TPM宣传教育工作，负责对改进事项的跟踪以及问题点的收集整理工作；再次，组织召开阶段性的分析总结，进行活动实施诊断以及考评工作。

(2)确定推行手段

靖远二电制定了TPM管理制度，采取多种方式、方法和手段（见表5-3），推行TPM活动，渐进地使TPM理念深入到每一位员工心目当中，从而做实、做细、做精各项工作。

(3)设定TPM诊断体系

TPM活动设定了两级诊断体系，由部门TPM干事负责进行一级诊断，由TPM顾问师或靖远二电TPM专家负责二级诊断。只有诊断通过的小组才能进入下一个阶段的活动。按公司标准，对已通过诊断的小组发放一定的奖金、授牌，并在管理看板上公示。TPM诊断体系如图

5-13所示。

表 5-3　靖远二电TPM推行方法

序号	推进方法	内　容	周期
1	设置TPM考核及激励机制	通过检查、评价实施，对各部门TPM活动实施结果考核、奖惩	每月
2	构建TPM教育培训体系	学习掌握TPM知识和改善方法，学习设备维护知识和技能，学习先进的管理方法和理念	不定期
3	优秀焦点课题发表会	课题进度跟踪与效果检查，提升课题小组总结与发表能力，评优并表彰	2次/年
4	优秀改善提案发表会	激发员工改善欲望，营造现场改善氛围，优秀提案成果横向展开，评优并表彰	1次/季度
5	目视化看板跟踪管理	TPM各项动态指标，各课题进度，各小组活动情况展示，6S及提案活动状况展示	2次/月
6	部门TPM推行会议	点检本部门本月TPM活动进展情况，布置下月工作计划，协调解决各小组提出的问题	1次/月
7	TPM小组例会	各小组每周活动成绩点检，每周小组活动安排，问题提出、解决等	1次/周
8	现场6S定期检查评比	检查各区域6S活动情况，发现问题，跟踪改善并现场评比	1次/月

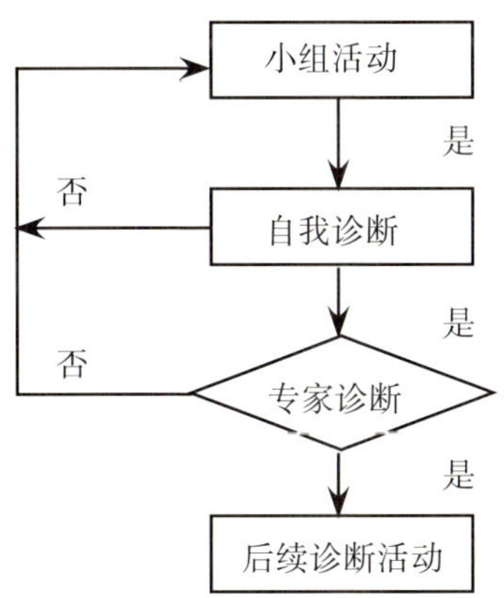

图 5-13　TPM诊断体系图

5.2.3.3　循序渐进推行TPM活动

在前期充分准备的基础上，分阶段由浅入深、循序渐进地推行

TPM活动。在每个阶段结束以后，都严格按照各阶段的诊断标准以及程序进行诊断验收，只有合格后才能进入下一阶段活动。

在实施过程中，开展了以自主管理、专业保全和事务革新活动为支柱的主体活动，并运用焦点课题、改善提案、OPL要点培训等许多先进工具和手段保障TPM全面改善的实施效果。

(1)自主管理

自主管理是TPM活动追求的管理境界之一，即员工具有自主管理意识，员工拥有自主管理技能，员工积极实施自主管理。自主管理的对象是设备、场所和工作环境，通过树立“自己的现场，自己的设备，自己维护”的观念，进行一系列自主改善和自主维护活动，将设备和场所保持在最佳的状态。靖远二电在推行自主管理活动的过程中，分为三个步骤进行：

①确定实施流程。在推行自主管理时，首先确定了自主管理的实施流程图，即员工立足现场、现实、现物，以设备为中心，开展清扫与点检工作，发现不合理项；对问题进行分析、OPL培训及改善，制定再发防止报告，细化完善维修作业指导书，形成一个完整的PDCA闭环管理。通过小组会议、看板跟踪等多种方式方法来推动工作的开展。TPM自主管理流程如图5-14所示。

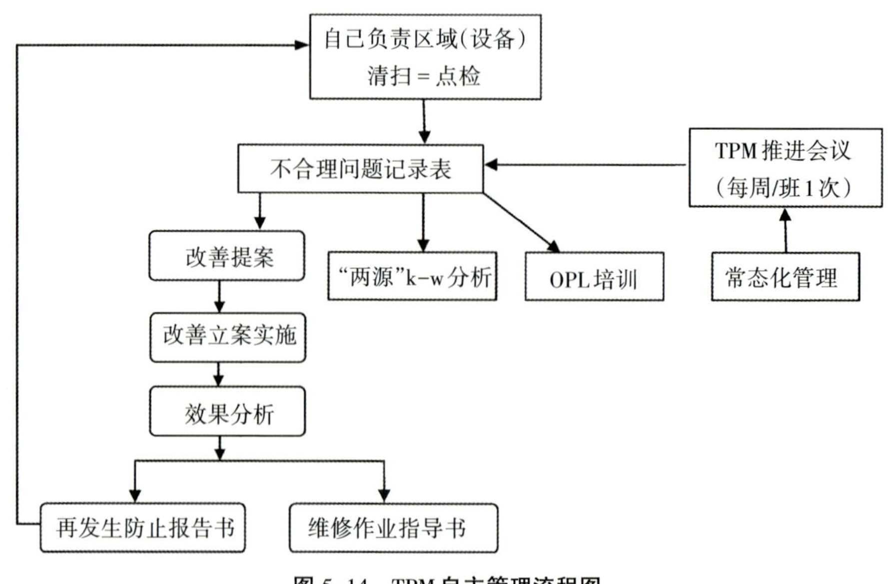

图5-14　TPM自主管理流程图

②分阶段管理。在实施自主管理时，采取了以6S活动为基石的阶段管理，在阶段性管理中遵循PDCA循环的思想。当每个阶段结束以后，都必须严格按照各阶段的诊断标准以及诊断程序进行诊断验收，从而确认是否合格，只有合格后才能进入下一阶段活动。靖远二电自主管理各阶段内容见表5-4。

表5-4　自主管理各阶段内容

活动名称	阶段名称	阶段目标	推进内容
自主管理	零阶段	6S标准	“整理、整顿、清扫、清洁、素养、安全”活动，打好企业管理基石
	第一阶段	消灭微缺	设备初期清扫，以设备复原和发现、消灭微小缺陷为主的活动
	第二阶段	挑战“两源”	挑战“困难源”“发生源”造成的损失、浪费和故障的活动
	第三阶段	制定基准	制定清扫、加油、点检基准，开展工作
	第四阶段	点检活动效率化	通过活动，使操作人员掌握设备点检知识和技能
	第五阶段	建立自主管理体制	开展自主点检和专业维护相结合的活动

③采取具体方法。在确定了自主管理实施的阶段性内容后，靖远二电采取了多种具体的方法来推动自主管理的实施。具体方法如下：

a.培养自主管理的习惯。在实施自主管理时，开展了以员工自我学习、亲身当讲师讲授经验为主题的OPL活动。在培训活动中，员工针对设备的性能以及结构特点，利用业余时间查找资料，做成教案，利用班前、班后会时间，走向讲台教授自己对设备、结构、性能理解的要点。通过开展这样的自主学习的活动，促使员工们养成自主管理的习惯。

b.完善点检要求。在实施自主管理时，要求设备点检不仅要准确判断设备状态是否良好，而且要保证发现问题的及时性。靖远二电将目视化管理作为提高点检效率的有效途径，将设备状态和点检路线目视化，使点检人员能够在最短的时间判断出设备状态，这样降低了点检时间，使点检人员在有效时间内能够点检范围更广，从而及时发现设备问题并加以处理。

c.采用问题票。问题票的使用是实现自主管理的有效手段。检查人员根据问题实施部门的不同来张贴不同颜色的问题票，使跨部门实施人员能够方便地找到问题。问题票在改善后揭去，未揭去的问题票时时提醒实施班组依然有问题存在，督促其尽快实施。

d. 追根究底。运用Know-Why分析。Know-Why分析就是：首先，反复多次（不少于3次）地问“为什么”，彻底找到结果与原因关系中隐藏着的真正原因；其次，在分析过程中，学习观察的重要性，应用5W1H进行分析，深入理解设备的结构、性能、系统流程、工艺标准等内容（如图5-15所示），最终形成小组的团队精神和价值观。

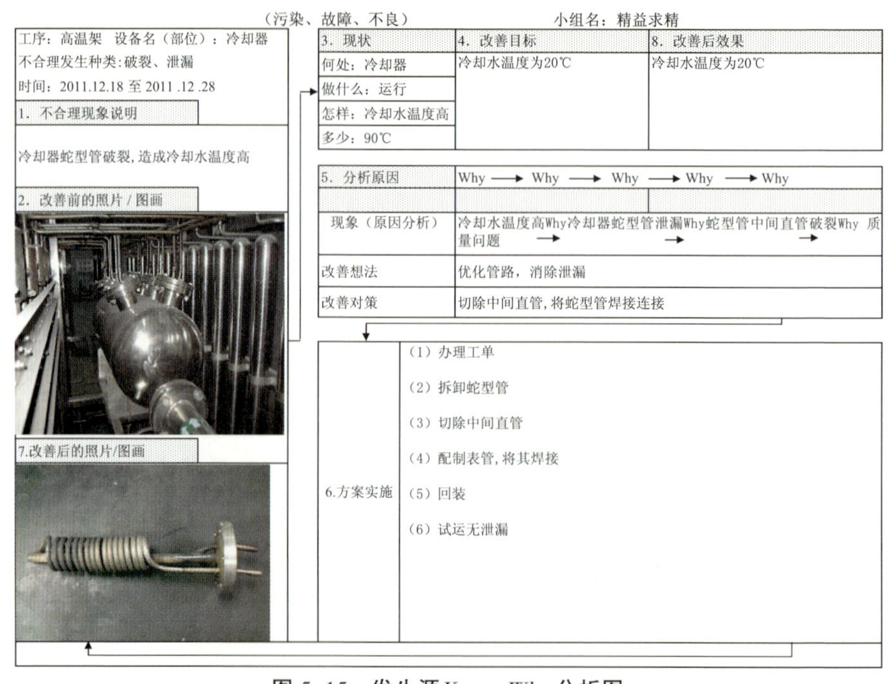

图 5-15　发生源Know-Why分析图

e. 采用目视化看板管理。目视化管理是能看得见的管理，利用形象直观、色彩适宜的各种视觉信息和感知信息来组织现场生产活动。其特点是：容易识别，传递信息快，信息公开化，透明度高，便于现场各方面人员的协调配合与相互监督，提高了工作效率。

在现场，设备点检管理牌、精益改善亮点展示看板、办公室及班组管理看板随处可见（如图5-16所示）。用图形、表格、相片等制作的指导书、流程图、警示牌等悬挂于很显明的位置，产生了良好的生理和心理效应。

通过目视化管理，使得现场管理程序化、标准化、规范化，降低了员工出错的概率，营造了高效率、低成本的现场。

安健环绩效看板　　2012年5月

项目/结果/部门	人身			设备					其他		总体评价		
	未遂	轻伤	事件	异常	二类障碍	主机非计划停运	恶性二类障碍	事故	提案	培训	本月	累计	状态
运行部	0	0	0	2.0	2.0	0	0	0	105	389	99.9	98.8	
检修部	0	0	0	10	3.2	0	0	0	85	333	100	97.4	
设备技术部	0	0	0	2.0	1.8	0	0	0	68	105	100	98.9	
综合管理部	0	0	0	0	0	0	0	0	24	90	100	100	
物资采购部	0	0	0	0	0	0	0	0	1	6	100	100	
燃料采购部	0	0	0	0	0	0	0	0	5	23	100	100	
财务管理部	0	0	0	0	0	0	0	0	1	5	100	100	
人力资源部	0	0	0	0	0	0	0	0	2	5	100	100	
经营策划部	0	0	0	0	0	0	0	0	1	8	100	100	
党群工作部	0	0	0	0	0	0	0	0	3	32	100	100	

SDIC 靖远第二发电有限公司 JINGYUAN SECOND POWER CO.,LTD.　　NOSA 推行委员会

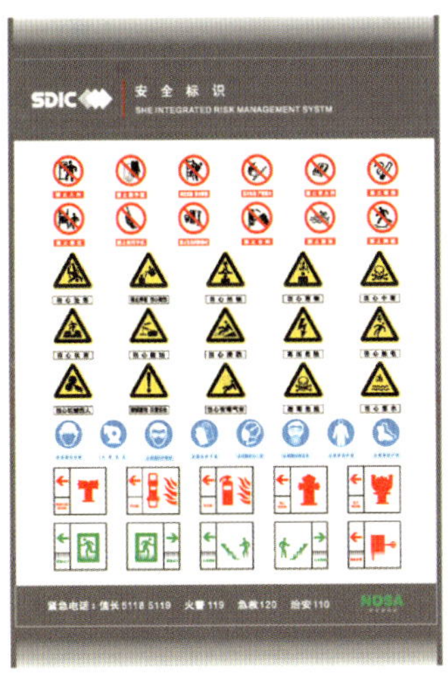

图 5-16　现场管理看板

(2)专业保全

专业保全是要求设备管理和检修部门集中精力进行预防保全与计划保全，并通过诊断技术提高对设备状态的预知能力，实现“零故障”的目标。

靖远二电开展的专业保全活动分三个阶段进行，采取了具有本阶段性特征的两方面具体方法，诊断要求和其他方法与自主管理活动基本相同。专业保全活动具体内容见表5-5。

表5-5　专业保全阶段性内容

名　称	阶　段	阶段名称	内　容
专业保全	第一阶段	设备评价和现象把握	制作设备台账及维护,现象把握,设备评价实施,设定保全目标
	第二阶段	劣化复原和弱点改善	基本条件整理,防止类似事故的再发生,薄弱点改善及延长使用寿命,故障递减改善
	第三阶段	构筑定期保全体系	定期保全准备活动,制定整理基准类型; 品质保全的效率化,构筑定期保全业务体系; 选定对象设备、部位和确立保全计划

①确定管理指标。在开展专业保全活动时，引入了MTBF和MTTR两项管理指标，引导员工通过改善活动，延长故障平均间隔时间，缩短故障平均维修时间。其中，MTBF是衡量设备可靠性的指标，MTTR是衡量维修技能水平的指标。

②制定管理方法。班组建立了“设备管理月报”，分别对设备的设计弱项、设备最差项、设备故障再发防止报告等项进行细化管理。与点检相结合，编写和细化“设备维修作业指导书”，培训技能、指导检修维护作业。设备维修作业指导书模板如图5-17所示。

(3)事务革新

事务革新就是在6S管理的基础上，拟定管理基准，简化信息流程，改善智能办公。靖远二电在实施事务革新的过程中，主要是分为三个流程步骤展开：

①确定事务革新的目的、目标以及对象，引导事务革新活动的展开。其中，目的是保证顾客、企业以及员工满意；目标为使差错、投诉以及浪费的次数均为“0”；对象是人、办公设备、文件以及业务程序等。

②经过综合分析，得出了事务革新的六大着眼点，具体内容见表5-6。

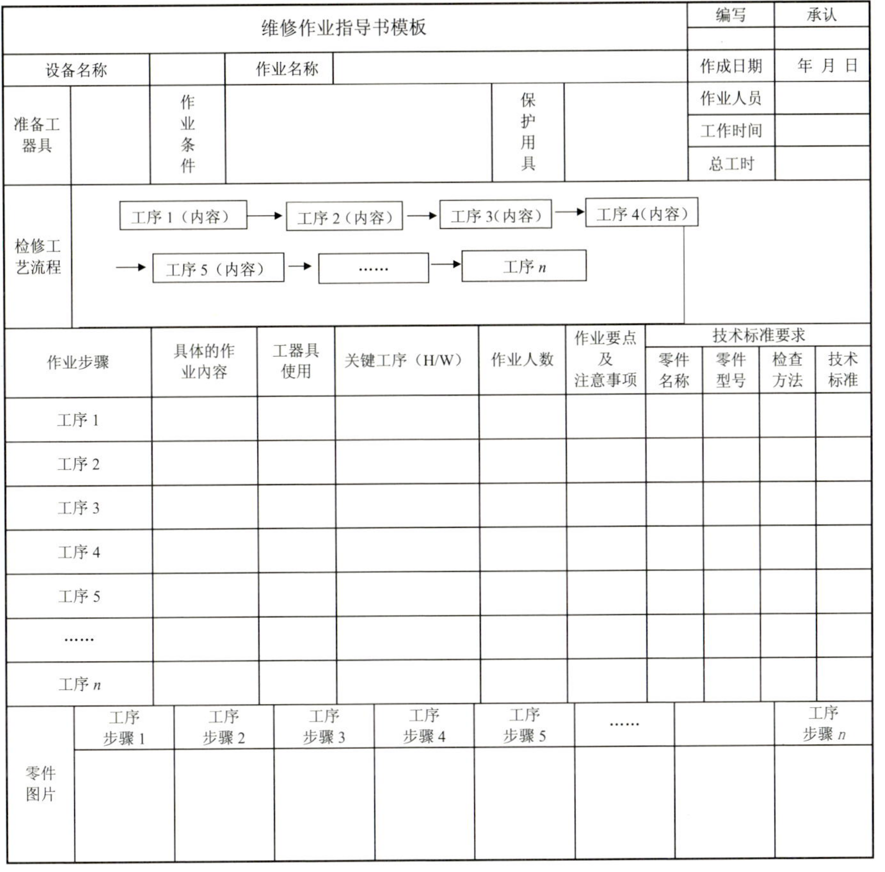

维修作业指导书模板				编写	承认
设备名称		作业名称		作成日期	年 月 日
准备工器具		作业条件		保护用具		作业人员	
				工作时间	
				总工时	

检修工艺流程：工序 1（内容）→ 工序 2（内容）→ 工序 3(内容) → 工序 4(内容) → 工序 5（内容）→ …… → 工序 n

作业步骤	具体的作业内容	工器具使用	关键工序（H/W）	作业人数	作业要点及注意事项	技术标准要求			
						零件名称	零件型号	检查方法	技术标准
工序 1									
工序 2									
工序 3									
工序 4									
工序 5									
……									
工序 n									

零件图片	工序步骤 1	工序步骤 2	工序步骤 3	工序步骤 4	工序步骤 5	……		工序步骤 n

图 5-17 设备维修作业指导书模板

表 5-6 事务革新六大着眼点

着眼点	管理名称	内 容
1	文件管理	规定文件的保管、保存、废弃期限，确立文件的分类体系，取出必要文件的时间控制在30秒内，文件共享
2	行动管理	月度行动计划，月度主要行动计划进展情况，今、明天的行动日程，出勤状况(上班、迟到、早退等)，清楚人员的去向
3	工程周期管理	了解计划(生产计划或交货期计划等)，了解计划的进度，树立计划的基准(基准日程、标准时间)，了解运行规则等
4	业务管理	处理业务标准化，推进员工多能化
5	设备、备品管理	容易查找文件程序、办公自动化设备等的手册或信息媒体
6	改善目标管理	实施提高业务速度的对策，是否有缩短业务流程的改善课题，改善课题的进度跟踪、目标达成情况，效果验证

③在完成上述两个步骤以后，全面展开实施工作。具体的实施分为三个阶段：第一阶段是6S管理提升，即办公设备清洁，各类目视化改善；第二阶段是拟定管理基准，即促使业务流程明确，管理标准化；第三阶段是智能办公改善，即信息流简化，坚持最优（One Best）原则。

5.2.3.4 TPM精益改善典型工具

(1)改善提案

改善提案是指各岗位员工实施的优化、改进、革新、有成效的活动。在靖远二电，改善提案体现的是一种改善文化，倡导“人人有改善的能力，事事有改善的余地”。它是全员、全方位、全系统的改善，讲究福利回馈，确保员工是最大的受益者。通过各种活性化手段，有效调动员工参与的积极性，发掘员工改善智慧，使现场充满活力，实现安全、效率、效益再提升。

在开展改善提案的过程中，确定了改善提案类型、涉及范围、评价标准、评审流程以及保证措施，充分推动了改善提案活动的有效实施。

①确立提案类型和范围。改善提案按照能否自主实施分为实施型和建议型；按照效果质量分为优秀型和水平展开型。改善提案范围十分广泛，涉及设备设施、现场环境、办公环境、业务流程、制度措施、节能环保等各个领域，比如针对员工个人技能、管理方式、工艺标准、安全防护、故障处理、个人与公司发展等方面的改善。

②采取具体措施

a. 画流程。确立了从提案申报、评审、实施到效果复评等各环节的流程要求。公司充分发挥了iPRM系统的作用，开发了具有靖远二电特色的“改善管理”模块，使改善工作日常化、流程化，减少了工作强度。

b. 定标准。“改善管理”系统模块，设置了班组、部门、公司三级评审。系统操作性强、评价标准透明度高，分别从表现法、困难度、创意性、有形效果、无形效果等方面进行评价。

c. 展主题。公司号召全体员工广泛参与主题改善活动：一是自主提案改善；二是管理人员根据现场存在的不合理项，指令改善主题，安排相应部门、班组成立攻关小组进行改善，培养团队改善习惯。

d. 推提案。班组在TPM周例会对提案点评，各部门每月组织提案交流，由部门推荐具有推广价值的优秀改善提案，参加每季度一次的公司优秀改善提案发表会。同时，还要把优秀提案在公司、部门、班组看板中张贴公示，实现相互交流、共同进步、提高成效的目标。

e. 连绩效。将TPM活动的成绩与绩效管理挂钩，员工改善提案质量、数量，综合奖励情况都成为员工本人绩效考评的一部分。靖远二电每月对各部门的提案业绩进行公示，并表彰奖励优秀推行部门、班组和个人，推行不力的部门纳入月度绩效考评。

专栏文章5.2

为了品质，跪一下有何妨

2007年6月10日，天津滨海能源公司一行二十多人来现场参观，当走进现场时，他们对标识管理惊叹不已。

触景生情，接待人员讲了一段插曲：汽机本体班有一位刘师傅，体重九十多公斤，曾经一段时间负责区域的斑马线、箭头等标识制作。谁都知道，在地面上“作画”必须长时间蹲下身，对于一个胖子来说似乎有些为难。听听他咋说“体胖是客观的，但TPM活动是全员参与，我要挑战自己，跟干专业一样，做的事让别人无可挑剔！” 只见他单膝跪地，量尺寸、画线、裁胶带，每一个环节井然有序，得心应手。为了尺寸准、线条直、棱角圆弧突显，有时甚至于整个人爬在了地面上。几处标识完毕后，他虽然头上流汗，却笑容满面，留给的背影是瘸着行走（腿压麻了）……

听讲完后，参观者明白了，现场的每一个目视化管理都包含着靖远二电员工的敬业和执着精神！

(2)焦点课题

课题就是现状与目标之间的差距。在靖远二电，焦点课题强调“瓶颈”问题，突出“焦点”：一是部门和班组在生产、经营中的“瓶颈”问题；二是员工普遍关注的热点、难点问题。通过自下而上的小组活动，充分挖掘员工智慧、实施改善、达成目标。焦点课题内涵图如图5-18所示。

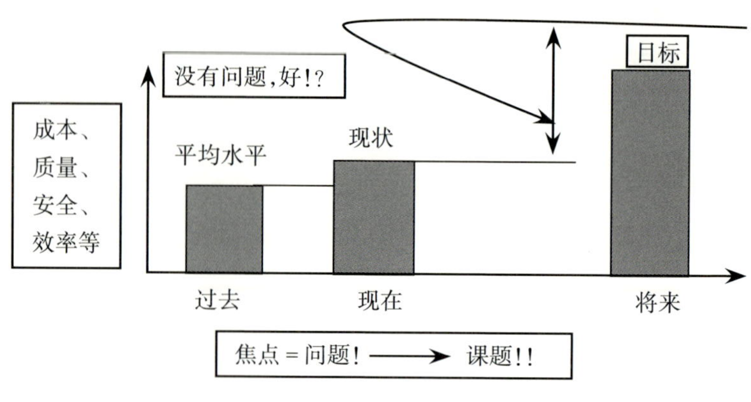

图 5-18 焦点课题内涵图

焦点课题活动是一个发现问题、解决问题的过程。同一个部门、班组及区域的人员为解决工作中的问题，突破工作绩效，组合成一个小团队，进行分工合作，通过收集资料，应用各种统计手法及工具，对问题进行分析，找准问题的真相，并加以对策，以达到改善目标。靖远二电在开展焦点课题活动时，采取三个步骤进行展开：

①明确选题。部门（班组）结合公司方针，围绕年度部门目标，从P（效率）、Q（质量）、C（成本）、S（安全）、D（周期）、M（士气）等方面着手挖掘生产经营及管理“焦点”和“瓶颈”问题。确立改善课题，开展部门内或跨部门改善活动，追求经营效益的持续提高。所选课题必须能在3～6个月内完成。

②确定步骤。任何一项焦点课题改善都是一个PDCA循环。为了保证焦点改善活动的有效实施，制定了焦点改善活动的8个步骤，如图5-19所示。

③制定措施。公司采取多项措施，保障焦点课题活动的有效开展：一是严格执行焦点课题管理制度，并任命课题相关专业主管为第一责任人，而且公司QC诊断师要参与评价；二是每月由课题组填入相关实施内容，签字确认进度，再由专业负责人确认，逐级由课题总负责人和公司项目组确认，并关闭流程；三是由设备技术部每月组织人

员进入班组，落实督导课题进度，并要求提交“进度报告”情况；四是组织成果发表会（如图5-20所示），提供学习交流平台。

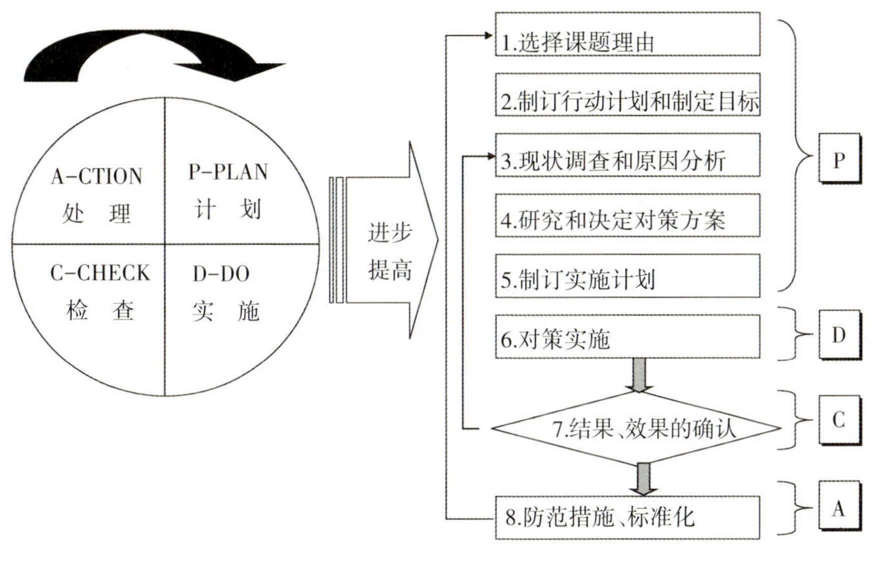

图 5-19 焦点改善活动步骤图

图 5-20 焦点课题成果发表会现场

(3)OPL要点培训

OPL是“One Point Lesson”的英文缩写，即要点培训或单点课程。顾名思义，就是针对某一个技术问题或难点故障，由能够较好地解决问题、处理故障的人员编写教材，召集相关人员进行集中讲解，从而达到信息共享、经验传承。

①强调特色。众所周知，培训方式是多种多样的。OPL要点培训是用标准化来打造高手，其特色是规范、实用、省时、省力、操作性强、参与率高、成本低、效果好、不受时间和地点的约束，并通过“学习工作化、工作学习化”达到目的。

a. 学习工作化。需要就是学习的内容，培训内容就是工作需要的内容，真正实现学习内容和工作内容的一致化。

b. 工作学习化。问题即学习课题，用学习的内容指导工作，在实际工作中，遇到需要解决的问题时再学习。

c. 学习工作化，工作学习化。用学习的内容指导工作，在工作实践中学习，在改善中提高，形成一种“工作—学习—再工作—再学习”相辅相成的模式。

②明确目的。OPL要点培训就是为了将每一个TPM小组都建成为教育型团队，让全体员工都能成为讲师，形成单点课程培训体系，进行广泛的内部培训，把经验变为知识，让知识流动起来。

③划分类型。为了便于标准化地开展培训，梳理培训内容，集成优秀成果，靖远二电将OPL培训划分为基础知识应用、故障不良处理、改善事例、个人经验四个类型。

④确定范围。一般而言，OPL要点培训的范围多集中在专业知识范围之内。但是，为了能够更加充分地发挥培训的作用，靖远二电将要点培训的范围加以延伸，使其内容更加广博，不局限于专业知识，也包括健康、饮食、网络以及生活其他方面，真正地做到工作生活化、学习生活化，保证班组和管理部门有计划、有深度地开展培训活动。

⑤规定方法。制作OPL要点培训的核心要求是主题明确、图文并茂、文字简洁。具体方法为：一是每次一个主题；二是使用图表、漫画以及照片；三是描述的文字要醒目，简明扼要；四是在十分钟内尽可能做完。

专栏文章5.3

老师傅换了新思想

高师傅，一位在检修岗位奋战了二十多年的老师傅，要说检修干活一点没问题。可是，信息时代了，iPRM上线了，工作票要在电脑上办理，用他的话说，一个大老粗，跟电脑打交道，能不头痛吗？起初，他只想着多干活，让别人办票。TPM活动开始了，要全员参与，OPL要点培训他做得很认真，通过一段时间的交流和思想磨炼，他的学习劲头来了。干活之余，他会凑近电脑问这问那，我作为班组培训和TPM的主要负责人，总是义不容辞。记忆犹新的是，在短短一周里，我值班的时候，他放弃了休息时间，两次来到班里学习工单办理和电脑基本操作，直到深夜。我最头痛的不是教他操作而是打字，因为我知道他连自己名字都不能拼出来。然而，他在操作中令我眼前一亮，他透露给我一个小秘密，拼音和输入法是他上五年级的女儿教的，自己当“小学生”已经有些日子了。功夫不负有心人。没过多久，他已知道办理工单的基本操作，能够胜任值班。只要上进，有恒心，老树也能开花，这是一个老师傅给我的启迪。

5.2.4 TPM实施的成效及意义

TPM全面改善自实施以来，以设备为核心，构筑了“全员参与、关注细节、过程管理、持续改进”的理念。倡导“人人有改善的能力、事事有改善的余地”，营造了浓厚的改善氛围，构建了适合企业自身可持续、长远发展的精益改善体系，持续提升了靖远二电现场管理水平。它提高了员工的自身素质与自我管理意识，同时许多优秀提案与焦点课题的实施，产生了显著的经济效益。归纳而言，有员工、设备、环境、文化以及效益共五个方面的成效。TPM活动实施成效图如图5-21所示。

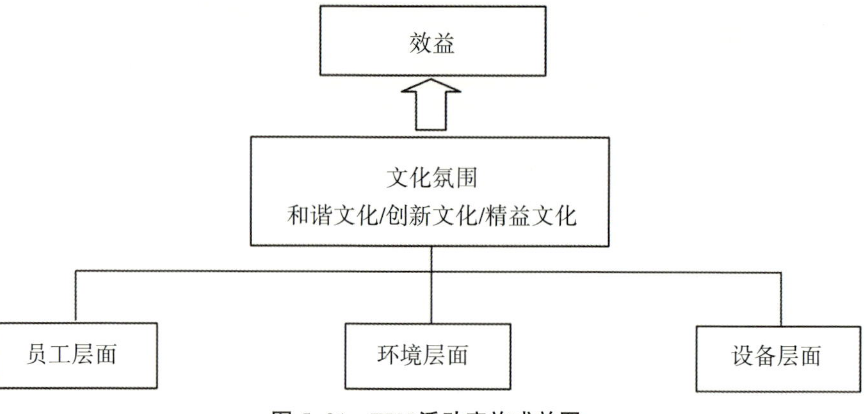

图 5-21　TPM 活动实施成效图

5.2.4.1　员工层面

(1)拓展员工思维与做事方式

TPM 不仅改变了现场、现物，更拓展了员工的思维与做事方式。主要体现在：一是员工乐于思考、善于思考；二是员工善于找方法、寻求改善的最佳对策；三是关注细节、对照标准、追求完善。在靖远二电，TPM 就是“改善”的代名词，它已经深入到每位员工心目当中。员工养成了“没有最好，只有更好，凡事讲究，要做就做得更好”的习惯。

员工善于并乐于运用“头脑风暴法”和“Know-Why”分析法从 5M1E 等方面分析问题，从 5W1H 方面制定措施和开展实施，并遵循 PDCA 闭环管理模式。这种方法已广泛运用到各个层面，尤其是在攻克难关方面。

(2)形成自主管理的意识

员工在这个过程中能够有意识地去学习、去提高，形成自主管理的意识，培养自主管理的习惯。OPL 要点培训使每位员工都有机会去教授知识，成为自主管理意识延伸的重要手段。从近年数以万计的 OPL 活动来看，能够发现靖远二电的员工自主管理意识的形成与提升。OPL 历年数据如图 5-22 所示。

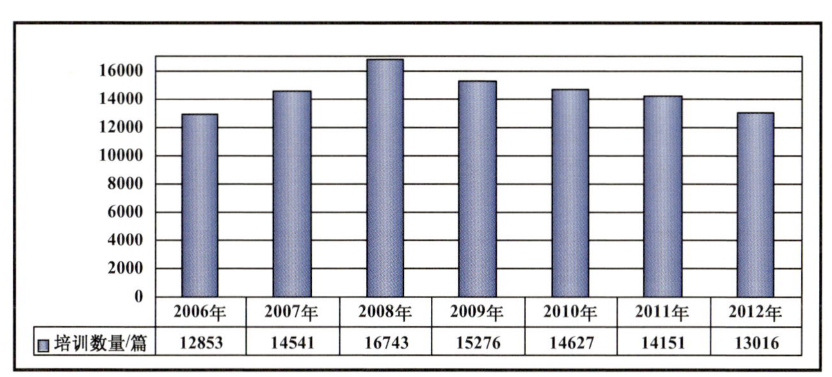

图 5-22 OPL历年数据图

(3)掌握综合技能

通过自主管理活动与焦点课题小组活动的展开，不仅促进了全能岗位上岗培训效率，员工们也掌握了多种分析研究和解决问题的工具，综合技能得到了显著的提高。例如，讨论问题时，员工们运用头脑风暴法来融汇各种观点与智慧；数据分析时，员工们运用列表法、制图法等手段，提高了数据分析的质量；制订计划时，运用甘特图法来比较实际工作与计划工作的差异，从而及时调整，保证计划顺利完成。另外，在自主管理活动中，通过发现问题、解决问题、规范点检方法三个阶段的推行工作，针对全能值班员轮岗速度较快，技术知识掌握的培训时间缩短等现实问题，开展了员工技能自主培训，主要是在岗人员写出自己的工作经验来培训接岗人员，并以培训教材完善为改善提案的活动方向，从而迅速使轮岗人员能够尽快掌握新岗位的关键操作技能。

(4)提高管理人员的事务效率

管理人员工作相对较为独立，一旦有出差、病休等情况便不能在职工作，往往影响事务的及时性。在事务革新中，开展了培训备用事务处理人员的活动，通过在职人员编写岗位“业务流程作业指导书”，将本岗位工作技能、经验全部细化，并达到其他人员借助“指导书”就能够胜任工作的要求。通过活动使本岗位人员能够对自身工作进行效率化改善，提高工作的节奏和效率。

(5)提升员工福利

员工福利的提升体现在精神和物质两个方面。在物质方面，体现在提供出差交流机会、改善亮点发表、OPL要点培训以及发放奖励金等；在精神方面，体现在团队拓展、评优、表扬、鼓励等。从长远角度考虑，通过各项改善活动的实施来提高公司的效益，将会有更多的资金投入到员工身上，员工将会得到更好的福利待遇，这也正是对“取之于员工，福利回馈于员工”理念的最佳诠释。

5.2.4.2 环境层面

实施TPM活动对靖远二电环境层面上带来的影响不仅只包括一般意义上的工作环境，也包括更高层面的学习环境、人际交往环境等。

(1)改善现场环境

自主改善和改善提案活动以现场为中心，从发现和消除微小缺陷入手，逐步由“两源”治理走向深层次问题的解决。在7号、8号机组投运之初，标识不完善、泄漏点、装置性违章等问题较为突出，随着活动的推进，仅在近一年时间内，7号、8号机组现场就已经达到5号、6号机组的现场（如图5-23所示）面貌水平，效果非常显著。

图5-23　5号、6号机组的现场

(2)改善员工工作环境

管理学上讲，组织与环境的关系是双向的，组织要主动地调节环境、适应环境。同样，对于员工们日常的工作环境而言无不如此。员工主动地去发现和解决问题，使生产现场的环境得到了极大地改善，为自己创造了一个舒适、干净的工作场所，并且将现场打造成了吸引社会各界前来参观的景点。

(3)推动班组建设

班组建设为员工提供了更高层次、更加完善的工作和学习环境。通过开展改善提案、焦点课题、OPL要点培训以及Know-Why、头脑风暴法等工具的运用，有力地推动了学习型、技术型、和谐型、创新型、安全型等班组建设。在这样的班组中，员工通过OPL培训进行经验、知识交流和分享，携手进步；通过改善提案不断促进人与人、人与事物、物与物之间和谐；通过焦点课题活动解决生产、经营中的瓶颈问题，提升自身专业实力，提高设备可靠性，改变了设备的运行环境。2006—2012年改善提案、焦点课题成果如图5-24所示。

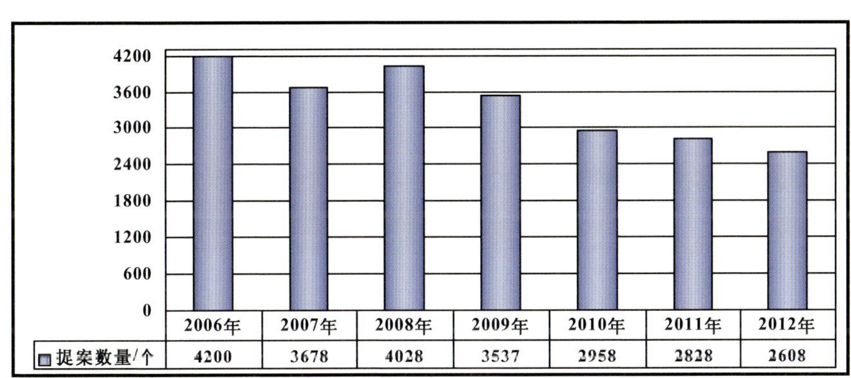

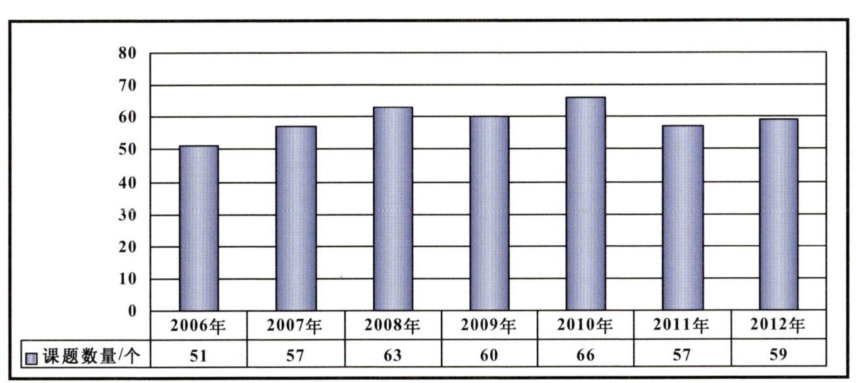

图5-24　2006—2012年改善提案、焦点课题成果

5.2.4.3 设备层面

靖远二电实施TPM活动对于设备层面所带来的成效，既包括提高了设备的可靠性以及利用率，也包括逐步实现设备“零”缺陷的目标。

(1)提高设备可靠性

在自主管理活动中，检修、运行两方同时发现和改善不合理项，从而使现场缺陷大幅降低，“两源”分析治理活动同时又将一些频发性、隐蔽性的缺陷暴露出来并得到彻底解决。在专业保全活动中，对设备的设计弱项、设备最差项目分析、设备故障再发防止报告等项进行细化管理（如图5-25所示）。通过科学统计分析方法，使每个检修班组能够及时发现所辖设备的频发缺陷和管理重点，并通过有计划地开展改善活动，延长设备缺陷发生的周期，设备的可靠性、安全性显著提升。

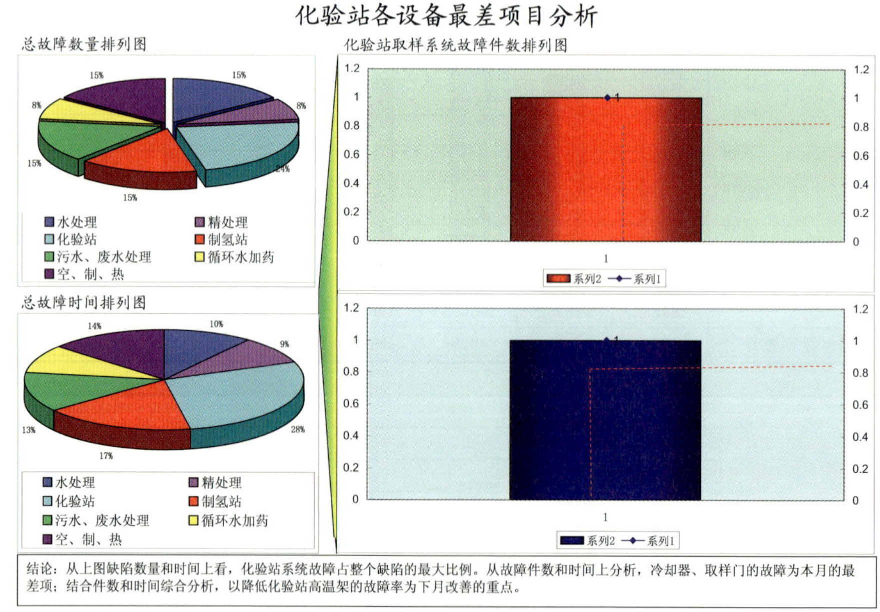

图5-25 设备最差项目分析

(2)提高设备利用率

TPM焦点课题活动涉及的范围相当广泛，例如，其主要的范围包括解决设备故障、提高设备投运率、降低开关误操作、降低材料消耗等方面。涉及的范围越广泛就越能够全方位地解决设备出现的各种问题，从而真正提高设备的利用率，2006—2012年靖远二电优秀焦点课题一览表见表5-7。

表5-7 2006—2012年靖远二电优秀焦点课题一览表

日　期	课题名称	班　组
2006年	降低5号、6号炉定排系统电机故障率	检修部电控班
	降低机组冷态启动过程中的燃油量	设备技术部运行管理
	降低循环泵入口闸阀电动执行机构故障率	检修部管阀班
2007年	减少5号炉后屏过热器部分热偏差管超温故障	运行部二值集控
	提高二单元精处理周期制水量	运行部化学专业
	降低现场噪声对员工的危害性	人力资源部
2008年	7号炉磨煤机控制系统功能提升	设备技术部保护班
	二单元循环泵冷却水优化改善	检修部机转班
	控制机加池聚合铁加药量，降低供水药耗	运行部五值供水
2009年	燃煤掺烧，提高经济性	运行部锅炉专业
	降低二单元化验站高温取样架运行故障率	检修部化检班
	降低7号、8号机6KVF-C真空开关拒分故障率	检修部变电班
2010年	降低1号机务空压机油耗	检修部风机班
	二单元循环水加药系统优化	运行部五值化学
	7号机组自动调节系统优化	设备技术部调节班
2011年	提高6号机给水泵组差压信号调节品质	设备技术部顺控班
	优化系统，减少靖远二电年外购电量	运行部电气专业
	减少污水排放量，降低机组用水单耗	运行部汽机专业
2012年	提升6号炉脱硫塔除雾器运行可靠性	设备技术部脱硫专业
	发电机大修后母线短路试验专用工具研制	检修部变电班
	技术改进，提高燃煤制样品质	燃料管理部

另外，通过列举改善提案的实例，效果对比十分明显（见表5-8）。

表5-8 靖远二电优秀改善实例

改善名称	改善前的问题点	改善后的效果
汽机管道扩容器至凝汽器汽侧加装多极水封筒改善		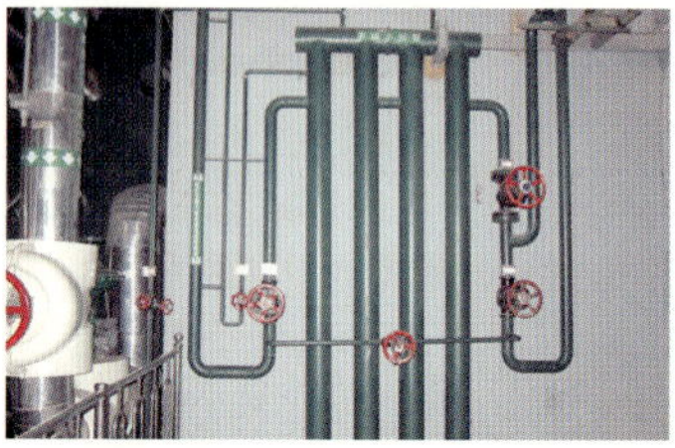
	汽机管道疏水扩容器至凝汽器汽侧设计安装存在不足，各管道疏水至扩容器收集后放至有压放水，浪费汽水资源大，机组经济性差	在管道疏水扩容器至凝汽器汽侧间设计加装多极水封筒，减少了汽水浪费，用水封筒进行密封，保证了凝汽器真空度，使机组的安全性、稳定性、经济性大大提高
发电机旋转整流盘闪频灯电源改进		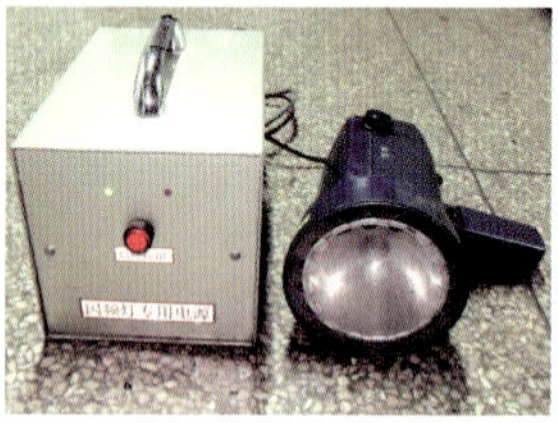
	1.每次检查时需要将临时电源盘插到十几米以外的插座上 2.放线收线费时费力 3.频繁接触电源，有触电的可能	1.放弃临时电源盘，设计一款小巧便携的DC－AC电源转换器 2.使用成熟可靠的DC－AC电源转换电路，使用免维护的铅酸蓄电池，输出稳定的220 V电源2 h 3.操作简便，易于使用和维护

(3)逐步实现设备"零"化目标

TPM以"零缺陷、零故障、零浪费"为目标，各项活动也均是围绕实现该目标展开的。自主管理使员工将技能发挥到对设备的保养与维护中；在专业保全活动中，引入了MTBF和MTTR两项管理指标，引导员工通过改善活动，延长故障平均间隔时间，缩短故障平均维修时间，并给公司管理检修工作提供了一项合理而准确的评价方法。

5.2.4.4 文化氛围层面

实施TPM管理活动，促进了和谐文化、创新文化以及精益文化的形成、巩固与提升。

(1)和谐文化的形成

自主管理活动要求员工既要求独立自主地学习提升，也要求班组之间互相协作，共同进步。自主管理活动活跃了班组氛围，提升了班组活力，构建了良好的班组文化。焦点课题活动的实施更多时候需要部门之间横向合作，在合作的过程中，不仅完成了同一个目标任务，更多的是促进了员工之间的感情，营造了一个和谐的合作氛围。

有专家指出，人际间良好的信息共享有助于信任关系的加强。靖远二电实施的OPL要点培训在经验传授、知识转移共享的过程中，员工之间产生更深层次的沟通与交流，从而增进了员工之间的信任程度。因此，在员工之间、班组之间、部门之间的合作交流过程中，和谐的班组文化、部门文化以及企业文化便逐步形成。

(2)创新文化的加强

TPM管理活动提倡全员参与，尽可能地集成了广大员工的智慧，产生创新的火花。实施OPL要点培训，从众多的问题解决方法中得到最佳的解决方案，这个过程就是一个创新的过程。在改善提案活动上，员工实施新的提案，将创新文化融入到了日常的工作中，勇于创新的良好习惯得以固化。

(3)精益文化的提升

细节决定成败。在TPM活动中，无论是改善提案涉及的从小处入手，减少各种浪费的内容，还是在OPL要点培训时，由经验丰富的员工讲授的知识，都融入了精益思想，在各项工作中实践，营造了浓厚的精益改善文化。OPL要点培训案例如图5-26所示所示。

5.2.4.5 效益层面

靖远二电通过开展TPM管理活动，无论是员工素养的提升、环境状况的改善，还是设备可靠性的提高、良好文化氛围的形成，都是为了实现更佳的效益。

类 型	个人经验	管理编号	OPL-SBJYB-2012-006
主 题	相片或标签打印最佳排版	制定人	胡永昭
小组名称	精益求精	制定日	2012.09.10
●图示 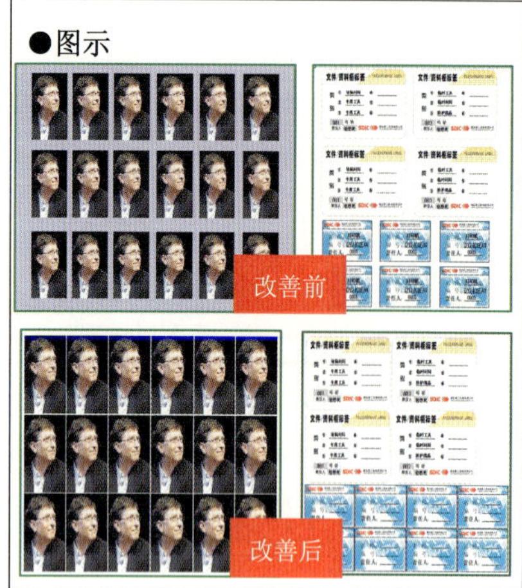 	●要点说明 （1）改善前文字说明： ①有底色；②排版间隙过大。 （2）改善后文字说明： ①去掉底色；②紧密排版，留1 mm间隙。 （3）效果说明： ①去掉底色后，节约打印机墨水。②由于一寸相片和6S标签使用量大，打印的较频繁，紧密排版后大大减少了剪裁工作量，同时可节约纸张。③每张相片或标签剪裁时由原来的两刀或三刀降为一刀。		

图 5-26 OPL要点培训案例

(1)经济效益

通过实施TPM活动，提高了设备的质量与利用率，降低了成本，节约了开支，从而获得了良好的经济效益。例如，在“汽机给水泵运行方式优化改进”方案的实施过程中，通过技术改进，采用气泵运行供水，而备用电泵，单台机大约每次就能节约3.3万元；在“脱硫浆液循环泵叶轮、侧板降本增效改善”方案的实施后，每年可节约采购成本约32万元。这样的例子不胜枚举，实实在在的数字清晰地展示了实施TPM管理活动所带来的经济效益。

专栏文章5.4

优秀焦点课题案例

（1）“提高脱硫工业水系统可靠性”的实施效果：

①脱硫工业水系统合理化，水流压力满足系统运行要求。

②减少了运行人员巡检和设备检修的工作量。

③工业水系统出力由26 t提高到50 t，降低设备故障率，提

高了可靠性，节约维护费用每年约5万元。

（2）“优化调整，减少靖远二电年外购电量”的实施效果：

①通过在备高变低压侧安装两台6 kV真空开关，实现了两台机组厂用无互相接带开关的情况。

②根据厂高变容量和运行、备用机组负荷容量，制定运行机组接带备用机组厂用电源措施，制定一台机组运行，另一台机组停运后公用负荷运行方式。

③在2010年5月至2011年4月，一年节约的外购电量折合470.8万元。

(2)社会效益

TPM活动创造了良好的经济效益，这样就有能力来更好地履行社会责任，收获更大的社会效益。同时，TPM全面改善极大地推动了创建一流生产现场的工作，吸引了许多政府、企业、社会团体等前来参观学习。在与社会各界交流的过程中，靖远二电向社会展示了良好的公司形象和独特的管理模式，获得了社会各界的广泛认同，从而为公司创造了更好的社会效益。

展望未来，靖远二电将在“日新”文化的引领下，持续为TPM体系注入新鲜的元素，拓展手段，秉承“精益”管理理念，营造精益改善文化，做实、做细、做精各项工作。

专栏文章5.5

员工感言

感言一：在与TPM相处的最初日子里，我们提出并完成不合理改善653条。在不合理改善工作中，你激励我们每个人去捕捉检查和处理不合理的信息，消除设备存在的缺陷，你给予了我们每个人自主管理、自主创新的权利，充分发挥每个班组成员的工作积极性和主动性。你要求我们制订详细可行的清扫计划，严格地按照工作流程逐步推行，先后使本班各台设备从本质上得以改善、改进。

感言二：OPL培训，用容易接受的方式启迪大家不断掌握设备的基础知识、改善事例及个人消缺工作小技巧和小窍门。你没有冷落任何一个人，给予每个人勇气与信心，提供给每个人展示的平台，鼓励我们人人参与，持之以恒，形成了提高工作能力、技术水平的氛围，你潜移默化地使大家相互学习，共同进步，不断地使实际工作经验变成知识，使知识流动起来，最终提高每个人的判断和解决问题的能力。

感言三：TPM，你像位技术指导员，巧妙地启发、激励我们将思维融合在具体的检修工作当中。在机组C级检修准备工作中，结合循环泵叶轮更换工作制作专用工具架，并在叶轮更换工作中改进拆卸工艺，切实提高工作效率，节约钳工、焊工等人力，以及轴承、轴套、氧气乙炔等物力，改变了多年来破坏性拆除的方式。

感言四：就这样，我们带着一次一次的希望与努力，一路跌倒了就爬起来，在TPM的引导鼓励下，从“要做就做最好”的理念中，从点点滴滴的不合理项到OPL讲课扎实的脚步中，从优秀提案到焦点课题一次一次获奖中，在“柳暗花明又一村”的意境中，体会到你带给我们快乐的成就感。TPM在不停地告诉我们：有耕耘就有收获，有付出就有回报，敢拼就会赢。TPM，我想对你说，我们会珍惜你带给我们的欣喜，不再困惑，不再迷茫，去快乐地工作！

5.3 安全——NOSA、员工安全积分管理

5.3.1 NOSA五星安健环综合风险管理系统

5.3.1.1 NOSA五星安健环综合风险管理系统简介

（1）起源及发展史

NOSA安健环综合风险管理系统创建于1951年。当时，由于南非工矿企业较多，工作环境差，人员素质低，经常发生人身伤亡事故。南非政府迫切需要改善这种不安全状况，降低事故发生率，因此成立国家职业安全健康协会（National Occupational Safety Association，简称NOSA），委托国家职业安全健康协会研发一套安健环风险管理系统，

对企业安健环管理实施定期审核，NOSA安健环风险管理系统应运而生。该系统将企业安健环管理分为五个星级，通过定期审核和评定星级的形式，评估企业的安健环综合风险管理绩效，故又称为“NOSA五星系统”（以下全部简称为NOSA五星系统）。

1987年，NOSA五星系统开始初步走出南非，走向世界，服务于南非周边国家。随着NOSA五星系统的作用逐渐地被世界所认知，许多国家开始竞相引入NOSA五星系统。1995年，广州蓄能水电厂成了中国第一家引入NOSA五星系统的企业，并且该企业于1996年11月份获得了由南非NOSA评定机构颁发的“三星级”证书。时至今日，世界上已经有包括美国、巴西、加拿大以及中国在内的近二十个国家和地区都在运用NOSA五星系统。

(2)NOSA五星系统的管理特点分析

①以风险管理为基础。NOSA五星系统以风险管理为基础，以持续改进为原则，规范企业管理行为，控制企业安健环风险。在具体推进过程中，它特别强调在实现安健环管理过程中员工的积极参与，持续改进，并采用具体、系统的评分制度进行星级评审，以激励企业改进的积极性。

②侧重于对未遂事件的预防和控制。NOSA五星系统的理念是：所有的意外均可以避免，所有存在的危险皆可得到控制，尽量降低对环境的影响，每项工作均顾及安全健康环保。美国安全工程师海因里希通过对5万多起事故的研究发现，重伤（含死亡）、轻伤和未遂事件的发生比例为1∶29∶300，也就是说，如果在同一个人身上发生330起事故，只有一起造成严重伤害，29起轻微伤害，300起无伤害。该法则揭示了各类事故之间的内在联系。因此，增强风险意识、加强未遂管理在过程管理中具有重要的意义。

③增大了事故的考核范围。NOSA五星系统对事故的考核范围不仅包括全体员工发生的事故，还包括外协人员和参观人员在公司区域内发生的事故。另外，NOSA五星系统增加了对环境、健康方面的统计和考核，对事故的考核指标比传统安全管理指标更加严格、更加全面，更能体现安健环管理的实质性。

④独特的安健环系统设计。NOSA五星系统分5个部分72个元素。每个元素都有具体的审核标准和要求，涵盖企业生产、经营、管理各

个方面，其各个元素之间不是独立的，而是相互关联的。通过对每个元素的审核，了解企业安健环管理的状况，通过打分和评定星级的形式，评价企业的安健环管理水平，同时激励企业不断向更高的管理层级迈进。

其具体的管理架构和星级评审标准见表5-9、5-10所示。

表 5-9　NOSA 五星系统架构

单　元	内　容
1	房屋及内务处理(11项)
2	机械、电气及个人防护装备(17项)
3	火灾及其他紧急风险管理(8项)
4	安健环事故记录及调查(5项)
5	机构管理(31项)

表 5-10　安健环评星标准

星　级	内　容
NOSCAR	工伤意外率≤0.8,实际得分≥95分
五星	工伤意外率≤1,实际得分≥91分
四星	工伤意外率≤2,实际得分≥75分
三星	工伤意外率≤3,实际得分≥61分
二星	工伤意外率≤4,实际得分≥51分
一星	工伤意外率≤5,实际得分≥40分

5.3.1.2　靖远二电NOSA五星系统实施背景

2002年独立运营以后，靖远二电实施了一系列管理创新和技术创新活动，生产现场主要实施了安全积分管理、技术创新与提升、6S管理、TPM、点检定修制以及“质量、环境、职业健康安全”贯标体系认证等管理活动。通过这些创新活动的实施，使得生产现场的环境面貌发生了彻底的改变，作业环境和设备运行更加符合职业安全、健康、环境管理的要求，设备可靠性、经济性和安全性不断提升，管理更加规范化和制度化，安全管理基础得到进一步夯实。

在现场安全生产管理水平不断提升的基础上，2007年下半年，靖远二电开始导入NOSA五星系统，旨在进一步提高全员风险管理意识，减少不安全事件次数，控制职业病发生，提高公司职业健康安全及环境管理水平。根据公司管理实际，决定由生产管理部门——设备技术部牵头，合理调用企业现有人力资源，组织NOSA五星系统的推行、实施工作。

5.3.1.3 NOSA五星系统在靖远二电的发展历程

靖远二电坚持“以人为本”的原则，全面贯彻“所有的意外都可以避免，所有存在的危险皆可以得到控制，对环境的影响可以尽量降低，每项工作均顾及安健环”的风险管理理念，以最新法律法规、标准为依据，深入、细化公司各项管理标准，全面查找不符合项，落实整改任务，着力从人员安健环意识、管理方法及生产设备设施、环境保护等方面进行持续改善，提升企业整体安健环管理水平。经过全体员工的努力，企业的安健环绩效不断攀升，在2008年8月22日第一次NOSA星级评审中通过“四星”，2010年至2013年连续四年通过“五星”，成为国投系统安健环管理的明星企业（NOSA评级结果见表5-11）。

表 5-11　靖远二电历年NOSA星级评审情况

时间阶段	星级情况
2014年1月	★★★★★
2012年6月	★★★★★
2011年6月	★★★★★
2010年4月	★★★★★
2008年8月	★★★★
2007年6月	启动NOSA五星系统

5.3.1.4 NOSA五星系统的实施举措

(1)对安健环职位进行任命,明确各级人员责任

靖远二电成立了以总经理为主任的安健环委员会并建立安健环例会制度，每月组织召开安健环委员会会议，指挥、协调、处理推进过程中的各项工作；根据NOSA五星系统的管理理念，由安健环委员会制定了符合公司管理的安健环政策并由总经理签发；任命了72个元素负责人、安健环区域代表及安委会组织机构成员，明确了各级人员职责；成立了NOSA推进办公室，全面负责NOSA五星系统推进工作，每月向公司安健环委员会提交安健环工作报告，布置各阶段工作任务；各元素负责人根据自己的职责，查找国家相关法律法规及行业最新标准，并将相关标准融入管理体系文件中；区域代表每周组织生产现场检查，下发《安健环整改通知单》，并督促整改项目的落实。通过各级管理监督、全员全方位培训、进一步现场检查整改、安健环规章制度的完善落实以及开展半年一次的内部审核等活动，安健环管理系统有效运转，管理方法和系统效率得到了提升。

(2)强化员工培训,提高各级人员安健环意识

靖远二电是国投集团NOSA五星系统推行的试点成员企业，也是国内较早实施NOSA五星系统的火力发电厂，因此没有现成的标准、模式可借鉴，只有依靠本企业核心管理人员率先学习和掌握安健环管理知识，并从上而下自主推动。

①采取“走出去，请进来”的方式。在推行工作伊始，为了提高管理层、基层员工对NOSA五星系统的认识和理解，公司邀请诺诚企业管理顾问开展培训工作，内容包括NOSA五星系统基础知识、管理理念及危险源辨识、风险评估的方法等，全员建立了初步的安健环风险管理意识。同时，组织管理层赴国内安全业绩较好的电厂进行观摩，借鉴其良好的管理方法。

②各元素负责人作为公司NOSA五星系统推行的中坚力量，率先理解和吃透所负责元素的国家法律法规、行业相关规定，并结合公司现状，制定实施标准；原有的管理不符合相关法律法规要求的，提出整改和改进建议，并负责对相关部门、专业人员进行培训，使其理解并掌握相关管理知识和技能，并能在生产中加以执行。

③开展岗位应知应会的培训工作，由专业管理人员组成培训团队，开展各级人员岗位培训。如风险评估的方法、危险化学品使用、消防培训、事故处理、一般急救方法、应急演练等，如图5-27、5-28所示。

图5-27 公司开展的消防灭火演习活动

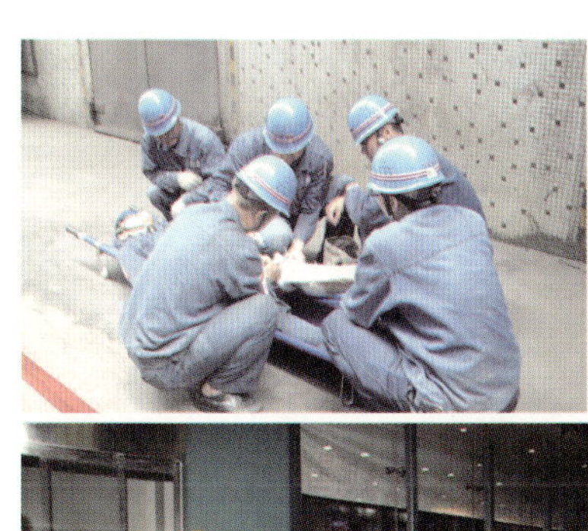

图 5-28　部门演练培训活动

④强化三级安全教育活动，特别是对外委施工队伍安全管理，在施工前必须进行严格的安全生产培训和风险交底、检查措施的执行情况等。

⑤将员工在NOSA实施过程中的一些感悟、成果通过公司刊物《能之源》进行刊登，与员工产生互动，实现经验与知识共享，增强员工参与安健环管理的积极性。

⑥采取以OA系统上传资料培训、技术比武、知识竞赛、OPL培训、征文、漫画等方式（如图5-29所示），加强员工岗位操作技能和安健环知识培训，进一步强化员工安全观念，营造浓厚的安健环文化氛围。

通过多渠道、全员全方位培训，进一步提高了全员的风险管理意识和能力，形成良好的基于风险的工作习惯，逐步实现安健环工作由强化约束到主动、自觉执行的转变。

(3)整合管理体系文件,确保管理标准的唯一性和可操作性

靖远二电为持续提高管理系统运行效率，保持管理标准的唯一性和可执行性，同时根据国家法律法规、行业标准的更新情况及标准化管理体系的要求，及时整合优化、修订公司管理制度，程序文件由39个精简为33个，管理制度由137个精简为122个，同时对岗位工作标准进行了修订，绘制了岗位工作流程图，进一步理顺了管理流程，使公司管理系统更加精简、高效、科学、规范。

图 5-29 多种形式的培训、竞赛活动

(4)基于风险,防患未然,提高全员风险辨识和风险控制的能力

NOSA五星系统是基于风险的管理系统，通过一系列正式的风险评估发现问题所在，形成应对风险的预防与控制措施；通过风险评估及风险管理，强化员工的意识，达到日常随时进行非正式风险评估的状态；通过日常检查、隐患排查，发现现场存在的不符合情况，持续进行改善，达到不断提升安健环管理、降低风险的目的。因此在推行过程中，各级人员需掌握危险源辨识、风险评价、风险控制、应急管理、事故调查等一系列风险管理的理论和方法。

靖远二电成立了风险评估专业小组，专业小组成员由各专业主管、专责工程师及基层班组骨干组成，每年开展覆盖全公司所有生产区域的危险源辨识活动，依据风险等级的高低，确定风险控制的优先次序，最终形成公司风险概述，并作为下一年度制定“两措”、年度项目及管理制度修编的依据。对评估出的高风险项目列入公司重点管理，其他通过部门管理控制。

根据风险评估的结果，完善检修作业指导书，对重要的安全措施布置、职业健康防护等环节进行过程控制，实行三级验收制度；完善检修与运行作业JSA，每项工作均进行工作前风险评估，在危险点分析预控卡、操作票中将安全措施列入其中，并形成标准模板，所有人员遵守执行。

(5)对照标准,落实不符合项的整改措施

①深入和细化文明生产管理，检修现场严格执行6S管理，做到“三齐”（拆下零件摆放整齐、检修机具摆放整齐、材料备品堆放整齐）、“三不乱”（电线不乱拉、材料不乱放、杂物不乱丢）、“四全”（安全围栏全、沟盖板全、设备标志全、照明设施全）和“五无”（无积水、无积油、无积灰、无杂物、无卫生死角）的全方位定置管理，避免由此导致的各类安全事故。

②利用安全月、设备大小修、春秋检、机组防暑过夏和防寒过冬、安全隐患排查等专项安全检查活动，查隐患、查缺陷，积极落实整改，对生产设备做到可知可控、预知预控。

③严格和细化安全工器具、移动式电气设备、登高装置和手动工具的管理，做到有台账、有编号、有检查、有记录，避免由此导致意外事件的发生。

④完善设备和设施的安健环措施，打造安全现场。

靖远二电投入大量的资金、人力和物力，对较高风险的设备设施进行了全面的完善，为防止运行期间发生人身伤害、设备损坏等事故，采取了有效的超前控制。如现场135台检修电源箱全部更换为开关带漏电保护器的电源箱；根据隔离闭锁管理制度要求，对现场6 kV开关、380 V母线所属电气设备、380 VMCC所属电气设备均实施了隔离闭锁；对热力系统阀门根据不同类型，采取不同闭锁工具进行闭锁；完善转动机械裸露部分的防护罩，使人的肢体无法触及转动部位，保护工作人员安全；定期对应急照明、消防设备设施进行检查维护；定期对楼梯、通道、电动葫芦、手拉葫芦等设施进行检查整改，使其符合法律法规、行业标准的要求等，最大限度地保障员工作业安全，打造安全现场。机械转动部位安全防护如图5-30所示，闭环管理装置如图5-31所示。

图 5-30 机械转动部位安全防护图

图 5-31 闭环管理装置示意图

另外，完善生产现场各类安全标识，如设备设施名称、阀门标志牌和设备转向标识；重要、危急阀门的标识；压力表计、水位计等正常值、警戒值和超标值目视化标识；各配电室、化学等区域应急管理标识；工器具及备件标识；安全通道和紧急疏散通道的标识；设备安全管理规定、操作规程张贴等，使员工在工作场所随处可见到操作标准、风险告知、安全指引与提示。

(6)定期开展内部和外部审核，不断改进

定期开展“三标”和NOSA安健环管理评审，从危险源辨识、风险评估、内审结果、绩效测量、纠正措施等方面进行评审，找出组织、制度以及生产设备上的缺陷和隐患，及时发现问题、解决问题，确定改进工作方案并且提出具体的纠正预防措施，建立起自我完善、持续改进的安全管理长效机制。

(7)加强承包商队伍及在建项目安全管理

靖远二电在企业安全管理过程中，将承包商队伍纳入管理范围，对承包商安全管理与公司员工同等要求、同等管理。建设项目及外包工程严格执行公司《招投标管理制度》《商务管理制度》《合同管理制度》，进行承包商资质审查，强化外包工程的过程监督管理；开工前必须进行安全技术交底，对危险因素进行辨识，提前布置防控措施；工作中严格执行工作监护制度；项目负责人、安监人员在过程管理中，对工作现场环境、设备设施、工器具及人员行为不符合安全技术规定和违章作业项目下达《安全整改通知书》，立即责令整改。

在公司建设项目——4台锅炉脱硫、脱硝改造过程中，实行项目管理，公司专门抽调安全、技术管理人员组成项目部成员，制定建设项目管理制度、流程等，编写《项目管理手册》，强化现场过程监督，落实安全生产责任制，有力保证了建设项目的顺利进行，杜绝了人身及设备安全事故。

(8)强化应急管理,注重实际操作演练

靖远二电在管理标准修订过程中，根据《电力企业应急预案编制导则》的要求，对应急预案全部进行了修订，顺利通过了甘肃省电监办及白银市安监局组织的专家评审和备案，并作为国投电力成员企业制定应急预案的标准和范本。为了检验应急预案的合理性和可操作性，靖远二电每年组织实际演练活动。2011年6月，成功策划和承办了国投电力系统应急演练活动，取得了圆满成功。演练过程中，启动了公司综合预案、2个专项预案和4个现场处置方案，每项演练均严格按照应急演练流程，前期策划、准备、组织实施，演练后进行评估及总结，确保了演练过程的完整性和规范性，各级参演部门积极配合，地方消防、救护单位就地待命，参演人员发挥角色，达到了预期目标。

专栏文章5.6

国投电力控股股份有限公司安全生产应急演练观摩交流活动

2011年6月29日，国投电力控股股份有限公司安全生产应急演练观摩交流活动在靖远第二发电有限公司顺利举行，集团公司总裁助理刘学义出席活动并讲话。甘肃省电监办、西北电力调控分中心、甘肃电力调度通信中心、集团公司安全生产管理部、国投电力21家投资企业和国投煤炭所属3家电厂共75人参加了此次活动。

本次演练是模拟北方风沙天气造成电力输电系统故障冲击引发电厂设备火灾事故，包括机组跳闸处理、主变火灾扑救、人身触电抢救等演练项目。演练采用程序性实战演练方式进行，各参演人员依据事故预警级别及事故发展进程，启动应急响应程序，开展事故处理、汇报、救援及协调等应急处置行动。演练检验了应急预案的科学性、针对性和时效性，取得了良好的效果。

演练活动后，国投电力组织召开了应急管理工作座谈会。会议对应急管理工作进行了全面、系统的总结，对下一步的工作进行了部署。会上，各企业代表对本次应急演练情况展开了讨论，并就安全生产和应急管理工作方面的经验进行了交流。总裁助理刘学义在总结讲话中对本次应急演练观摩交流活动给予了高度评价，他指出，本次应急演练反应迅速、措施得当、处置有效，突显了“精心、精细、精彩”三大特点。结合当前电力安全生产形势，就进一步做好应急管理工作提出了要求。

本次应急演练观摩交流活动是国投电力开展“安全生产月”活动的重要内容，也是落实集团安全生产工作部署的重要举措。国投电力与靖远二电周密策划、精心组织，使活动取得了圆满成功。

(9)职业健康管理

靖远二电非常重视员工职业健康管理，于2005年通过了质量、职业健康安全、环境管理体系认证，根据GB/T 28001—2011《职业健康安全管理体系规范》要求，建立、健全了职业卫生管理制度、职业病防治实施方案、职业病危害因素定期检测制度等，并投入了大量的人力、物力、财力，加强对职业危害防护设施的维护和管理，对存在职业危害的场所，采取通风、排毒、降噪、隔离等技术性措施来降低或消除生产性有害因素，保证了现场职业健康条件的持续改善。

靖远二电严格执行职业健康法律法规要求，聘请职业健康评价机构每年对公司作业场所进行职业危害因素检测，每三年进行现场职业病危害卫生学评价，根据检测及评价报告结果，制定相应的整改措施，并加以执行。根据现场职业危害因素的不同，安排噪声、粉尘、焊接、金属探伤、机动车司机等有职业危害接触的员工进行职业健康体检，并为所有接触职业危害的员工建立了职业健康监护档案。根据不同岗位、接触危害因素的不同配发劳动防护用品，在劳动防护用品采购时，采取员工代表试穿（戴）、填写意见建议表的方法征询员工意见，最大限度地满足现场员工职业卫生防护的需求。

(10)节能减排，积极履行企业社会责任

靖远二电依托“三标一体化”贯标审查及NOSA五星安健环管理平台，制定并完善各项环境管理制度，强化落实、加强考核管理，确保污染减排治理设施的正常运行，积极履行企业社会责任。

①推进清洁生产，提高全员环保意识。靖远二电严格执行国家环保法律法规、积极推进清洁生产工作，根据政府部门要求及公司员工献计献策，筛选清洁生产方案53项，公司共投资11981万元，实施了53项清洁生产方案，获得了较好的环境效益和节能降耗效果。

公司倡导健康生活，践行环保责任，环保理念已贯穿于员工日常生活行为当中。全体员工树立了“全员抓环保，人人讲清洁”的良好理念，将工余垃圾和自家生活垃圾按可回收、不可回收、有毒有害垃圾进行分类，投放到指定垃圾箱，使得生产现场和阳光花苑住宅区的环境管理更加规范、整洁，实现了企业生产与环保并行的和谐发展。

②积极推进环保设施建设和改造工程，节能减排取得显著成效。

a. 烟气脱硫、脱硝改造工程减排效果显著。4台锅炉烟气脱硫装置改造工程从2006年陆续开工建设，2010年通过了原国家环境保护总局、甘肃省环保厅检查验收。烟气脱硫装置采用石灰石—石膏湿法脱硫装置技术、一炉一塔脱硫工艺，可实现二氧化硫年削减量15618 t。4台机组脱硝低氮、燃烧器改造及除尘器改造工程计划于2014年上半年全部完工投产。目前5号、6号、7号机组脱硝系统已投运，并通过环保部门检查验收，可实现氮氧化物年削减量4846 t，有效改善了当地环境空气中氮氧化物污染状况。

b. 7号、8号机组汽轮机能量系统优化实现减排。7号、8号机组汽轮机能量系统优化后，机组铭牌出力由300 MW提高到330 MW，各项污染物二氧化硫、氮氧化物排放量明显降低，节能减排效果显著。

c. 节水工程启动投运。靖远二电废水处理设施于2006年10月投产使用，处理后的废水作为补水回收至塔池循环利用；循环水深度处理设施于2008年11月投产使用，循环水经弱酸离子交换处理后的水补充塔池，再经反渗透处理后的水回用到锅炉补给水处理系统，每年可降低工业废水排放量260万t。

5.3.1.5 NOSA五星系统的实施经验

(1)领导重视、全员参与、过程管理

在NOSA系统推行伊始，公司成立了以总经理为推行委员会主任、副总经理为执行主任、各部门经理为委员、安全主管为推行组组长的NOSA推进机构。由公司领导作为总负责人，出席安健环月度例会、总结会，全过程协调推进中的突出问题；经常深入现场检查各部门工作情况，听取各部门意见反馈，督促安健环工作组及时给予解决和答复。公司领导陪同股东方及审核专家现场考察如图5-32所示。

各元素负责人、区域代表发挥各自职能，制定实施标准，检查、落实整改项目，每项安健环工作都有专人监督管理，安健环系统有效运转，各类问题得到了及时有效的处理。具体实施流程见表5-12。

图 5-32　公司领导陪同股东方及审核专家现场考察

表 5-12　NOSA 五星系统实施的主要流程

阶段名称	具体内容
准备阶段	1.完善公司安健环委员会组织机构设置，对各职位进行任命，明确各级人员职责
	2.制定公司安健环政策，由总经理签发，各部门组织员工学习
	3.召开 NOSA 安健环启动会议，号召全员参与 NOSA 安健环系统的推行工作
推行实施阶段	1.制订总体推行计划
	2.制订各元素实施计划
	3.全过程落实培训与宣传
	4.开展全公司范围内的危险源辨识、风险评估工作，制订并落实降低风险措施计划
	5.对设备、设施进行安健环治理
	6.组织半年一次的内审工作，并制订整改计划和完善改进方案
	7.安健环系统有效运转
	8.强化各级人员安健环知识培训，人员素质不断提升
	9.星级评审准备

(2)实行安健环闭环管理,确保所有问题得到发现和处理

NOSA五星系统注重闭环管理，发现的问题必须要有处理的结果反馈。管理人员每周进行现场检查，对着力影响安全生产的薄弱环节、防寒防冻、防暑过夏及大负荷稳定运行措施，结合公司NOSA五星系统的实施要求，对发现问题下发各部门整治；责任部门接到整治任务后，立即安排整改，并将整改结果在规定的时间内进行反馈；NOSA推行组根据各部门反馈的结果，将各类问题进行汇总与协调处理，需要公司协调解决的问题上报安委会。

(3)与现有的管理系统和标准有机结合起来,融入日常管理中

靖远二电在NOSA推行之初，在确定元素负责人时就与其岗位职责相匹配；其次，从制度、管理上保障其常态化实施，通过多年的推行实施，安健环管理的标准、要求、措施等已固化为日常管理内容，与公司日常管理要求对接，相对淡化了元素负责人的功能，强化了职能管理、专业管理的作用，安监人员定期检查督促、组织评审，实现了NOSA管理的系统化与常态化。

(4)通过深入推进NOSA安健环管理系统,构筑适合本企业特色的安全管理文化

①充分发挥党政工团作用，开展一系列形式多样、丰富多彩的宣传培训活动，通过征集员工感言、征文、优秀安健环改善事例发表会、安全演讲等活动，倡导员工积极参与，形成浓厚的安健环文化氛围。

②以TPM管理活动为平台，充分发挥员工智慧，员工围绕设备、环境、操作规范、人员健康安全等方面，为安健环管理献计献策，在基层岗位上，践行“日新”内涵，落实岗位安全责任。

③利用事故致因理论和海因里西法则、NOSA安健环管理理念指导工作实践，构建企业安全文化。通过完善基础设施、改进设备性能、改善环境条件、提高人的安健环意识和技能、完善制度系统等措施，落实安全生产常态化管理，努力实现人、机、物、料、环的本质安全化。

④企业安全文化对承包商产生影响和渗透力。靖远二电不仅自己践行国家安全法律法规、标准，规范员工行为，而且对承包商员工安健环管理与公司员工同等要求、同等管理。如特种作业人员必须持证

上岗、高空作业必须系安全带、临时用电、管沟开挖等作业项目必须符合公司管理规定，开工前必须做风险评估，各级人员严格执行过程管控，履行审批手续。企业安全文化也在潜移默化地对承包商产生影响。

⑤加强作业活动中的安健环信息沟通。作业活动中评估出的高风险项目，在开工前必须做工作安全分析，全体作业人员安全风险、措施交底；班组班前会上，对当天的工作任务分工后，班组长都要对每个工作组成员进行安全风险提醒。通过时时讲安全、事事做防范，使各项风险降至最低，最大限度地保障员工和设备设施安全。

5.3.1.6 NOSA五星系统的实施成效

通过六年的实施，公司紧紧围绕安全、健康环保工作，坚持“以人为本、风险预控”的理念，不断创新安健环管理模式，全面推行NOSA五星系统各项工作，极大地提高了全员参与安健环管理的自主意识，增强了员工识别风险、控制风险的能力，公司的安全生产管理水平整体得到提升。其主要成效体现在“安健环”三个层面。具体内容如下。

(1)安全层面

①安健环事故次数明显下降，至2013年12月31日，公司实现了年内连续安全生产365天，实现长周期安全生产累计1914天，实现职业病及环境污染零事件。

②规范了公司的安健环管理，理顺了安全生产管理思路，转变了企业安全生产管理方式方法，逐渐从事后管理转变为事前预防。

③规范了人员的作业行为，促进了各级人员依从安全生产法律法规、标准来开展工作的意识，自觉执行规章制度，有效防止不安全事件的发生。

④改善了公司生产、生活环境，生产现场、生活区域营造了浓厚的安健环氛围，安健环风险得到了有效控制，提高了公司标准化、精细化管理水平。

⑤改变了员工对“小问题”的看法，随着NOSA五星系统的深入推进，员工对安健环问题的态度也发生着一点一滴的改变。员工意识到，过去大家都认为的“小问题”，恰恰是导致事故发生的“冰山”，

如手拉葫芦吊钩的保险装置，过去认为即使没有也不影响起吊，通过培训后，员工懂得了安全装置的重要性，在公司安全隐患排查过程中，此项被列为重点项目整治；现场很多户外建筑爬梯没有上锁，但通过风险评估小组评估，认为其有一定安全风险，遵循“所有意外均可避免”的理念，进行了封闭上锁管理；公司虽处于旱少雨地带，但落实防暑度汛措施时，一点也不马虎，室外雨水井发现有堵塞现象，立即联系责任部门疏通处理；员工中午就餐的餐厅，同时承接对外业务，但必须按照公司NOSA要求管理，做到厨房定期进行深度清洁、电路定期进行检查与测试、储物间定期进行检查整顿等，一个环节也不放过。类似的“小问题”、细节问题，都被列为整改项目。

（2）健康层面

①完善员工个人防护意识。推行NOSA五星系统前，员工普遍缺乏职业卫生防护意识，配发的劳动防护用品经常不戴，在高噪声区不戴耳塞、工作区域不穿劳保鞋等现象时有发生。在NOSA五星系统推进过程中，通过培训、现场监督检查，使员工意识到劳动防护用品的重要性，自觉开始佩戴。在公司每年的劳动保护用品采购时，现场员工主动提出意见建议，改进工作服面料样式，选择适合现场作业的劳动防护用品。

②改善员工整体健康程度。通过对接触职业危害因素的员工每年的职业健康体检结果统计，员工职业病事件为零，听力健康指标趋于平稳，员工整体健康状况处于良好状态。

（3）环保层面

①全员环保意识进一步增强，各级岗位人员自觉遵守环保法律法规和要求。

②不断提高污染治理设备设施管理水平，污染减排取得了良好的效果，与周边社区、村民关系得到了明显改善，得到了省、市、区环保部门的一致肯定和支持。

③践行环保，率先开展环境标准化达标工作。

专栏文章5.7

员工感言 NOSA——不仅仅是一个概念

零，是一个特别的数字。“零事故、零人身伤害、零环境损害”正是靖远二电人的安全生产目标。

安全生产的投入是实现本质安全的关键。为确保设备健康，公司推进设备状态监测和诊断分析系统的建设，把设备管理的重点从事后维修转变为状态性检修；依据《生产区域安全设施标准》，布置生产现场安全标志、设备标志、安全警示线以及安全防护设施；NOSA与TPM、6S等工作日常化地推进，使得安全文化深入人心，安全管理和生产技能全面提高。

精细化的体现——安全监察关口前移。现场各个检修作业点多了几位“不速之客”。他们或查看工单，对不符合要求的项目进行批注；或检查现场安全设施、安全防护、环境保护；或检查员工个人防护用具是否正确使用；或用相机拍下整改的部位，下发“整改通知单”……原来，这是NOSA推进组开展的现场安全监督活动，强化了本质安全。

NOSA不再是一个概念，是我们工作生活中实实在在的行动。

NOSA与幸福生活

在学习公司NOSA五星管理理念知识的日子里，让我深刻地认识到NOSA不仅仅是企业的一种先进的管理，它更是与我们的生活息息相关。日常生活中不经意间的一个动作、一种行为，都有NOSA理念的影子。

如果把家庭比作一棵大树，那安全就是大树的树根，家庭的幸福离不开安全。每天早上出门上班，我和老公会互相说一句“上班要注意安全啊”。儿子一岁半了，对什么都好奇感兴趣，喜欢东摸摸西碰碰，作为父母我们时时注意他的举动，在对他能构成危险的物品上做一些措施，比如玩具买的都是圆角或钝角的，家里的电源插板使用带节电按钮的，插板粘上胶带，抽屉上锁，筷子、钢笔之类的东西放置高处。给父母多讲讲家里电器的使用方法和注意事项。2008年我们买了家用轿车，每次和老公出门一上车就自觉地扣好安全带，总是提醒老公开车不喝酒，喝酒不开车，定期给爱车做诊断，它健康，我们一家人的幸福就多了一层保障。

NOSA无处不在。一个幸福的家不就是一点一滴的生活小事堆砌成的吗，让NOSA融入我们的生活，成为生活中不可缺少的一部分，让每个幸福的家庭都一路幸福。

5.3.2 员工安全积分管理

安全是电力生产的永恒主题，没有安全，电力企业的效益无从谈起。为了将安全管理落到实处，我国电力行业推行的“两票三制”，减少了安全隐患，控制了事故发生率。靖远二电在“两票三制”的基础上，结合公司发展的实际情况，创造性地将交通规则中的“扣分机制”应用在电力生产中，构建了一种长效的安全管理方式。

5.3.2.1 制度创新

靖远二电独立运营以来，部门、班组重新整合，人员变动大，设备老化，技改项目工程量大，施工队伍多，人员安全意识参差不齐，存在大量的安全隐患。

为了确保安全生产，靖远二电在安全管理的基础上，经过多次座谈研究，借鉴交通管理中的“扣分管理”方法，在公司内实行员工安全积分管理。这种管理制度将每位员工当作“驾驶员”，按照安全事故的严重性，给违章员工记相应的分值，当数值达到一定规定后按照具体规定，给以员工转岗或者安全培训的处理。员工安全积分管理这种长效机制，不仅提高了员工的安全意识，还能促进员工自我管理能力，塑造了良好的员工安全素养。

专栏文章5.8

讨论中产生的“员工安全积分”

靖远二电的管理者长期在思考采取什么样的办法，降低电力企业生产中的事故发生率。直到一天，公司召开安全管理会议，当提到如何改进现有安全管理办法时，大家展开了热烈的讨论。一种种意见被提出，一种种意见被否定，这时，忽然有人提出，现在交通肇事率比从前有了明显好转，咱们和交警都是管理安全，能不能借鉴一下他们的交通驾照扣分？一石激起千重浪，这个主意引发了在座管理人员的纷纷争论，管理者注意到了这个想法的合理性，经过理论的探讨和实践的检验，对交通驾照扣分办法进行了针对性改进，独具电力企业特色的“安全积分管理”终于出台了。

在安全管理中，人既是保护对象，又是实现安全生产的第一要素，人是事故的受害者，又往往是肇事者。有数据显示安全事故中70%是由人为因素造成，所以在安全管理中，要特别重视人的因素。

靖远二电在执行安全管理的过程中，深入挖掘员工的主动性，坚持以人为本，晓之以理、动之以情，让员工真正认识到安全的重要性。安全积分管理正是秉承了“惩前毖后，治病救人”的理念，在处理安全事故上，重点是帮助员工认识到问题的严重性。

在生产实践中，靖远二电不断完善“安全积分管理”。例如，公司将员工安全积分管理从原来的自然一年考核期更改为“从扣分月起连续12个月”，减缓了员工的心理压力，而且避免了制度僵化，为员工发挥主动性和创造力提供了空间，为TPM改善活动提供了基础。一个小小的改进大大加强了安全积分管理的持续影响性，未来公司将依据实践经验不断完善员工安全管理制度，以更好地适应电力企业的发展。

5.3.2.2 理念科学

员工安全积分管理把每位员工的安全积分值与其近期收入和未来职业发展相联系（如图5-33所示）。安全积分值不仅与薪酬有关，还和员工的晋升相关，从短期和长期两方面警醒员工，促使大家充分认识到安全的重要性。

靖远二电把这种高度关联的管理方法命名为“十字锚”理论，作为安全积分管理的基础，体现了先进的理念和科学的管理思路。在这种管理方式下，每位员工都非常重视安全，时刻计算自己的积分值，以免影响自己的收入和职业发展。企业利用员工的这种思维模式，将短期的安全惩戒提升为长期的安全意识，使得员工在从事各项工作时，自觉地考虑安全风险。因为一旦出现安全问题，不但当期薪酬锐减，姓名被公示一年，还有可能失去岗位。员工的关注和安全积分值的关系如图5-34所示。

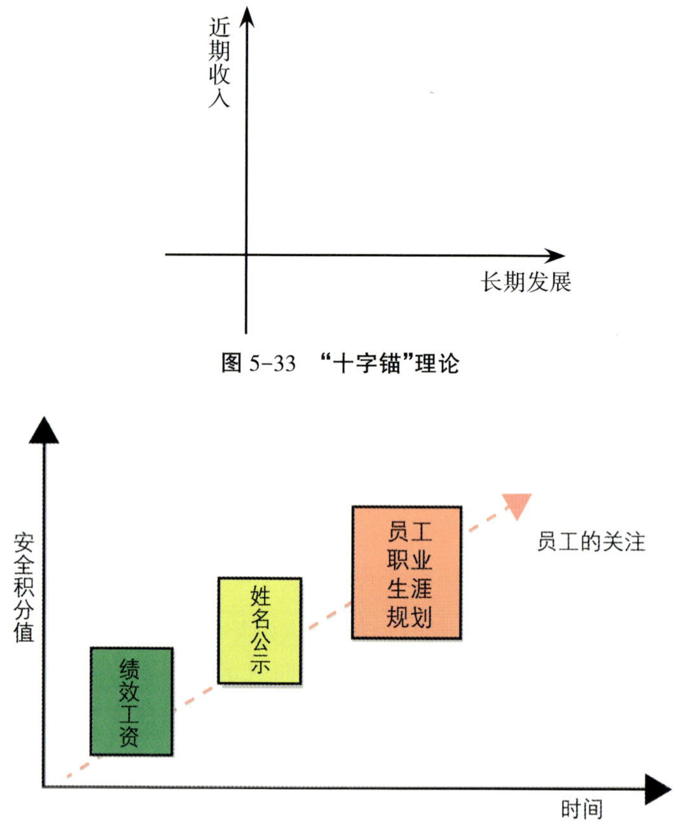

图 5-33 “十字锚”理论

图 5-34 员工的关注和安全积分值关系示意图

在安全积分管理实施中，员工“我要安全”的意识大幅度提升，人为性事故发生率大大下降，尤其是重复性的事件逐步减少，安全局面不断好转。为此，“安全积分管理”荣获了甘肃省电力企业管理现代化创新成果三等奖。

5.3.2.3 规则清晰

为了保证员工安全积分管理的效果，靖远二电制定了清晰的扣分标准和考核办法。

在生产现场，按事故严重程度（参考实际情况），将事故划分为恶性误操作、人身重伤、责任性考核事故、人身轻伤、一类障碍、严重人身未遂、恶性障碍、人身未遂、二类障碍、火灾未遂、异常、不安全现象等十三大类，按照事故责任人的情况确定主要责任人、次要责任人，按照公司规定分别确定主要责任人和相关责任人的安全积分。

在管理层面，对靖远二电生产经营情况、声誉等方面造成一定影响的管理者，从造成经济损失、负面影响程度、引发工作失误度等几方面，计算当事人以及部门经理的安全积分。

在交通运输方面，根据交通管理部门的责任认定，事故性质，参照生产现场事故分类及相应的积分办法，计算当事人和部门经理的安全积分。

为了使积分制掷地有声，靖远二电制定了非常清晰的惩戒标准。首先，员工的安全积分按100元/分在月度考核中兑现，员工的安全积分值直接影响其当月收入。其次，当员工安全积分值达到规定（见表5-13）后，所在部门必须对其进行培训教育，当考核或检查合格后，方可重新上岗（不论是在原岗位还是在新岗位），上岗后其安全积分值继续累计直到该周期结束，对通过“危险期”重新上岗的员工仍有威慑作用。最后，当员工安全积分值达到转岗分值时，靖远二电将对其进行换岗处理，其安全积分数值随即终止累计。图5-35清楚地说明了靖远二电安全积分管理的应用准则。

表5-13　培训和换岗积分值

	员工	班长	专工	经理
培训线	12	15	18	20
换岗线	16	20	22	25

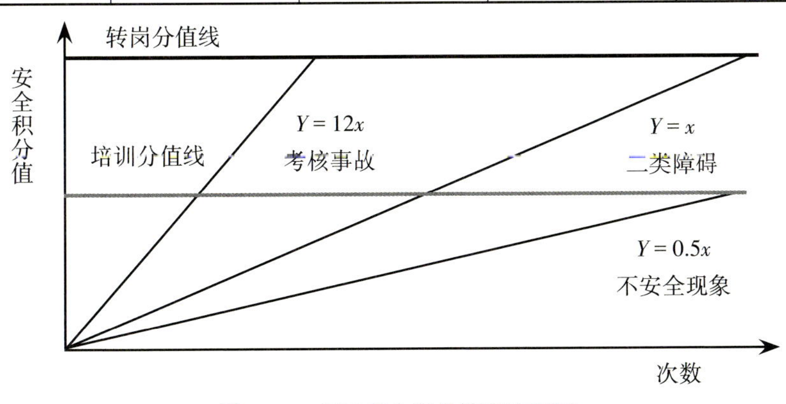

图5-35　员工安全积分管理应用图

为了使员工安全积分管理起到“长效育人”的目的，靖远二电在执行的过程中始终坚持客观公正、公平公开；贯彻责、权、利相结合，就事论事，不以扣罚为目的原则，制定了严格的扣分标准，使员工安全积分工作制度化、规范化。保证了安全扣分公平公正性，员工人人心服口服，树立了员工安全积分的严肃性和权威性。

从靖远二电的积分标准（见表5-14）中可以看出，扣分不是关键，关键是重视事故，吸取教训，总结经验，从根本上杜绝同类事故再发生。

表5-14 员工安全积分标准(节选)

序号	员工安全积分制度
1	员工个人安全积分值按实际积分月起满12个月为一个周期
2	若同类事故再次发生时,安全积分值按原标准的2倍进行计算
3	同一人重复发生同类型事故,安全积分值按原标准的3倍进行计算
4	对隐瞒事故真相者,安全积分值按事故性质标准的2倍进行计算。由于人员违反劳动纪律发生的事故,安全积分值按原标准的2倍进行计算
5	对于发生不安全情况后,责任部门组织调查事故不利,不能及时查清事故原因,出具事故报告,或存在推诿事故责任情节的,按原标准的2倍考核相关部门管理人员

5.3.2.4 体系完整

靖远二电全面统筹，部署安全工作；部门明确分工，责任清晰，认真落实安全工作；班组发挥基层堡垒作用，推行人性化管理；员工积极参加安全学习，提升自身安全素养。

在组织安全积分管理中，重申了安全责任主体，总经理为公司安全生产第一责任人，主管生产的副总是安全生产分管负责人，各部门的单一首长为本部门安全生产第一责任人，班组长是本班组安全生产第一责任人（如图5-36所示）。

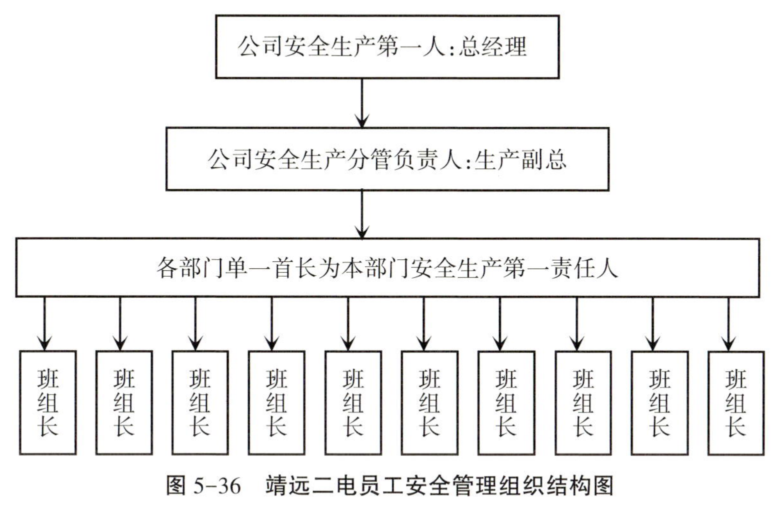

图 5-36　靖远二电员工安全管理组织结构图

(1)公司统筹安全体系建设

总经理对公司的安全生产和各种规章制度的贯彻执行负全面的领导责任，组织制订年度安全生产目标计划，负责建立和完善安全生产保证体系和安全生产监督体系。主管生产的副总经理主持编制和落实年度安全目标计划、年度反事故技术措施和安全技术劳动保护措施计划，协助总经理负责分管安全生产日常工作，主持有关事故调查处理和安全大检查活动。

(2)部门推动安全体系建设

为了使安全积分管理责权对等，便于实行，靖远二电制定了明确的部门职责。其中，经营策划部负责月度绩效的考核分析与落实，并在靖远二电OA办公系统中公示安全积分，承担积分管理工作。设备技术部负责贯彻落实安全有关的工作条例、规定和指令性文件，并结合具体情况制定实施细则，并监督执行。人力资源部负责组织现场劳动环境的监测，组织特种作业人员的培训和取证工作，安排公司的安全教育培训等。其他各部门负责组织落实上级制定的安全制度，组织编制、上报本部门的年度“两措”计划，每月召开一次部门安全分析会，负责组织部门内事故调查分析和处理工作。

生产一线的三大部门检修、运行和设备技术部除了履行各自部门内的安全积分管理，还借助“和谐春检”“安全月”“安全秋检”等安全活动，加强部门内安全检查，督促员工在日常工作中加强安全意识，形成良好的安全生产氛围。

(3)班组开展安全人性化管理

为了加强班组安全建设，靖远二电对班组的安全职责和任务进行了详细划分，要求班组管理组员安全积分，组织组员参与安全学习，定期组织安全生产检查活动，排查安全隐患，调查统计安全事故，进行全面整治。

为了让安全的观念深入人心，公司还加大了安全宣传教育工作的力度，尤其是基层班组的安全教育和培训。公司开展了“安全和谐班组”创建活动，制定了年度创建规划、实施办法、考评标准、组织结构等，有力地推动了创建活动的有效开展。

在日常管理中，班组内部充分考虑员工的个性、情绪、精神状态等现象，用人性化的方法管理安全生产。班组内设有“心情”看板，员工上班时将自己当时的心情贴在看板上，班组长根据员工的心情安排工作（如图5-37所示）。如果员工心情不好，班组长会避免将需要集中注意力、责任重、风险大的工作安排给该员工。事后，班组长主动找这位员工了解情况，为其排忧解难，减轻情绪造成的影响。任何人都不可能在365天中天天有状态，班组心情看板就是针对员工的心理状况，起到事前预控和防范的目的，保证员工“在岗一分钟，安全六十秒”。

(4)个人素养全面提升

随着时间的推移，或是工作任务紧张，或是较长时间的顺风顺水，或是惰性作祟，员工在某种程度上会滋生侥幸心理，于是图省事、图方便的不安全陋习就会死灰复燃。员工安全积分管理促使员工将安全制度牢记心间，切实按照“两票三制”等安全规定操作。在这种安全理念培育下，员工的安全素养不断提高，公司内部形成“讲安全、学安全”的良好氛围。

为了进一步深化员工的安全认识，公司还借助各种安全教育和主题征文，鼓励员工将自己的安全感想写下来，引发大家的共鸣，固化“我要安全”的行为，让安全文化绿树成荫。

图 5-37　班组内设置的员工心情看板

专栏文章5.9

员工的安全感言

所有的安全措施、安全制度都是在保护着劳动者，不是多此一举，不是麻烦、束缚，都是为了保护自己，安全管理是在保护着广大劳动者，也就是保护我们自己。然而要避免自己伤害自己，首先要在思想深处找根源，进入生产现场进行工作，必须坚决做到不伤害自己。每位员工都应该这样思考问题：对于个人而言，工作的目的是为了增加收入，使自己生活得更加美好一些。然而生命只有一次，生命比什么都更重要。要深刻理解公司开展“防违章为了谁”大讨论的重要意义和良苦用心，所以，必须在保证安全的前提下才能工作。只有安全，工作才是常态。唯有安全，生命才有保证，安全第一，幸福快乐。

5.3.2.5 成效显著

靖远二电在推行员工安全积分管理以来，取得了显著的成效。一方面，提高了员工的安全意识，让安全操作成为习惯；另一方面，有效地预防了设备事故和人身伤害，为公司构建了一道安全生产网。从近四年来靖远二电员工安全积分管理情况分析，安全形势明显改善。靖远二电各部门近年来安全积分情况如图5–38所示。

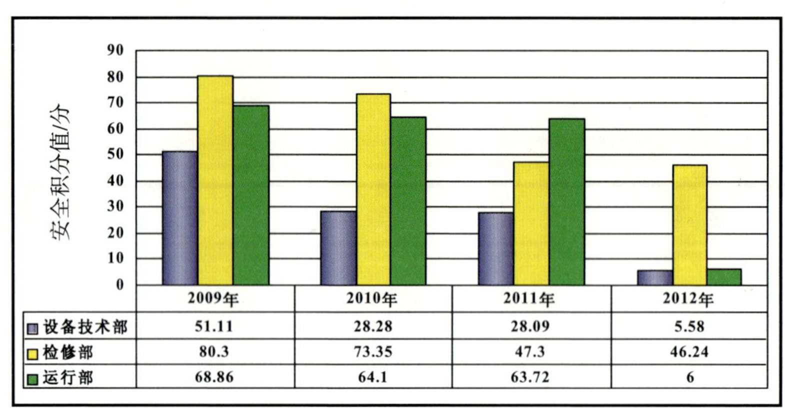

	2009年	2010年	2011年	2012年
设备技术部	51.11	28.28	28.09	5.58
检修部	80.3	73.35	47.3	46.24
运行部	68.86	64.1	63.72	6

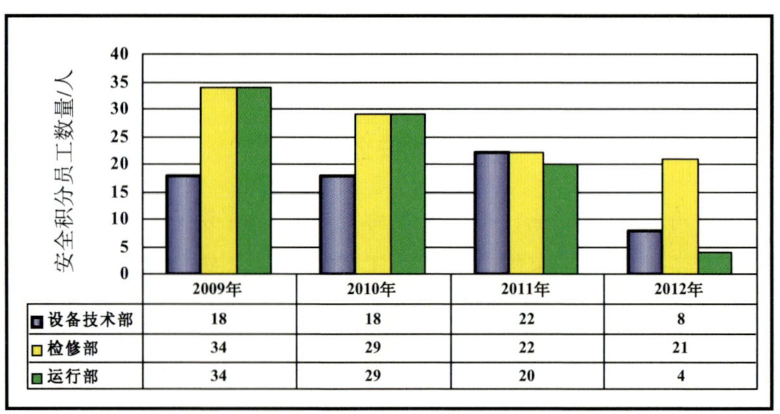

	2009年	2010年	2011年	2012年
设备技术部	18	18	22	8
检修部	34	29	22	21
运行部	34	29	20	4

图5–38 靖远二电各部门近年来安全积分情况

(1)构建安全防范体系

员工安全积分管理的顺利实施，夯实了靖远二电安全管理的基石。

靖远二电多项并举，积极组织开展内容丰富、形式多样的安全活动。一是年初部门与每位员工分别签订安全责任书，有效落实责任主体；二是加强安全培训教育，提高员工识别风险、控制风险的能力，强化安全防范意识；三是开展危险点预控分析、事故演习，提高员工安全技能；四是开展安全月活动，反习惯性违章，切实做到“四不伤害”；五是加强安全监督管理，各部门安全管理员率先垂范，员工之间相互监督，共同保安全；六是认真开展安全大检查和隐患排查治理工作，提高了全员参与安健环管理的自主意识；七是不定期地开展安全生产“回头看”和“向前看”活动，在回顾总结、吸取经验的基础上，进行改善，跟进措施方案，提升管理效果。不胜枚举的安全活动是一张疏而不漏的安全生产网。

(2)体现“以人为本”的理念

安全管理制度是严肃的、无情的，执行时必须一丝不苟、一视同仁，但使用的管理手段是“有情”的。靖远二电管理人员切实关心员工，从员工的角度考虑，让员工自己意识到安全对自身的重要性，对他人的重要性，对企业发展的重要性。在实施安全积分管理过程中，更加关注“人性”和“人心”，通过不断地改进，注入了更多的“正激励”元素，实实在在地关心“人的不安全行为”，帮助员工从根本上改变安全思想，强化了员工的安全防范意识，真正地体现了“以人为本”的安全管理理念。

5.4 效益——点检定修，技术创新

靖远二电自独立运行以来，重视机组的安全、稳定和经济运行，通过加强设备投入与维护，公司的发电量、供电煤耗、厂用电率、原水单耗及补水率等指标逐年不断改善（受市场影响略有波动）（如图5-39所示）。在用电高峰期时发电设备能持续运转无故障，归根结底都是靖远二电狠抓精益现场的结果。

点检定修制和技术创新分别从不同方面提高设备的性能，保证了靖远二电的安全生产、稳定运营和经济效益。

技术创新是指通过新技术、新工艺、新材料，提高了设备的各项指标，不仅为公司创造了巨大的经济效益，还为公司节约了大量的生产成本，技术创新的成果及能力构成了公司的核心竞争优势。另外，技术创新还能起到减排降污的作用，为公司绿色发电、清洁生产奠定了基础。

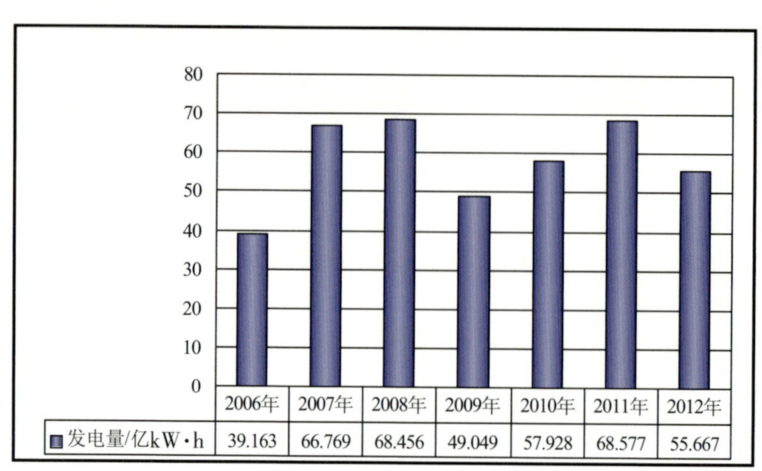

图 5-39　靖远二电近年来的发电量指标图

5.4.1　点检定修制

点检定修制是以点检为核心的设备维修管理体制，是一种制度化、科学化的设备管理方法，是实现设备可靠性、经济性和安全性，并使上述三个方面达到最佳状态的管理体制。它提倡全员、全过程对设备进行动态管理。

具体而言，点检定修制就是按照预先制定的技术标准，定人、定点、定期、定方法对设备进行检查的一种管理方法。与传统的计划检修相比，点检定修有效地解决了计划检修中的“过维修”和“欠维修”的问题，有效地控制了企业的维护和检修成本。

靖远二电在实施点检定修的过程中，不盲从点检教条，而是多方“取经”，掌握点检的基本理念与操作，再回到公司逐步落实点检工作。首先，公司选拔了一批既懂技术又懂管理的优秀员工，组成点检队伍，配备先进的检测仪器，辅以培训，使这些员工逐步适应点检工作。与此同时，培训全体生产线员工，宣传点检工作的重要性，动员大家积极配合，主动参与到点检工作中去。待点检工作初见成效后，公司找准时机，深化点检工作，开展精密点检和劣化倾向管理。

5.4.1.1　初识点检

随着我国电力企业改革的深入，电厂对设备的安全和可靠性的要求越来越高。如何推进电力企业设备管理创新，提高设备运行的可靠性，同时又降低维修成本，已经成为各企业亟待解决的难题之一。为了走出困境，国内有许多电厂积极探索新的检修管理方法和模式。20世纪80年代，宝钢自备电厂从日本企业中引进TPM管理，结合自身特点提出了一种以预防为主的检修方法——点检定修制。宝钢电厂自从推行点检定修制后，设备可靠性明显提升，经济效益大增。一时间，点检定修制成为发展设备管理的必备模式。

靖远二电运营之初，就战略性地提出实施设备点检定修制的思想。一方面公司刚从国有企业转变成合资企业，人员观念、素质和管理体制相对落后，又恰逢电力体制改革，经营环境恶劣；另一方面传统的设备管理体制的弊端不断凸显，企业迫切需要一种创新性的设备管理模式。借鉴其他电力企业成功的经验，点检定修制便成为靖远二电开展精益设备管理的首选。

专栏文章5.10

点检知识

设备“点检”是借助人的感官和简单的工具、仪器，对设备规定部位，用“五定”（定内容、定标准、定周期、定责任人和定考核办法）的模式，按预先设定好的技术标准和观察周期，对该点进行逐项检查，查找缺陷和隐患的设备检查过程。

设备定修制是在推行设备点检管理的基础上，根据预防检修的原则和设备点检的结果确定检修的内容、检修周期和工期，并严格按计划实施设备检修的一种检修管理方式。其目的是合理延长设备运行周期，缩短检修工期，降低检修成本，提高检修质量，并使日常检修和定期检修负荷达到最均衡状态。

5.4.1.2 点检定修实施历程

靖远二电采取循序渐进的原则，经过了“模式探索、整体布局、逐步实施和深化点检”四个阶段（如图5-40所示）。结合自身和行业特点，公司从局部到整体，逐步实施点检定修制。

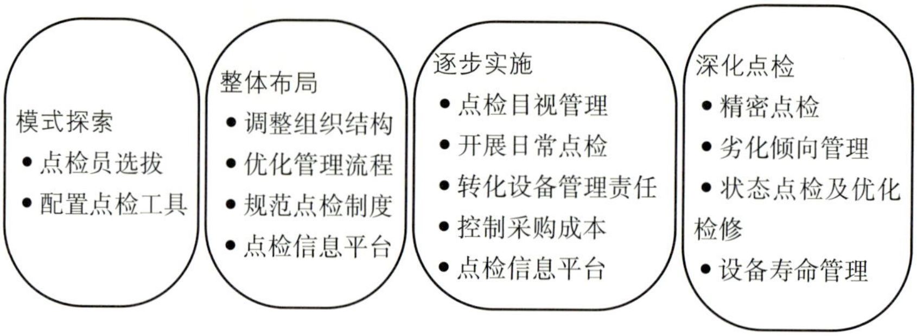

模式探索
- 点检员选拔
- 配置点检工具

整体布局
- 调整组织结构
- 优化管理流程
- 规范点检制度
- 点检信息平台

逐步实施
- 点检目视管理
- 开展日常点检
- 转化设备管理责任
- 控制采购成本
- 点检信息平台

深化点检
- 精密点检
- 劣化倾向管理
- 状态点检及优化检修
- 设备寿命管理

图 5-40　靖远二电点检定修的发展过程

(1)模式探索阶段

在实施点检定修制之前，全国已经有多家电厂在实施点检定修制，但运行模式不同。针对这种情况，靖远二电先后组织多批管理人员对石横电厂等全国十余个电厂进行调研考察。在总结实践经验的基础上，充分考虑企业实际，确立了有靖远二电特色的实施模式。

靖远二电的设备管理职责由设备技术部全权负责，该部门组建专业化点检队伍，组织点检员实施点检，进行设备状态分析，制订检修计划。检修部根据点检员制订的定修计划，实施设备维护和检修，是点检结果的执行者。运行部负责生产运行、日常对设备巡检，这是点检“五层防护线”的第一道关口。这样跨部门合作既有利于对设备进行全过程管理，又便于责任落实，避免了过去传统管理中的人浮于事、职责不明确的局面。

①选拔点检员。点检员是点检定修制实施的责任主体，其工作态度、敬业精神及工作的规范程度直接关系到点检工作的效率和质量。点检员的能力和素质要求见表5-15所示。

表 5-15　点检员的能力和素质要求

		具体要求
能力	技术能力	掌握一定的专业设备维修技术,熟悉设备性能、结构和生产工艺理论的基本知识,会使用简单的诊断仪器和手持仪表
	管理能力	要求所选点检员必须具备一定的设备管理知识,尤其要熟悉设备点检管理的内容
素质		有勤奋工作和对工作高度负责的精神,有对点检工作的自信心,有不断完善自身能力、提高工作效率的决心和毅力

2003年11月，靖远二电在全厂公开招聘点检人员，经过笔试和面试及全面考核，最终录取了技术水平高、工作业绩好、语言表达能力和写作能力强的人员为点检员，他们的综合素质均在班组技术员以上，确保点检员在专业技术方面有一定的权威性和指导作用。

2004年1月，点检员全部到位后，靖远二电组织专业人员并聘请国内知名专家集中对点检员进行了点检制理论知识、工作流程、管理制度及设备管理等方面知识的强化培训，然后组织点检员根据设备的可靠性、安全性、可控性及维护性将设备分为A、B、C三类。其中A类设备即主机、主炉及在机组运行中无法停运检修的设备及系统；B类设备即运行中可以停运检修或可采取低负荷消缺的主要辅助设备及系统；C类设备即A、B类设备以外的设备。针对不同的设备制定不同的点检、维修策略，并对设备进行了合理的划分。设备划分后，组织各点检员制定了个人点检路线图、修编四大标准并给配发日常点检工具。2004年2月，点检员进入现场开展点检工作。

②配置点检工具。点检作业类型包括日常巡检、一般点检、专业点检、精密点检和劣化倾向管理，开展这些点检工作都离不开专业的检查工具。在点检制实施初期，靖远二电为点检员配置了简单的点检工具，如便携式测振仪和便携式红外测温仪等。随着点检定修工作的深入，公司及时给点检员配置了红外成像仪、电能检测仪、DCX转动机械故障诊断仪、大型旋转机械振动检测分析仪和油液分析仪等先进的精密点检仪器。

(2)整体布局阶段

点检定修制是一种新颖的管理模式，要推行点检定修制，就需要对原有组织层次、管理流程进行优化重组。另外为了规范点检定修制的实施，靖远二电还制定了一系列的管理制度。

①调整组织结构。为了确保点检定修制的顺利推进，要求组织结构尽量简洁，整体趋于扁平化，部门之间职权明确，设备的使用者、责任者分离。为此，靖远二电改变已有的组织结构，推行扁平化管理，将设备使用者和责任人分开，形成了两者相互监督、制约的良性循环。

②优化管理流程。根据点检定修制的需要，2003年7月，靖远二电针对300余条管理流程进行了优化改进。改进后的新流程既符合点检定

修制的要求，又能搭接在iPRM系统上，自动化程度高、协调环节少，确保点检定修制在实施中更加便捷，提高了点检定修制的效率。

③规范点检制度。为了确保点检定修制落到实处，企业建立了以点检定修制为核心的管理制度，实现点检工作制度化和规范化管理。实践中，靖远二电组织编写完善了点检定修制的十二项管理制度和四项技术标准。

④点检信息平台。为了保证点检运作的高效性和准确性，公司将点检定修的部分工作搭建在iPRM系统上。通过规范的流程和工单管理实现了策划层与执行层分离及库存的平衡，实现点检工作规范化、结果信息化、成果效益化的目的。点检定修规范在线操作程序如图5-41所示。

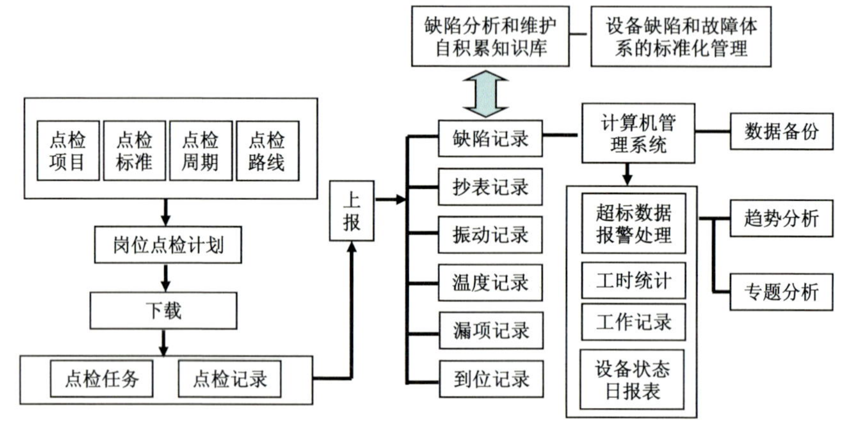

图5-41　点检定修制的信息化实施过程

(3)逐步实施阶段

①点检目视管理。现场目视化管理是开展点检的基础所在，为了方便运行的巡检员和专业点检员的工作，达到一目了然的效果，公司在生产现场设置了许多点检标识，实施目视化管理如图5-42、图5-43所示。

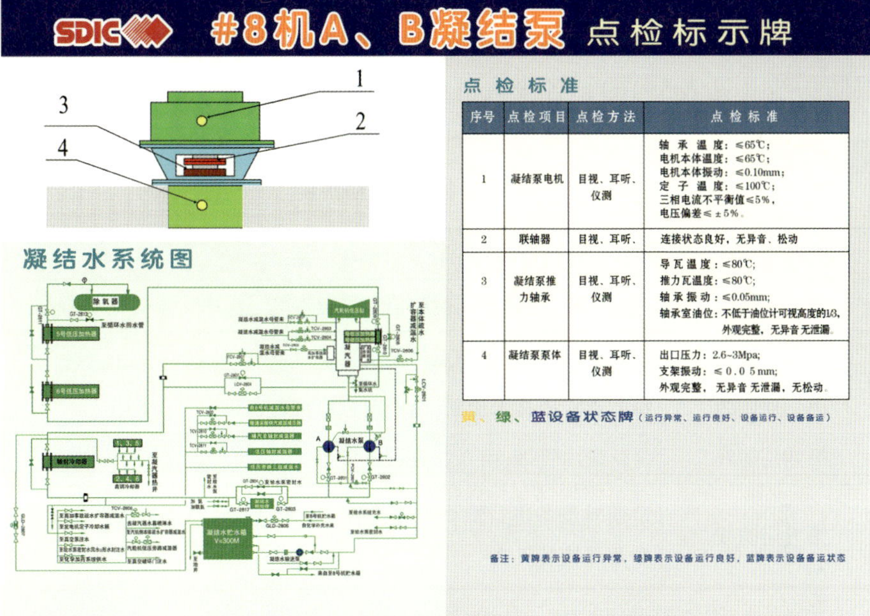

序号	点检项目	点检方法	点检标准
1	凝结泵电机	目视、耳听、仪测	轴承温度：≤65℃； 电机本体温度：≤65℃； 电机本体振动：≤0.10mm； 定子温度：≤100℃； 三相电流不平衡值≤5%， 电压偏差≤±5%。
2	联轴器	目视、耳听、	连接状态良好，无异音、松动
3	凝结泵推力轴承	目视、耳听、仪测	导瓦温度：≤80℃; 推力瓦温度：≤80℃; 轴承振动：≤0.05mm; 轴承室油位：不低于油位计可视高度的1/3， 外观完整，无异音无泄漏。
4	凝结泵泵体	目视、耳听、仪测	出口压力：2.6~3Mpa; 支架振动：≤0.05mm; 外观完整，无异音无泄漏，无松动。

图 5-42　8号机组A、B凝结泵点检标示牌

图 5-43　点检标识

②开展日常点检。靖远二电建立了日常点检、专业定期点检、专业精密点检、技术诊断和劣化倾向管理及精度性能测试等相结合的五层防护线（见表5-16），各级人员根据自己的职责分工开展点检工作，以保证设备的安全性、可靠性和经济性。

表 5-16　设备的五层防护线

防护层级	内　容
第一层防线	日常巡检，由运行岗位的值班员负责
第二层防线	专业点检，由专业的点检员负责
第三层防线	精密点检或技术诊断，由专业点检员负责
第四层防线	劣化倾向管理，由专业点检员负责
第五层防线	定期对设备进行综合性精度检测和性能指标测定，由专业主管、专业点检员负责

③转换设备管理职责。点检定修制实施初期，靖远二电为了建立全员管理的意识，充分发挥检修、运行、点检等全体员工的作用，同时考虑到点检员对设备的管理能力较弱及部分检修、运行人员对点检定修制的理解不深的实际情况，将设备管理的责任进行了合理的划分，即检修部承担70%，点检员承担30%。后来，随着点检员对设备管理能力的提高及检修、运行人员的对点检工作的认可，设备管理的重心逐渐向点检员转移，即点检员承担70%，检修部承担30%。随着点检定修制的不断完善和点检员业务能力的提高，最终设备管理的责任将全部由点检员承担，形成了以点检员为核心的全员、全过程的设备管理体系。

④控制采购成本。点检员通过对检修过程中零部件更换数据的积累，了解不同厂家、不同批次备品备件的质量，能辅助采购部门对备品备件进行选型。同时通过对更换备品备件的种类和数量的统计，分析和判断一定时期内对零部件的需求量，从而优化备品备件的储备定额。

随着点检定修制的逐步完善，目前点检员除了负责管辖设备外，还承担制订和修改维修计划、制订点检计划、编制检修计划、管理检修工程、制订备品备件的采购预算计划等。靖远二电的点检定修制从无到有，从不规范到规范，逐步成为企业现场管理的重要部分。

(4)深化点检阶段

随着日常巡检，专业点检工作的深入，点检员积累了大量的实践经验，为进一步深化点检奠定了基础。

①精密点检。精密点检工作建立在设备日常点检的基础上，但使用的仪器更加专业，分析的过程也更加复杂。精密点检能深度挖掘运行状态数据，让点检收集的数据最大限度地发挥作用。公司利用多年来积累的点检定修工作的经验，借助精密的检测仪器，对设备进行深层次全方位的检查，极大地提升了靖远二电设备管理能力。

②劣化倾向管理。点检员定期对设备劣化数据进行统计、分析并整理出劣化倾向分析报告，找出劣化规律并对造成设备劣化各个因素进行控制。同时通过性能测试、设备危险点分析、薄弱点分析等手段，对设备的可靠性、安全性、经济性等方面进行综合评估，达到辅助制订维修及保养计划的目的。经过多年的努力，劣化分析项目成为靖远二电深化点检工作的重要部分。

专栏文章5.11

空压机劣化分析报告

（一）：2号空压机主要性能参数简介

设备名称		投产时间			型号		电动机型号		
2号空压机		1995.8			HP-200(SIRC)		Y315M-4/IY280L-4		
空压机制造厂					上海英格索兰压缩机厂				
电动机制造厂					上海先锋电动机厂				
相关风机的主要性能参数指标									
工作转速	排气压力	排气量	冷却方式	传动方式	输送介质	电机额定电压	电机额定电流	电动机功率	电动机转速
1480 r/min	1.0 MPa	18 m^3/min	风冷	齿轮传动	压缩空气	380 V	251 A	135 kW	1486 r/min

（二）设备劣化分析简介

2013年1月2日，日常设备点检，被检测设备范围一、二单元厂用压缩空气系统，8台空压机及其附属系统设备、管道、阀门。

采用的检测仪器：手持测温仪、手持式测振仪和听音棒。

检测2号空压机传动齿轮箱及机头部位有连续异音，其他参数正常；2号空压机排气温度89 ℃，主机头温度79 ℃，主机头垂直振动0.009 mm，水平振动0.011 mm，轴向振动0.007 mm。检查润滑油质合格，含少量金属杂质。联系深圳普鲁士特的服务人员，于2013年1月5日现场检查确认存在异音缺陷，因其他参数正常，建议维持运行。2013年1月5日至1月31日期间，异音持续放大，主机头温度77 ℃，主机头垂直振动0.015 mm，水平振动0.018 mm，轴向振动0.008 mm。油质恶化，金属杂质增多。通过持续的跟踪检测，参数及油样变化分析认为，主机传动齿轮及轴承损坏并持续恶化，安排停运检修。

（三）测试结果及处理

1. 电机前轴承损坏卡涩，导致空压机主机电机侧传动齿轮两个齿面剥落10 mm×5 mm铁片及少量铁屑进入螺杆腔室，造成振动、异音。

2. 铁屑进入螺杆腔室造成阴阳转子轻微损伤，打磨修复。

3. 铁屑进入造成主机阳转子端头轴承内圈损伤，更换轴承。

4. 阴、阳转子啮合面损伤修复。清洗油管路，更换润滑油。

（四）处理后试运转及修后运行状态

2013年2月4日检修结束试运转检测：空压机排气温度88 ℃，主机头温度76 ℃，主机头垂直振动0.009 mm，水平振动0.010 mm，轴向振动0.007 mm。异音消除，持续观察运行至今，运行状况良好。

③设备状态检修管理。随着点检定修工作的有效开展，靖远二电战略性地推行“状态检修”，优化了检修方式。由于状态检修是一项复杂的系统工程，在国内尚在探索阶段，没有成功的经验可借鉴。为了使该工作顺利开展，在充分考虑公司实际现状的前提下，经过精心策划，设定了实施状态检修整体目标框架，坚持了“总体规划，分步实施，先行试点，逐步推进”的原则。

第一，在综合考虑设备的可靠性、安全性、影响设备出力和效率、环保、检修难易程度及工期、费用等方面的重要程度，对设备重新评估并进行更加合理的分类。针对不同类型的设备制定不同的维修策略，即对A类设备采取预防性维修方式，对B类设备采取状态检修方式，对C类设备采取事后维修方式，同时结合改进性检修及低负荷消缺等检修方式进行动态管理。

第二，根据公司现有的监测手段及监测设备，考虑到辅助设备较为适合状态检修的特点，全面对辅助设备进行状态检修。各点检员在充分利用精密点检仪器对辅助设备进行离线监测的同时，借助DCS系统内的时时在线数据，对设备的状态数据进行综合分析、评估，预测其检修周期，在最佳的时机下达检修计划，并将检修计划尽可能地安排在日常维修中进行。

第三，为了保证状态检修工作的开展，加强对设备状态数据的管理，靖远二电在厂级监控系统上线时，在其内设置了状态监测及故障诊断模块、趋势分析、设备寿命计算和分析等模块，并配置了相应的专用诊断系统和装置，如大型旋转机械在线监测与分析系统、锅炉四管泄漏监测分析系统、锅炉吹灰优化、金属状态监测监督等先进的在线诊断系统。

④设备及其零部件寿命管理。充分利用监测系统及相关软件，根据工艺系统和设备本体测量参数的变化，自动地对恶劣环境工况下工作的关键部件或设备的寿命进行计算、分析和预测，并结合点检情况进行综合分析，以便于及时进行维修，保证安全、经济生产。进行寿命计算和分析的项目包括：锅炉汽包、过热器、再热器、主蒸汽管道及联箱、再热蒸汽管道等；汽轮发电机转子、叶片寿命损耗评价，汽轮机汽缸、法兰寿命损耗评价等。

5.4.1.3 点检定修制实施成效

(1)点检定修制与优化检修理念贯彻落实

点检定修制实施后，通过大量的宣传和培训工作，点检定修、状态检修与优化检修等新的设备管理理念已经深入贯彻到全员心中，建立了一套行之有效的设备管理体系，提高了设备管理现代化水平，形成了全员、全过程的设备管理新机制。

(2)检修工期有效缩短和检修周期有效延长

点检定修制实施后，点检员通过定期对点检数据进行综合分析，根据设备运行状况和劣化趋势，合理安排检修时间和检修方式，减少了检修次数和检修时间。80%的设备检修周期得到了有效的延长，机组C级检修由每年两次调整为每年一次，A级检修周期由4年延长至6年，工期由65天缩短至55天。

专栏文章5.12

6号机组揭缸一次成功

2012年9月2日21时，随着起重指挥人员最后一声哨响，6号机高压缸稳稳落地，所有参战人员脸上露出了会心的笑容。整个揭缸（高、中、低压外缸）过程圆满结束。

6号机组自2004年大修后，至今已经连续运行8年，此次揭缸一次成功，体现了公司点检定修管理显著成效。多年来，公司深入推进设备点检定修制，将区域管理与专业管理相结合，以设备专业区域管理为主体，以iRPM系统为载体，开展精密点检和劣化倾向管理，开展设备的状态检修，有效地防止了“过维修”或“欠维修”，减少了设备的故障发生率，延长了机组安全、稳定和经济运行的周期。

(3)检修质量明显提高

点检定修制实施后，使检修作业更加规范化，无论是在日常维修还是在机组大、小修中，检修人员均能按照点检员下达的检修文件包进行标准、规范的检修作业。同时，点检员对检修作业进行全过程监督，有效地监控检修作业中的W、H点，坚持检修质量“三级验收”毫不动摇，杜绝了由于检修质量不良而造成的返工现象，在相同的运行周期内缺陷数量大幅度下降。

(4)机组经济性明显提高

实施点检定修制以后，各级人员充分应用新技术、新工艺，利用PDCA循环的方法对影响设备安全性和经济性的“焦点”和“瓶颈”问题进行持续改进。从2002年以来，实施的技术性改造项目400多项，使机组的安全性、经济性均得到明显提高，其中4台机组的铭牌出力由300 MW提高到330 MW，发电煤耗也明显下降。

(5)有效降低了维修费用

点检定修制实施后，由于工作任务下达，设备检修、物料组织、质量验收等均在受控状态，从而有效地防止设备“过维修”或“欠维修”，设备的缺陷大幅度下降，从根本上降低了设备的维护费用。

(6)培养了一支懂技术和管理的员工队伍

点检定修制实施后，靖远二电针对设备管理人员大多是搞技术出身，缺乏管理和成本控制方面的专业知识，对其进行定期或不定期的设备管理、成本和费用理论的培训，并在实际工作中进行指导和督促，使其做到“技术上精通、工作上熟练、管理上有效”。几年来，无论是点检员、检修和运行人员的技术水平和业务能力，还是公司整体的管理水平都有了很大的提高。培养了一批具有现代设备管理理念和技能的人才，提高了对设备状态的可控性和预控性。

(7)锻炼了一支技术过硬的检修队伍

实施点检定修制，要求点检员既要有一定的理论知识，又要有丰富的实践经验，同时还要有一定的管理能力，客观上促使点检员不断地提高自身的业务素质来适应岗位的要求。点检员在检修过程中，对检修作业进行全过程监督，严格执行质量验收标准，也促使检修人员的业务能力得到了历练。经过数次大、小修后，检修人员技术素质明显提高，公司检修部员工多次承担其他的单位检修项目的监理工作，取得了显著成绩，得到业主方的肯定和好评。

5.4.1.4 点检定修制的展望

靖远二电推行以点检定修为基础的设备管理体系，开展综合点检作业，充分发挥五层防护体系的作用，形成了全员、全方位的设备管理格局。未来靖远二电将进一步深化、细化和优化点检定修管理。

(1)完善设备点检定修管理模式,力求运营成本达到最佳化

规范点检工作，完善和推广各种状态监测手段，在全面监测各设备的同时，对异动设备实行重点跟踪监测和分析，改进设备的薄弱环节，不断延长使用周期，降低运营成本。

(2)完善设备检修策略,优化检修方式

由于设备的可靠性、安全性、可控性的提高，扩大状态检修工作的范围，实现融故障检修、预防性检修、状态检修和改进型检修为一体的优化检修方式。

(3)加强备品备件管理工作,有效地控制成本

点检员能准确地将采购价与使用周期比较，切实优化备品备件和材料的订购以及使用管理，减少设备维修费用投入，最大化地控制成本。

(4)持续提升点检员的综合素质

一方面，致力于建设一支责任心强、技术过硬、作风严谨、善于管理协调的点检队伍；另一方面，进一步完善点检的信息化流程，优化操作，减少工作量，加强点检员与部门管理的沟通，加强点检员与检修人员、运行员工的交流，共享点检信息。

5.4.2 技术创新

早在1912年，美国经济学家熊彼特就提出“创新是经济发展的引擎”。一方面，技术创新能成倍地提高产出，降低经营成本；另一方面，坚持技术创新战略能为企业塑造锐意进取的良好形象，赢得无形资产。毫无疑问，技术创新是企业维持市场份额，保持竞争优势的重要手段。

英国苏塞克斯大学科学政策研究所根据创新的重要性，将技术创新分为渐进性创新、根本性创新、技术系统的变革以及技术—经济范式变更四种（见表5-17）。

表5-17 技术创新的分类

创新分类	内涵
渐进性创新	渐进、连续的小创新
根本性创新	有重大技术突破的创新
技术系统的变革	产生具有深远意义的变革,通常出现技术上有关联的创新群
技术—经济范式变更	包含很多根本性的创新群和技术系统变更

靖远二电根据自身特点，坚持一切从实际出发，以“日新”文化为指导，借助卓越理念，逐步提高技术创新水平，日常的技术创新工

作包括渐进性创新和根本性创新，又包含技术系统变革和技术—经济发展范式变更，逐步走出了一条独具特色的技术创新之路。

5.4.2.1 技术创新产生背景

在2002年独立运行之初，靖远二电发电机组由于设计缺陷和维护不足，隐患日渐凸显，故障频发，性能低下，发展严重受阻。为了在困境中突围，靖远二电提出“技术创新求发展”的思路，组织技术人员积极开展设备优化、系统改进等项目。

同年我国推行电力体制改革，在“厂网分开、竞价上网”方针指导下，将竞争机制引入到发电行业，有效地缓解了我国电力紧缺的难题。随后电厂的市场意识不断增强，控制成本、提高效益成了经营的重点。

在发电厂的生产成本中60%～70%用于购买电煤，是企业最主要的投资，因此控制电煤投入是降低经营成本的直接途径。为此，靖远二电加强市场调研，积极调整采购策略，将燃煤采购成本降到最低。然而，煤炭市场灵活多变，通过优化采购节约的成本毕竟有限，火力发电厂要想控制成本，关键在于提高设备性能、降低机组的能耗；而且，随着国家对建设“资源节约型，环境友好型”企业的要求，火力电厂节能降耗改造刻不容缓。靖远二电从长远考虑，主动承担社会责任，先后完成全部4台机组的增容降耗，脱硫、低氮燃烧改造等项目，为保护环境做出了突出贡献。

5.4.2.2 技术创新定位

在靖远二电，技术创新就是自上而下的创新管理工作，是开发新技术或创造性地应用已有技术的过程。具体而言，通过研发或应用新技术、新工艺、新材料，对机组及附属设备进行改进和优化，最终形成广泛认可的成果和专利。

随着经营状况的改善，靖远二电逐步将技术创新工作深化、拓展，从简单维护优化到大型发电机组的性能改造，不断挖掘环保节能、降本增效的潜能。

5.4.2.3 技术创新实施的保障

为了使技术创新常态化，靖远二电制定相关管理制度，将计划和操作流程标准化，明确了工作内容和岗位职责。

每年年末，设备技术部根据现场设备的运行状况，参照相关技术指标及操作经验，制定下一年度的技改项目策划书。定稿的技改项目策划书递交经营策划部，经营策划部据此制定相应的技改项目预算表，递交公司董事会审核。当提交的技改项目策划书和财务预算通过后，设备技术部负责策划、组织、协调项目实施，而运行部和检修部承担具体的执行工作。公司技术创新实施流程如图5-44所示。

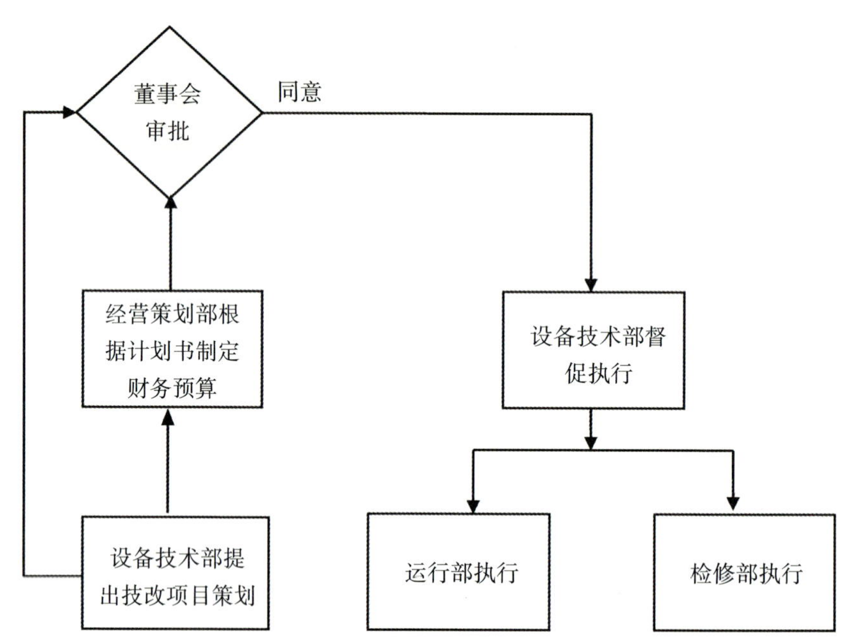

图 5-44　靖远二电技术创新实施的流程图

5.4.2.4　技术创新的内容

靖远二电在创新理念的引领下，在实践中摸索并创建了技术创新的“三角环”架构，为公司的技术创新水平提升夯实了基础。

“三角环”架构包括工艺改进、技术改造和技术管理创新，这三个方面相互促进，密不可分，形成了“以工艺改进与技术改造为基础，以技术管理创新为提升”的循环体系（如图5-45所示）。工艺改进项目和技术优化改造项目的经验成果为技术管理创新提供了素材，而技术管理创新成果为靖远二电开展工艺改进和技术改造提供了参考标准和技术支持。

(1)工艺改进

工艺改进也称过程改进，是指企业通过研究和运用新的生产技术、操作程序和规则体系等。工艺改进是生产技术的重大变革，侧重于新技术或新设备的应用过程，包括生产工艺优化、流程改进、典型实例等，如计算机集成制造系统的使用。工艺改进可以提高生产效率，降低产品成本，提升企业的竞争优势，是靖远二电持续发展的重要依据。

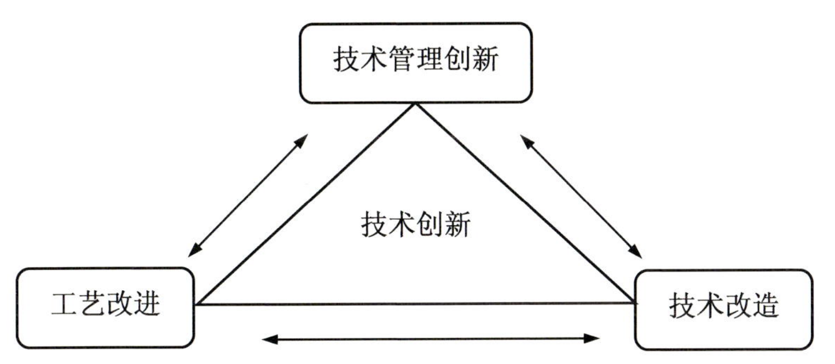

图 5-45 靖远二电技术创新“三角环”架构图

靖远二电先后开展了多项工艺改进项目，其中操作系统的优化升级实例最为典型。公司生产操作系统从简单的控制单元提升到可编程控制器，再升级为集过程控制和企业管理信息技术为一体的Ovation系统。自动化操作系统的引入增强了生产控制的准确性和稳定性，减少了运行值班人员，且降低了设备的故障发生率。

专栏文章5.13

DCS系统的发展

2004年，公司将6号机组DCS由WDPF系统升级为集过程控制和企业管理信息技术为一体的Ovation系统。升级前的WDPF系统由于元件老化，机组的安全运行存在隐患。Ovation系统采用了高速度、高可靠性、高开放性的通信网络，具有多任务、多数据采集的控制能力，显著地提高了DCS系统的可靠性。

①石子煤输送系统改进。靖远二电原磨煤机石子煤输送方式采用简单的人工排放方式，造成锅炉房内粉尘污染严重，影响磨煤机的安全稳定运行。公司技术人员大胆创新，自行开发研究和设计出一套石子煤输送解决方案，成功解决了磨煤机石子煤输送问题。

通过改进，消除了锅炉制粉的粉尘污染，营造了锅炉房内干净明亮的环境，同时也使磨煤机能及时排渣，刮板故障概率降低，磨煤机运行更加可靠安全。

②捞渣机排渣方式的优化改进。锅炉原渣系统设计采用水力除渣方式，系统复杂，厂用电和原水消耗量大。在设备大修中，技术人员对原排渣系统进行了改造，采用“捞渣机+渣仓”的设计，即炉渣由单台捞渣机输送，渣粒直接输送至捞渣机机头下部的新建渣仓储存，析水后采用汽车运输到渣场处理。改造后设计更加简单和可靠，运行成本更低，节能降耗显著，其中5号锅炉冲洗水实现100%节水目标；每年节约维护费用23.9万元，节约厂用电费36.4万元。

③5号、6号锅炉空预器运行工况设计改进。锅炉空预器原为三分仓回转式，漏风较大，为20%左右。在机组大修中，将空预器转子由24隔仓改为48隔仓，对轴向密封、径向密封和中心筒密封进行改造，将轴封改为豪顿华设计的迷宫式机械密封和盘根密封组成的双重密封。改造后，漏风率下降为7%左右。

④汽轮机本体和热力系统优化改进。靖远二电汽轮机本体和热力系统优化改进的主要内容有：一是改进高压缸调节级喷嘴组，提高了调节级效率；二是针对引进型300 MW汽轮机结构及存在的问题，根据布莱登技术特点和使用效果，采用布莱登汽封；三是改进调节级汽封，减小径向汽封间隙，调节级效率可提高为60%左右；四是更换高压持环隔板汽封，提高流通效率；五是合理调整汽缸通流径向间隙，提高汽轮机级效率；六是改进高压内外缸夹层气流分配，消除高压缸前部高温段上、下缸温差大，避免造成汽缸变形、径向汽封磨损等；七是低压内缸及持环中分面螺栓改进，改善低压1号内缸5、6段抽气口温度偏高的问题；八是对汽轮机热力系统疏水优化改进，提高蒸汽做功效率。汽轮机大修对轮找中心如图5-46所示。

⑤锅炉电除尘器设计改进。锅炉电除尘原有3个电场，改造为4个电场，有效面积增大41 m^2。4个电场采用旋转极板技术，收尘效率大

为提高。电场供电电源改为高频电源，运行电压提高为56～60 kV。电场加高2 m后，使微小颗粒逃逸大为减小。旋转极板采用单独驱动方式，使极板传动故障对除尘效率影响降至最低。

图 5-46　汽轮机大修对轮找中心

电除尘改造后，经甘肃电力科学研究院测试，排放浓度为31.2 mg/Nm^3，除尘效率99.91%。漏风率、实际能耗、设备环境噪声等完全满足《火电厂污染物排放标准》（GB 13223—2011）限值要求，而且可根据煤种的变化调整运行方式，节能降耗显著。

⑥磨煤机筒体衬板设计改型。7号、8号炉磨煤机筒体衬板为阶梯形，磨损严重、运行寿命短，存在很大的安全隐患。2011年公司对衬板螺栓孔位、结构进行工艺设计改进，制作为材质MTBCr26抗磨白口铸铁双曲波型衬板。通过投运实践，在磨煤机运行时，衬板带球能力增加一倍；新型衬板比旧型磨损速率降低，衬板使用延长2年以上，磨煤机电流下降20%左右，钢球使用数量减少10%，经济效益提高。按机组每年平均运行5000 h计算，每台磨煤机每年能节能降耗86.6万元。

⑦降低外购动力电量，备用变压器厂用系统优化改进。靖远二电4台机组启动备用电源，分别取自国电靖远发电有限公司220 kV系统。机组启动过程、事故情况下及备用、检修期间，其厂用负荷由备高变从电网220 kV系统下接带。机组正常运行期间，03号、04号备高变均空载运行。

公司技术人员设计改造方案，计算负荷，绘制图纸，采购设备，组织施工、安装、调试，在2010年完成了厂用系统优化改进。改进后经运行验证，系统安全性、可靠性满足机组运行要求，减少了外购动力电量。2010年与2009年相比，机组利用小时增加716 h，外购电量同比减少600万kW・h，降低动力费用的经济效益很明显。

(2)技术改造

技术改造是指企业利用新技术对已安装的传统设备进行提升，增加其技术附加值，提升相关技能指标，如优化工况、提高效能、提升安全可靠性等。技术改造是重要的创新实践，主要侧重设备性能改善的结果。实践表明技术改造有效避免了资金重复投入，降低基础设施成本，而且见效快、工期短，是充分发挥设备潜能的关键。

技术改造是靖远二电技术创新工作的重点，每年借助设备检修的机会，组织技术人员进行技术攻关，经过多年来的不懈努力，公司逐步完成了发电机组的增容改造、脱硫改造及低氮电除尘改造项目，降低厂用电、用水量和供电煤耗，提升了机组的铭牌出力，真正实现了公司“降本增效”的目标。

专栏文章5.14

专家看“增容改造”

以中国工程院院士徐大懋为组长的鉴定委员会认为，300 MW的发电机组提高铭牌出力项目的成果和技术处于国内领先水平，在甘肃省和全国推广，就是对国家做出的特殊贡献。

中国科学院院士陶文铨指出，“火力发电机组提高性能技术研究项目”的研究成果达到国际先进水平，对其他类型在役机组具有借鉴和指导意义，对新建电厂设备容量匹配和铭牌出力的确定具有重要的参考价值，对节能减排、转变电力企业经济增长模式具有普遍的现实指导意义。

历次参加靖远二电增容改造项目的专家学者纷纷题词，褒奖增容降耗的科技成果。

①西安交通大学教授博士生导师林万超题词“立足实践节能

降耗，锐意创新科学高效”。

②中国工程院院士徐大懋题词“增效挖潜，科学办电，利国利民，值得推广”。

③西安交通大学校长博士生导师徐通模题词“崇尚科学坚持探索，安全技能造福人民”。

④中国工程院院士黄其励题词“建议尽快推广，取得规模效益”。

⑤中国工程院院士蒋洪德题词“高效节能，安全可靠，技术创新，造福社会”。

①提高发电机组铭牌出力。靖远二电对4台300 MW的发电机组进行了增容改造，机组出力全部提高到330 MW。5号、6号机组增容改造后，发电煤耗率相对下降了6.07 g/（kW·h），7号、8号机组性能改造后，发电煤耗率平均下降1.65 g/（kW·h），四台机组年增加发电量6.6亿kW·h。（每年均按运行5500 h计）

靖远二电4台汽轮发电机组增容改造后，总装机容量从原来的1200 MW提高到1320 MW。新增120 MW——相当于建了一座装机容量120 MW的电厂。截至2012年12月底，已累计完成发电量700亿kW·h，为甘肃及西部经济建设发挥了重要作用，经济效益显著。靖远二电承办技术创新成果鉴定会如图5-47所示。

图5-47 靖远二电承办技术创新成果鉴定会

②节约燃油消耗，完成锅炉点火小油枪改造。靖远二电4台锅炉采

用四角布置直流燃烧器，各角有8只为二次风喷口，其中3只布置有油枪。油枪形式为简单机械压力雾化式，进油压力2.5 MPa，单只油枪出力1.6 t/h。低负荷或事故情况下锅炉需投油稳燃，1.6 t/h出力的大油枪油耗量过大。

公司与油枪生产厂家合作，设计加工了出力为0.6 t/h的旋流片及雾化片。在2012年对4台炉40只大油枪实施了技术改造，使大油枪出力降至0.6 t/h。油枪改造后，4台炉不但满足锅炉安全助燃需要，而且减小了投油对电除尘污染。仅在同等投油时间下，机组启动可节油50%。

③重要附属设备变频技术改造。2009—2010年，靖远二电先后对机组凝结泵和一次风机等设备进行变频改造，总计完成改造设备16台。

改造后，机组在满负荷时厂用电率下降0.2%，在负荷70%时厂用电率下降0.4%。

④5号、6号机组凝汽器技术改造。在5号、6号机组凝汽器技术改造中，采用了先进的塔式布管方式，增大了凝汽器蒸汽通道面积。改造完成后，解决了凝汽器频繁泄漏的问题，各项指标都优于改造前，当负荷330 MW时，背压达到4.57 kPa，低于设计值0.33 kPa，传热端差为2.653 ℃，比改造前下降2 ℃左右。

⑤6号炉脱硫系统改造。从2006—2009年，靖远二电先后完成了4台锅炉烟气脱硫装置的改造工程，并通过了原国家环境保护总局、甘肃省环保厅检查验收。改造后每年可实现二氧化硫削减量15618 t，大幅降低了环境污染。

⑥锅炉低氮、脱硝系统改造。氮氧化物减排是“十二五”环保管理工作的重点，靖远二电针对脱硝改造工程中面临的施工压力、技术瓶颈、设备制造等严峻问题，加强领导，采取一切尽可能的措施加快脱硝改造建设步伐，2012年、2013年陆续完成3台机组低氮燃烧器及脱硝系统改造工程，并通过了环保验收。其中仅6号、7号机组每年可实现氮氧化物削减量4846 t。8号机组低氮、脱硝系统在2014年上半年投入运营。6号机组技改项目签字仪式如图5-48所示。

图 5-48　6号机组技改项目签字仪式

专栏文章5.15

技改专题报道

2012年7月30日，甘肃省环保厅董光国副厅长带领环保专项行动督查组一行，莅临公司检查指导脱硝改造工程，董光国副厅长查阅公司《脱硝改造项目管理手册》。

(3)技术管理创新

技术管理创新是企业对技术管理的过程进行创新，是指将生产实践的经验和设备技术知识结合起来，梳理流程工艺改进和设备技术改造的要点，积累知识，沉淀经验，为后续的工艺改进和技术改造提供了经验指导和技术支持。面对激烈变化的市场环境，创新的获益期缩短，单强调创新已经难以保证企业的高收益，通过技术创新管理使创新常态化成为解决问题的关键。

靖远二电开展的技术管理创新活动（见表5-18）主要包括两个方面：一是承办工艺改进项目或技改项目成果鉴定会；二是管理公司取得的科技成果和国家专利，积极组织员工总结技术创新经验，固化成果，发表期刊论文。

表 5-18 靖远二电技术创新一览表(节选)

时 间	技术创新内容
2003年	5号机组首次大修,实现了锅炉点火,汽轮机冲转和发电机并网一次成功
2004年	完成6号机组技改性大修,汽轮机本体及热力系统完善化改进项目,机组增容至320 MW
2005年	完成5号机组技改性大修,汽轮机本体及热力系统完善化改进项目,机组增容至320 MW
2006年	大型汽轮机发电转子轴径磨损修复的工艺研究项目
2007年	"磨煤机运行中石子煤运输系统"项目获得国家专利
	"国产引进型300 MW汽轮机调节级喷嘴的改进"项目获得国家专利
2008年	靖远二电"国产引进型300 MW汽轮机调节级喷嘴的改进"实用新型专利被国家知识产权局授予第十届中国专利优秀奖。该项专利技术是引进、消化、吸收、再创新的成功范例
2009年	4台机组汽轮机能量系统优化及电机变频节能技术改造项目
	完成了7号机组汽轮机本体和热力系统节能增容改造项目
2010年	完成了8号机组汽轮机本体和热力系统节能增容改造项目
2011年	完成5号机组节能降耗增容技术改造项目(320 MW增容至330 MW)
2012年	完成6号机组节能降耗增容技术改造项目(320 MW增容至330 MW)
	完成6号机组低氮及脱硝系统改造工程
2013年	完成5号、7号机组低氮及脱硝系统改造工程

科技成果鉴定是评价科技成果质量和水平的方法之一。在申请科技成果鉴定的过程中，企业需要准备大量的申报材料，收集整理相关的技术指标。借助这种正式的评选活动，督促企业对技术创新的整个过程进行梳理总结，进而达到积累经验的目的。

公司重视科技成果的管理，承办了多次成果鉴定会（见表5-19)，还荣获了多项技术创新奖励。2009年，公司通过国家高新技术企业认定，获得15%的高新技术企业税收优惠，这是国投集团第一家，也是全国第一家通过国家高新技术企业认定的火力发电企业。2011年公司获得甘肃省科技进步成果鉴定证（甘科鉴字〔2010〕第735号）。2012

年，公司凭借先进的技术成果荣获亚洲电力技术创新银奖。

表 5-19　靖远二电科技成果鉴定审查明细表

时 间	成果鉴定会名称	主要鉴定意见和成效
2005年10月	“2×300 MW(5号、6号)汽轮发电机组提高铭牌出力”鉴定会	5号、6号机组铭牌出力由300 MW提高320 MW，以中国工程院院士徐大懋为组长的鉴定委员会认为，该项目的成果和技术处于国内领先水平；亚洲电力杂志社主编称赞“靖远二电开创了中国电力提高铭牌出力的先河”。改造后，5号、6号机组每年增发电2.2亿kW·h(每年按5500 h计)
2011年1月	“7号、8号火力发电机组提高性能技术研究项目”科技成果鉴定会	7号、8号机组铭牌出力由300 MW提高330 MW，鉴定委员会一致认为，该项目的技术思想先进、方法科学、方案可行，经济和社会效益显著，对节能减排、转变电力企业经济增长模式具有普遍的现实指导意义，研究成果具有创新性，达到国际先进水平。改造后，7号、8号机组年增加发电量3.3亿kW·h。新增容量与相同容量的基建投资相比，节约2.4亿元(每年按5500 h计)
2012年12月	“5号、6号汽轮发电机组节能减排增容提效”审查会议	5号、6号机组铭牌出力由320 MW提高至330 MW，会议一致认为，这是运用公司“火力发电机组提高性能技术研究”科技成果的又一次实践和创新

多年来，靖远二电利用现场这个大实验室，先后获得6项拥有自主知识产权的国家专利成果（见表5-20）。另外，公司为了专业技术成果固化和创新经验交流与共享的目的，积极组织员工撰写技术总结与论文，内部成册或以期刊的形式发表。集成优秀论文200余篇，其中有40多篇发表在《甘肃电力技术》，30余篇发表在《中国电力》。2006年《中国电力》为靖远二电发行增容改造论文专刊。

技术管理创新有助于促进和激励企业创新活动的主动性。技术管理创新全面总结了以往工艺改进和技术改造的成果，积累经验、吸取教训，降低未来工艺改进或技术改造成本，避免重复投入，并促使这些改造项目系统化，效果扩大化，更具有参考和指导价值。技术管理创新把知识和智慧成果固化下来，使知识变为经验，让经验流动起来，使知识和经验在更大范围内得到共享与传承。

表 5-20　靖远二电的专利成果明细表

时间	专利/奖励	专利号/获奖情况
2007年	国家专利“磨煤机运行中石子煤输送系统”	ZL 200620078939.0
2008年	国家专利“国产引进型300 MW汽轮机调节级喷嘴的改进”	ZL 200620078940.3
2009年	国家专利“改进型皮带式给煤机”	ZL 200820179484.0
2010年	国家专利“碗式中速磨煤机”	ZL 200920268601.5
2011年	国家专利“正压直吹式锅炉煤粉输送系统”	ZL 201020175942.0
2011年	国家专利“汽轮机水轮机联合发电系统”	ZL 201020584752.4

5.4.2.5　靖远二电技术创新的成效

经过全体员工十余年的共同努力，技术创新工作由简单到复杂，由局部到整体，成效不断凸显。利用设备大、小修机会，靖远二电累计完成了400余项技术改造及工艺改进项目，获得6项国家专利和3项科技成果。

技术创新不仅是一个技术概念，更是一个经济概念，是一种通过技术手段实现效益的活动。技术创新成果能在短时间内提高产量，降低成本，为公司赢得丰厚的超额利润。靖远二电分别从产出和成本两方面入手，开展技术创新活动，努力提升公司利润率。例如，4台机组由300 MW增容至330 MW后，每年多发电6.6亿kW·h（按5500 h计），可增收利税数百万元。在节能降耗方面，改造的6号炉捞渣机系统，每年节电261万kW·h，节约渣管更换资金720万元，节省渣系统维护费用11.7万元。4台锅炉点火小油枪改造后，每年可节约燃油费用154.863万元，可观的数据不胜枚举。靖远二电生产现场如图5-49所示。

图 5-49　靖远二电生产现场

专栏文章5.16

新闻专题

2011年，公司完成发电量68.6亿kW·h，同比增长了18.42%，超额完成年度计划发电日标，发电量创历史新高。

近年来，突出“内强管理、外拓市场”两个重点，抓安全管理，提高设备工效；抓经营管理，有效管控成本；抓市场拓展，保证电煤供应，增加外送电量。公司不断加大技术改造力度，利用机组大、小修，先后对4台机组实施了汽轮机本体及热力系统改造，提高各机组铭牌出力，不仅提高了公司机组的生产能力和市场竞争力，也为公司今冬创纪录的电量奠定了基础。

除了为自己赢得效益外，靖远二电还不断将自己先进的技术创新经验带向社会，传递给那些更需要技术的单位。在2011—2012年，公司多名技术人员十余次进驻现场，对国投大同能源公司电厂现场管理提升进行咨询指导，公司还先后选派四批技术骨干人员支援国投新疆罗钾动力有限公司的生产建设工作，解决技术难题、培养现场安全生产意识。在靖远二电技术人员的帮助下，罗钾动力公司正朝着生产更加高效、管理更加规范的方向发展。

专栏文章5.17

支援新疆罗钾动力有限公司

一年来，我们将公司先进的管理经验毫无保留地融入罗钾动力公司的各项工作中，开展多种形式的培训工作，使罗钾动力公司各项工作有了质的飞跃。在我们的全力支持下，新疆国投罗钾动力公司的安全局面大幅改善，从一年几十次的停电事故，到一年未发生一起影响钾肥生产的停电事故，罗钾动力公司安全生产局面发生了翻天覆地的变化。

5.4.2.6　技术创新未来发展

靖远二电大型技改项目均由公司高层审批下达，生产部门协作完成，制度完善，然而在鼓励员工个人申请专利方面有待改进和完善。公司计划出台相关规定，激励员工开动脑筋，发掘智慧，争先创新。

靖远二电在发展技术创新的过程中十分重视人才的储备和培训，未来将引进和培养更多科技人才，发挥人才优势。

靖远二电自实施技术创新战略以来，取得了显著成效，成果有目共睹，企业和员工从多项技改项目的成功中获得自豪感和自信心（见表5-21）。在公司未来的发展中，将一如既往地发挥技术之长，坚持开拓进取、持续技术创新；坚持完善技术创新制度、努力培养更多的技术精英，谋求更大的成就和更丰硕的成果。

表 5-21　2006—2012 年靖远二电现场管理工作获奖情况

时 间	获奖内容
2006 年	6 号机组荣获了全国火电大机组竞赛一等奖，这是西北地区 300 MW 机组第一次获得该奖
	凭借 5 号、6 号由 300 MW 汽轮发电机组铭牌出力提高至 330 MW 成果，在香港被亚洲能源业界评为“亚洲最佳增容改造电厂”，亚洲电力杂志社主编称赞“靖远二电开创了中国电力提高铭牌出力的先河”
	荣获 2006 年度“全国电力行业质量奖”
	“大型汽轮机发电转子轴径磨损修复的工艺研究” 项目获甘肃省科技成果二等奖
2007 年	“国产引进型 300 MW 汽轮机调节级喷嘴的改进” 项目获甘肃省科技成果二等奖
	“磨煤机运行中石子煤输送系统”技术获得国家知识产权局颁发的实用新型技术专利证书
	全国电力行业质量安全管理先进个人——刘明
2008 年	被白银市人民政府评为 2007 年度全市节能降耗工作先进集体
	靖远二电“国产引进型 300 MW 汽轮机调节级喷嘴的改进”实用新型专利被国家知识产权局授予第十届中国专利优秀奖
	国投电力火电机组技术比武团体第一名
	甘肃省电力行业优秀企业管理创新成果一等奖 全国电力行业企业管理创新成果二等奖
2009 年	2009 年度“全国电力行业质量奖”（第一次通过三年复评）
	2008—2009 年度电力信息化标杆企业（第三次）
	经国家科技部、财政部、税务总局组成的全国高新技术企业认定管理领导小组批准，靖远二电被认定为国家高新技术企业。这是国投集团第一家，也是全国第一家获此殊荣的火力发电企业
	5 号机组荣获了全国火电大机组竞赛二等奖，这是国投系统额定装机容量 300 MW 机组唯一获得该奖
2010 年	通过方圆标志认证集团有限公司对靖远二电“三标整合型管理体系”的审核
	荣获全国火电 300 MW 级机组竞赛二等奖

续表5-21

时间	获奖内容
2011年	2011年度全国电力行业质量管理小组活动卓越领导者——总经理马斌
	2011年度白银市技术创新工作先进个人——副总经理周凤禄
	荣获全国电力行业优秀质量信得过班组(调节班、变电班、继保班)
	荣获2011年度白银工业节能降耗先进企业
2012年	检修部炉本班荣获国投集团安全和谐型标兵班组
	NOSA五星系统通过第三次复审
	靖远二电获得2012年度亚洲电力技术创新银奖
	荣获2012年度“全国电力行业质量奖”(特别奖)

回首过去，催人奋进。在精益管理理念的引领下，靖远二电狠抓经济效益和安全生产，有效利用现场资源，发挥现场员工的聪明才智，实现了现场管理的规范化、标准化和系统化，现场管理安全、高效，各项运营指标得到合理控制，现场管理水平逐年提升，公司面貌和员工素质得到了极大改善，精细化模式成为靖远二电核心竞争力之一，也成为国投集团乃至电力行业的标杆。

未来经济将朝信息化发展，对企业而言最重要的是速度。

——比尔·盖茨

第六章 资源管理

信息化时代对于一个企业来说，其效益与成败的一个决定因素就是能否充分地开发和有效地利用信息资源。对电力企业而言，信息化是其提高生产经营管理效率，提高设备寿命和运行效率，提高劳动生产率的重要手段，是支撑电力企业生产经营管理的重要应用支柱，对于实现电力企业生产经营发展战略目标，起着至关重要的作用。就靖远二电而言，企业存在着财务、设备管理、物资采购、人力资源等众多信息，有效地收集、整理、归纳和提炼所需要的信息，将高质量的信息及时传递给决策者，成为其提高竞争力和管理效率战略发展的重点。

6.1 资源管理概述

资源管理的各个子模块、每个子模块中的各个部分并不是简单堆砌和叠加，而是以整体管理的思想进行整合，其精髓是集成，集成为一个有机的体系。在

"日新"文化指导下，本模块将靖远二电的战略目标和风险管控的经营理念融入管理之中，围绕业务流程控制、一体化电厂资源管理系统和数字化电厂三大模块对在电力企业如何有效地建设和发挥管理信息系统的作用进行阐述。资源管理总体框架如图6-1所示。

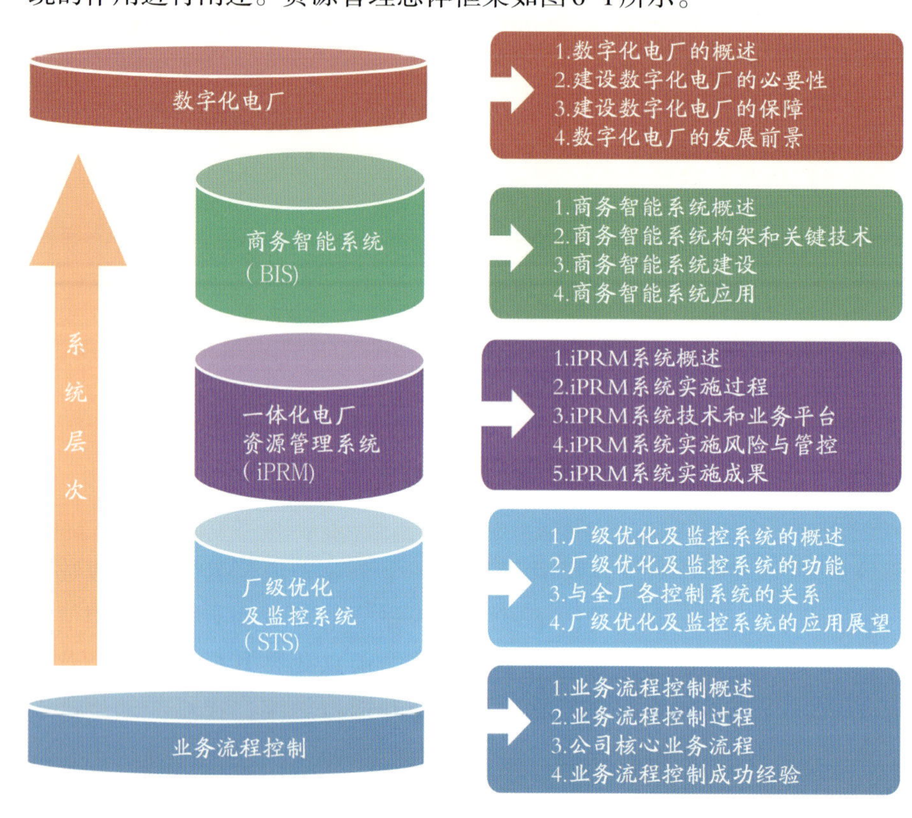

图6-1 资源管理模块总体框架

一体化电厂资源管理系统（iPRM）作为迎接挑战、应对竞争的管理工具，集先进的计算机技术与管理思想于一身，凝结着企业的管理创新，是"靖远管理模式"的具体落实和体现，可以解决企业内各个管理体系之间的"信息孤岛"问题，提高企业核心竞争力，让企业在竞争中发展。一体化电厂资源管理系统，作为企业的管理信息系统，顾名思义，是以管理为先导，信息系统为支撑的一套现代化管理手段的集合。

作为靖远二电信息化建设的核心组成部分，一体化电厂资源管理系统是企业降低成本、提高管理效率的重要工具，可以帮助企业维持和获得竞争优势，保障企业健康长远发展。一方面，一体化电厂资源管理系统可以全盘计划公司可利用的一切资源，使资源达到最优配置；另一方面，信息在一体化电厂资源管理系统的聚合、流动和传递，可以提高企业信息的透明度和共享价值，为公司各级领导提供实时、有效和统一的决策信息，提高公司的管理水平。

6.2 业务流程控制

在企业管理思想变革的大形势下，靖远二电深刻地认识到业务流程控制对企业提高管理效率的重要性。为此，自公司独立运营以来，本着不断创新，追求绩效思想，靖远二电对原有的业务流程进行了梳理和优化，从而实现企业管理过程的改善和提高。

6.2.1 业务流程控制概述

业务流程控制是在现代信息系统、信息技术的支持下，以经营流程为改造对象和重心，以关心客户的需求和满意度为目标，本着“以人为本”的理念对现有企业生产流程、信息流程和其他流程，进行根本性再思考、彻底性改造和再设计的过程。靖远二电利用先进的制造技术、信息技术以及现代化的管理手段，最大限度地实现技术上的功能集成和管理上的职能集成，通过对相应的企业组织进行重大调整的手段，实现组织扁平化，从而显著提高管理效率和水平，提高生产率，降低成本，提高产品质量和服务，增强企业竞争力。业务流程实施结构如图6-2所示。

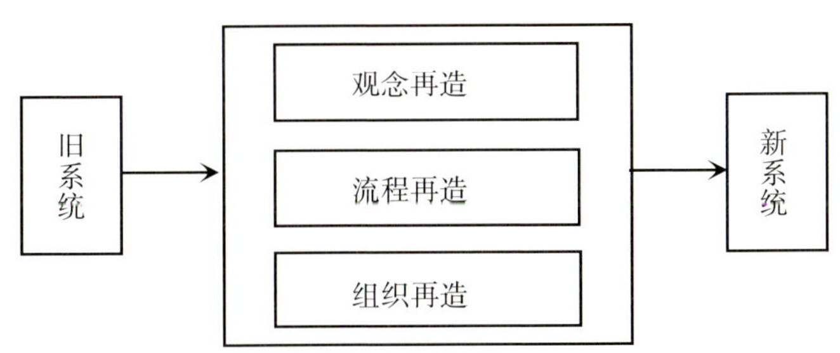

图 6-2 业务流程实施结构图

靖远二电在业务流程控制过程中具有以下特征。

(1)流程和流程中非增值内容的最小化

它是靖远二电业务流程控制关注的焦点，要求改进后的流程要尽可能缩短时间，以提高效率。

(2)关注流程是靖远二电进行业务流程控制的工作内容

靖远二电通过对现存流程进行“系统化改造设计”以获得理想的流程。

(3)信息技术是业务流程控制的有效工具

在靖远二电的流程控制过程中，信息技术发挥了巨大作用，它对企业的业务流程产生了重大影响。

(4)彻底改进是业务流程控制的主要任务

靖远二电业务流程控制的核心是改之有进，而不是为变而变，它是建立在对现有业务流程分析的基础上，对企业的流程和组织进行彻底改善。

(5)效益的巨大飞跃是靖远二电进行业务流程控制的目标

流程控制追求的目标不是靖远二电效益的渐进提高和边际进步，而是效益的巨大飞跃，它通过对现有流程的彻底变革，使靖远二电在管理上发生根本性变化，以获得效益上的飞跃。

6.2.2 业务流程控制过程

业务流程控制的前期控制过程包括确定目标、明确实施阶段及组建流程控制项目团队。

6.2.2.1 确定目标

靖远二电的高层管理者深刻认识到变革企业管理方式的重要性和紧迫性，采用调研、开研讨会、专家咨询等方式，最终确定公司业务流程控制的目标为：通过在企业核心部门的管理规范化和创新，建立一套有其企业特点的管理制度和方法，对公司整体进行调整，以实现企业整体业绩的提升，从而提高工作效率，建立在行业中的领先地位。

6.2.2.2 明确实施阶段

靖远二电首先对现有公司业务流程控制的相关问题进行了分析，制定了流程诊断图（如图6-3所示），总体而言分为五个阶段：

①检查目前的运营状况，了解现有业务流程。

②通过访谈、业务流程描述等方法收集业务流程数据并进行分析。

③针对主要发现进行“头脑风暴”，提出初步假设与问题，通过进一步检验得出主要假设和问题。

④根据主要假设和问题，分析业务流程问题存在的根本原因。

⑤针对根本原因，提出初步改进方案，阶段实施。

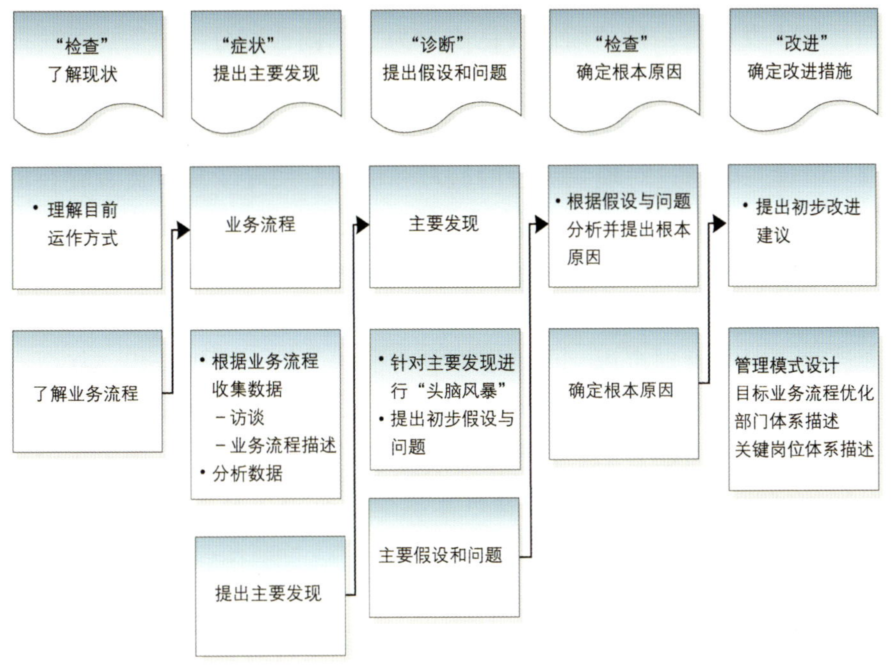

图 6-3 流程诊断图

6.2.2.3 组建流程控制项目团队

由于业务流程控制是一个比较复杂的过程，单靠企业内部的管理力量难以完成，所以靖远二电此次流程控制项目团队包括企业内部的中高层管理人员和外部咨询顾问。鉴于企业业务流程控制的复杂性，牵扯到许多部门和工序，涉及生产、设备、采购、库存、财务等方面的专业技术，所以该项目还吸收了各专业骨干参与到流程控制项目的实施过程中。

6.2.3 公司核心业务流程

靖远二电是一个组织和运作复杂度较高的企业，外部环境、内部管理水平、员工意识和技能都对业务流程控制有一定的制约，若采取一种“激进”的流程重组方案，客观上存在较大的变革难度和项目风险。靖远二电从基础工作和运营的重要环节入手，循序渐进，建立起一个流程持续优化的坚实基础，逐步达成业务流程重组优化的终极目标。具体表现是：以“渐进改良法”为主基调，充分考虑信息系统的支撑，对现有业务流程进行优化，对新增业务流程适当考虑应用“全新设计法”。这在一定程度上降低了变革难度和项目风险。

靖远二电通过对现状流程的梳理和诊断，明晰了现有流程存在的问题，从而针对问题制定切合公司发展需要的业务流程重组优化方案。采用清除、简化、整合、自动化等业务流程优化方法，形成了经营策划流程、生产管理流程、运行管理流程、维修管理流程、采购管理流程、财务管理流程、人力资源管理流程、综合管理流程，将原有关键业务流程由140个改造为现在的92个，形成8个系列8个管理框架图。明晰了公司运营层、管理层和决策层三个管理层次，确定了公司事先计划、事中监控和事后分析三个控制阶段，从而实现了从“职能”管理到“流程”管理的转变。

6.2.3.1 生产作业流程

生产作业流程主要包括生产管理流程、运行管理流程和维修管理流程。靖远二电在分析生产作业现状流程存在的问题后利用计算机系统的分类计划模板辅助各项计划编制，提高编制的效率和质量，使关联计划能够紧密衔接，有效地规划各种资源的使用，并使下达后计划与实际实施形成一个信息相互支撑的整体。利用计算机系统设定点巡检标准，自动生成点巡检计划，点巡检的实际数据录入到计算机系统，供监督、考核和劣化倾向分析使用，并指导消缺处理，形成一个信息相互支撑的有机整体。记录、统计、分析等工作通过计算机系统平台完成，审批通过系统提交，减少传送过程的时间；规范经济运行、安全生产、组织监督的程序；实现了计划执行情况的逐级统计汇总；与设备技术部的工单下达、物资采购部的采购、仓储活动等紧密集成或衔接，由前续活动驱动后续活动的自动产生；划分工单领料和非工单领料，极度简化工单领料审批流程；通过计算机系统的工单预先预留库存，自动提供领料单，领用耗费情况自动统计。

优化后的生产作业流程主要有以下特征：

①提高了调度水平，实现信息共享。

②提高了业务处理效率和准确率，减少重复劳动。

③使生产运行计划的实施全过程得到精细化控制、监督及全面跟踪。

④规范了生产运行管理工作流程并提高了其管理效率。

6.2.3.2　人力资源管理流程

靖远二电在人力资源管理流程控制过程中认真分析了人力资源管理流程中存在的制约公司发展的问题，采取了一系列优化方法。例如，建立人力资源规划管理；进一步规范招聘管理程序，通过内部招聘实现岗位动态管理，通过外部招聘为业务服务；新建绩效管理，增加绩效考核力度，并且制定了绩效管理指标，分级制定，分级考核；在薪酬管理方面，统一由人力资源部按照绩效考核，制定薪酬，对员工工资保密负责；规范培训管理优化方法，公司培训由人力资源部统一组织。

优化后的人力资源管理流程主要有以下特征：

①人才储备增加，建立人才预测机制。

②通过内部、外部招聘两种渠道，拓宽了公司用人渠道。

③规范了考核管理制度，提高了管理水平以及部门和员工的工作积极性。

④重新划分职责，减少中间环节，提高工作效率。

6.2.3.3　财务管理流程

靖远二电在财务管理流程控制过程中将应付账款、固定资产管理与业务活动紧密集成；建立制造成本管理流程，自动进行成本计算，自动产生成本结转凭证，提供成本分析、对比、模拟等功能；增加财务分析活动，自动生成各种基础报表和财务分析报表；建立资金筹集流程，自动提供现金流量分析，预测未来的资金缺口；建立税收筹划流程，各岗位会计积极参与税收筹划活动；利用未来企业经营的环境状况预测模型，计算机自动进行电价测算，调整测算参数，得到不同的测算电价结果，进行对比分析。

优化后的财务管理流程主要有以下特征：

①提高了应付账款与业务的匹配度、准确度和处理速度。

②提高了固定资产管理与业务的匹配度和准确度。

③提高成本计算的效率和准确度。

④提高应收账款与业务的匹配度和准确度。

⑤提高报表编制的效率和财务分析质量。

6.2.3.4 计划决策流程

计划决策流程主要包括经营策划流程、综合管理流程。靖远二电针对计划决策流程中的问题新增了全面预算管理流程，使数据自动累计和分析，实现了信息共享，去除了统计汇报环节，整合了预算控制与计算机实现业务流程的紧密结合和多样控制方式；新建计算机软、硬件管理和网站维护管理，通过计算机登记维护记录，便于查核；规范了档案管理程序，通过计算机对档案信息系统管理，增强了统计、归类、查询职能；增强了预算控制，体现了全面预算的管理制度；规范了办公用品管理程序，对价值高的用品由总经理审批。

优化后的计划决策流程主要有以下特征：

①营造“学习型组织”氛围，增强了团队意识。

②明确计算机及备品备件维护程序，实现了信息共享。

③通过对档案管理流程的优化，有利于公司进行知识管理。

④通过收发文件管理提高了公文制发效率，减少了文件手工传递的工作。

⑤增加预算控制，规范办公用品、家具的请购审批程序。

⑥规范用车管理，合理分配部门用车费用，减少不必要的花销。

6.2.3.5 采购管理流程

采购管理流程主要包括材料采购流程和燃料采购流程。靖远二电将采购计划从采购部门分离出去，增加收集市场信息力度，供应市场预测、价格预测等新的活动，实现了计算机系统对采购计划的自动化管理；利用计算机系统实现了对供应商信息的共享以及对供应商的选择和控制，按照采购物资的性价比维护质价信息，对供应商的比较、分类进一步规范化；简化了采购任务的分配，可以在计算机系统上实现采购执行，对采购种类和价格的审批过程加强了控制，保障了采购供货满足生产需要，同时利用计算机系统及时共享信息；将燃料质量检验从采购部门分离，增强了对监督过程的控制，通过计算机系统产生并共享燃料质量分析报告；清除燃料统计过程中的一些重复工作，简化结算流程，自动产生质价核算台账；将库存管理从采购部门分离出去，由设备部来统管，通过计算机系统，实时维护库存信息，加强信息的准确性，及时实现信息共享。

优化后的采购管理流程主要有以下特征：

①增强对采购市场分析、预测和综合评测的能力，实现信息共享。

②按照供应商入选流程，控制采购物资质量，增加了采购过程的透明度。

③通过供应商管理系统控制合格供应商可选范围，简化了采购执行程序。

④通过计算机系统实现报表自动生成及信息共享，加强对采购过程的监督。

⑤控制采购过程中的成本，提高了结算效率。

⑥提高了库存管理效率和库存信息的准确度。

6.2.4　业务流程控制成功经验

高层管理者的直接推动、科学的指导方法、信息系统的支持是业务流程控制成功的重要条件。

6.2.4.1　高层管理者的直接推动

靖远二电领导班子强有力的推动为公司业务流程控制的顺利展开奠定了坚实的基础。在业务流程控制过程中，靖远二电的高层管理者拥有对先进管理方式的坚定信念，确信业务流程控制会给企业带来飞跃；当员工在流程控制过程中遇到困难时给予下属信心；在认清客观现实的前提下，与下属反复沟通，就如何进行业务流程改造等相关事宜达成一致。总体来讲，高层管理者的支持是靖远二电业务流程控制得以成功推行的重要保障。

6.2.4.2 iPRM系统推动

业务流程控制和iPRM作为提升企业管理的两大工具，两者之间相互作用，紧密联系。业务流程控制侧重于管理思想，iPRM侧重于技术实现。在业务流程控制从思想到实现的转变过程中，离不开iPRM系统的支持；而iPRM系统的实施使得企业内部网络逐步形成，也必然会引发业务流程的重组。

业务流程控制的实施是一个烦琐的进程，存在一定技术难度，会遇到很大阻力。此时引入iPRM系统，通过对内外部环境进行深入彻底的调查和可行性分析，能够找出使得整体流程成本最低，价值贡献最大的流程改造方案。不仅如此，iPRM系统对重构后的业务流程也起到支撑和固化的作用。可见，iPRM在推动业务流程控制的成果实施中起到助推器和巩固器的作用。

6.2.4.3 坚持以人为本

以人为本的管理理念为靖远二电成功开展业务流程控制提供了良好的氛围。靖远二电在进行业务流程控制过程中，充分尊重员工的人格，积极贯彻组织和员工共同成长、共同发展的理念。为了达到员工和组织目标的一致，组织应满足下属情感的需要、受尊重的需要以及自我实现的需要。靖远二电本着以人为本的管理理念，为员工提供继续教育的机会，授予员工决策权利，鼓励员工自己决策。

专栏文章6.1

业务流程再造在企业ERP建设中的应用

ERP系统是一种先进的管理思想和模式，而不能简单看作一种应用软件。企业成功实施ERP系统的前提，就要对原有的经营方式、业务运行模式等进行变革，根据现代企业先进的管理方法和运作模式要求，优化、重组现有业务流程，使其更加科学合理。可以说企业成功实施ERP，必须要通过业务流程再造，使自身的业务流程、管理方式与ERP核心思想相统一。

ERP的建设必须以业务流程再造作为前提与基础，根据实际的业务需要，通过深入地调研、分析，对企业内部现有的流程进行诊断和再设计，使流程中每一个环节的活动尽可能实现其价值最大化，改变原来被职能部门分割的流程，建立新的以企业资源的利用和分配为核心的流程，从而达到业务处理层、运行控制层、管理控制层和战略管理层之间的信息共享和信息集成，实现动态、全面地反映企业的经营状况的目标。

6.3 一体化电厂资源管理系统

6.3.1 iPRM系统概述

企业资源计划（ERP）系统是一种将信息技术运用于企业内部管理的信息系统，作为时代的产物，ERP可以帮助企业降低成本、获得竞争优势、提高管理水平和经济效益，是众多电厂现代化管理的发展目标。面对这一发展形势，靖远二电没有盲目跟风，也没有安于现状，畏惧变革；而是理性的对ERP进行了市场调研和分析，在合理选择的基础上，加以强调自身独特性的开发，最终找到了适合靖远二电的iPRM系统。

6.3.1.1 iPRM系统的概念

iPRM是一体化电厂资源管理系统。该系统是以财务管理为重点，以设备管理为基础，以工单执行为主线，各子系统间无缝集成，按照设备管理的科学化准则、工作流程的最优化准则、成本最小化和效益最大化准则而建立的一套适合靖远管理模式的计算机管理信息系统。iPRM是靖远二电结合公司的发展愿景，对业务流程、管理理念和手段的一种固化。

6.3.1.2 iPRM系统的管理思想

iPRM是以系统化的管理思想为企业决策层及员工提供决策运行手段的管理平台。它是以管理为先导，信息系统为支撑的一套现代化管理手段的集合，代表了信息时代的现代企业向国际化发展的管理模式，也代表了当前集成化企业管理软件系统的思想理论。

iPRM管理思想是iPRM的灵魂，不能正确认识iPRM的管理思想就不可能很好地去实施和应用iPRM系统。

iPRM的核心思想体现在以下五个方面：

①帮助企业实现体制创新，迅速提高工作效率，节约劳动成本。

②引入“以人为本”的竞争机制，通过这种机制来激发员工的积极性，最终提高企业生产效率。

③把企业组织看作是一个社会系统，在组织内部建立起有效的信息交流沟通系统，保证企业正常运行。

④以“供应链管理”为核心，把企业内部的制造活动以及供应商的制造资源整合在一起，形成完整的供应链，并对供应链上的所有环节进行有效管理。

⑤实现电子商务，全面整合企业内外各种资源。

6.3.1.3 iPRM系统的模块

iPRM系统主要包括以下模块：企业资产管理、全面预算管理、财务管理、物资管理、文档管理、协同办公、运行管理、人力资源、燃料管理、项目管理、档案管理、厂级监控及优化（SIS）、生产统计等。其中企业资产管理包括：缺陷管理、工单管理、预防性维修、点检管理、设备信息管理等子模块。图6-4是靖远二电的模块设置情况。

图6-4 靖远二电iPRM系统模块

（1）企业资产管理模块

企业资产管理模块中的设备编码采用KKS标准进行编码。通过工单管理、预防性维修、点检管理、危险点预控等功能，在保证安全作业的同时，提供对设备维护成本及检修工艺的严格控制。

（2）物资管理模块

物资管理模块以维护需求为驱动，从计划来源产生采购申请，审批后进行网上供应商询价，询价单核准后，系统自动平衡库存产生采购订单，采购订单经过相应流程批准后，通知供应商签订合同。采购物资到达后，库管员进行物资的接收、检验、入库等事务操作。采购物资发票录入后系统自动匹配采购订单、验收入库单，如果三方完全匹配，系统自动生成财务凭证到财务应付账。通过系统的应用使整个复杂的过程高效、简单、灵活、透明。

（3）财务模块

财务模块除了满足公司会计的所有业务流程功能外，还注入先进的管理会计思想作为iPRM的重点，与其他业务系统无缝连接，实现了实时财务，从而使财务管理的重点从事后核算向事前计划和事中控制转移成为可能。

（4）人力资源模块

人力资源模块在员工培训、员工发展、员工招聘等方面引入先进的管理思想，同时作为iPRM的基础模块，为其他业务模块提供统一的人员信息。真正将员工作为企业的一种资源来管理，为公司提供良好的人才规划和人才储备。

（5）项目管理模块

项目管理模块实现了对项目相关资源和成本中心的统一管理，在项目进行的任何时刻，对项目发生的成本和进度进行实时监控，从而减少事后控制，保障项目的按期保质完成。目前，在大修项目管理、技改工程项目管理等业务中已成功使用，在三期基建工程中得到广泛使用。

6.3.1.4 iPRM系统的价值和意义

（1）电力企业适应经济发展，信息化是必然趋势

iPRM的实施应用，一方面将会极大地推动靖远二电信息化建设步伐；另一方面，将有助于靖远二电能够建立起一个信息平台，将外部信息资源与内部信息资源实现紧密对接，确保企业在激烈的市场竞争中快捷、科学地进行决策。

(2)电力企业适应电力体制改革的必然要求

随着电力体制改革的不断推进，电力企业的信息化建设必然要满足电力改革后企业运作管理的要求，作为管理信息重要平台的iPRM系统，提升电力企业内部管理效率，降低成本，提高资源利用价值，提升客户服务水平，进而提高电力企业的竞争力、拓展发展空间，就显得尤为重要。

(3)电力企业推进管理现代化,加快电力发展的有效手段

电力企业传统的管理模式制约了企业资源的优化配置，影响了运作效率。优化管理模式以应对市场化竞争，整合信息应用提高电力企业持续竞争力，以信息化带动管理创新，这些任务就非常迫切。实施iPRM对于促进管理模式和手段的创新，提高决策效率和决策水平，加快管理现代化进程，都具有十分重要的意义。

6.3.2 iPRM系统实施过程

靖远二电密切关注行业管理新动态，积极学习、借鉴同行ERP实施成功经验，在周密的市场调研和项目讨论后，结合自身管理现状和技术支持，对传统的ERP做了因地制宜的改动，形成具有鲜明靖远二电特色的iPRM系统，其实施过程可以划分为四个阶段。

6.3.2.1 立项阶段

第一阶段为立项阶段，其目的是了解业务环境，定义项目目标。此阶段是设计阶段的基础，通过分析现存的生产流程、企业结构和企业管理的强项和弱项，根据公司发展战略初步确立项目目标。

iPRM系统项目目标：建成一个开放的、先进的、可扩充的、易维护的、满足企业级应用的综合业务数字网络；提供广泛的软、硬件资源共享，实现集数据、语音、视频等多种信息传输的统一平台；同时利用一年左右时间，采用先进的管理理念，以财务管理为核心，以设备管理为基础，以工单管理为主线，按照设备管理的科学化准则、工作流程的最优化准则、成本最小化和效益最大化准则，建立一套适合靖远二电的计算机管理信息系统。

6.3.2.2 筹划阶段

第二阶段为组建项目核心领导组——特色“双轮驱动”实施模式。靖远二电在项目实施过程中，经过探索研究，最终建立了符合自己经营现状的“双轮驱动”特色模式。通过访谈和实地考察，项目组发现项目执行的最大阻力主要来自于业务骨干，为此靖远二电建立了业务骨干为主的全脱产项目小组。企业信息化建设是一项系统工程，需要有专门的组织保障和企业一把手直接参与。成立以公司总经理为组长的项目组织机构，设专门的项目经理，同时从各部门抽调各专业业务骨干19人组成全脱产的实施小组，实施小组人员和IT技术支持人员统一由项目经理负责管理。因为业务骨干在业务上有绝对的发言权，让他们设计自己工作中涉及的模块，可以降低后期项目运行的风险和阻力，同时业务骨干在设计中会产生成就感，对其起到激励的作用。另外，在项目执行后期，需要到各个部门贯彻时，业务骨干又可以扮演监督、阐述、推动的角色。总体来看，靖远二电成立的以业务骨干为主的全脱产项目组是信息一体化得以成功运行的关键。

能否得到高层领导的大力支持对于项目成功也至关重要。不管前期把模块设计的多么完善，关键在于后期的执行，因此，领导的支持是靖远二电信息化得以成功推行的保障。iPRM的上线会与人的日常工作习惯发生很大的冲突，部分人的工作量会增加，这部分员工则会向领导施压，产生抱怨，如果此时领导的态度坚决明确，随着时间的推移，员工的习惯培养起来，之后就会适应这个系统；如果此时领导的革新观点动摇了，那么执行就面临很大的困难和挑战。因此，靖远二电之所以在信息化方面做到同行业领先的佳绩，领导对信息化的坚定支持起到不可忽视的作用。

6.3.2.3 操作阶段

第三阶段为操作阶段，其目的是落实实施方案。在项目实施阶段，首先就要完成这项工作。公司聘请了第三方咨询公司，对业务流程进行了细致的研究，记录每一个流程和其基本的绩效，和行业先进企业作对照，印证所需要的流程改动。随后，对每一个需要改进的业务流程进行重新设计，建立新的流程模型。同时利用先进的流程图工具及标准文档格式规范每一个子流程，并将认为对达到目标最具关键性的业务流程记录下来，次要的流程可以用软件配置项说明，并且映射到iPRM系统的相应功能模块中。由于公司需要完全集成的软件方案，所以iPRM系统必须覆盖全部，或者至少是大多数的业务流程。

在这一阶段，还有一个重要的任务就是选择最佳供应商，寻求专业的力量，雄厚的合作伙伴，尽量降低项目的风险。为此组织专人对电力行业信息化建设进行调研。通过考察，公司初步选定IFS系统软件。IFS于1999年进入中国市场，是唯一在大型企业和中型企业两个细分场中处于领导地位的应用系统供应商。2002年7月，核心组成员根据调研结果并结合公司发展和管理的需要，编写了信息化建设建议书和建设方案，同时邀请专家和股东对方案进行评审，结论是方案技术先进，管理超前，具有实施性。2002年11月至2003年6月，通过发售标书、开标评标等一系列招标过程，最终确定了宇博和用友IFS两家公司作为iPRM系统的软硬件供应商。2003年6月2日正式签订合同，系统进入开发实施阶段。

6.3.2.4 正式实施

根据公司的需要和实际情况，将iPRM系统建设分两期实施：一期工程建设，主要包括结构化综合布线及机房装修、网络平台的建设、IP语音系统的实施、视频监视系统的实施、iPRM系统与兰州公司总部网络互联、主要管理应用系统（财务管理、设备管理、物资管理、人力资源管理、档案管理、公司协同办公、运行管理、实时数据采集等）的开发实施；二期工程建设，主要包括设备状态检修、燃料管理、安全管理、生产统计管理、实时数据系统等的开发实施。这种整体规划、分步实施的指导思想可以避免孤立地设计或实施某项管理，防止形成信息孤岛和重复投资，实现主要业务流程电子化以及人力、物力、财力的优化配置和信息资源的高效利用。

6.3.3 iPRM系统技术和业务平台

iPRM系统建设了一个结构开放、技术先进、可扩充、易维护的满足企业级应用的综合业务数字网络，实现了数据、语音、网络视频三网合一和移动办公以及与异地局域网的互联。

6.3.3.1 iPRM系统技术

系统网络平台采用千兆以太网技术；核心服务器使用了2台IBM Power系列小型机，互为热备；核心交换机使用CISCO 2台6509互为备用，与接入层交换机实现2条千兆备份链路，保证系统的安全可靠运行；数据库采用ORACLE；语音设备使用AVAYA的S8300语音网关，使用VOIP技术，在局域网上部署数字IP电话。靖远二电iPRM系统网络架构图如图6-5所示。

6.3.3.2 三网合一业务平台

三网合一业务平台就是在一个统一的平台上同时实现语音、数据以及视频的传输和应用。这是一个开放的、先进的、可扩充的、易维护的满足企业级应用的综合业务数字网络，可提供广泛的软、硬件资源共享，分布式数据库存取，实时、优先权访问和多媒体信息传输。

在iPRM系统中三网合一业务平台所具有的主要功能基本都得到了很好的发挥。具体来说，利用三网合一业务平台可以实现Internet接入、构建企业内部网Intranet，实现电力系统内部网的访问和各地方网之间远程接入、内部财务结算及联系用户建立“网上客户服务中心”，可实现生产现场的远方监控，召开视频会议，还可用于实现员工岗位培训，开展异地交互式双向语音、视频多媒体教学等。

6.3.4 iPRM系统实施风险与管控

在我国实施的ERP项目虽然有成功的案例，但由于投入资金大、管理观念新、涉及面广、实施时间长，存在着较大的失败风险，甚至在企业间流传着这种说法“不上ERP等死，上ERP找死”。因此，靖远二电在建设iPRM系统时，从软件选型到上线运行的实施全过程，对威胁iPRM系统成功的各种风险始终保持高度警惕，并积极防范，做好应对之策。

6.3.4.1 管理理念的冲突

iPRM具有国际上先进的现代企业扁平化、集约化管理模式的特点，iPRM的管理思想与靖远二电现存的管理方式有较大的差异。因此，实施iPRM对于靖远二电内部而言，其最大的风险在于企业现有的管理方式与iPRM管理思想的冲突。

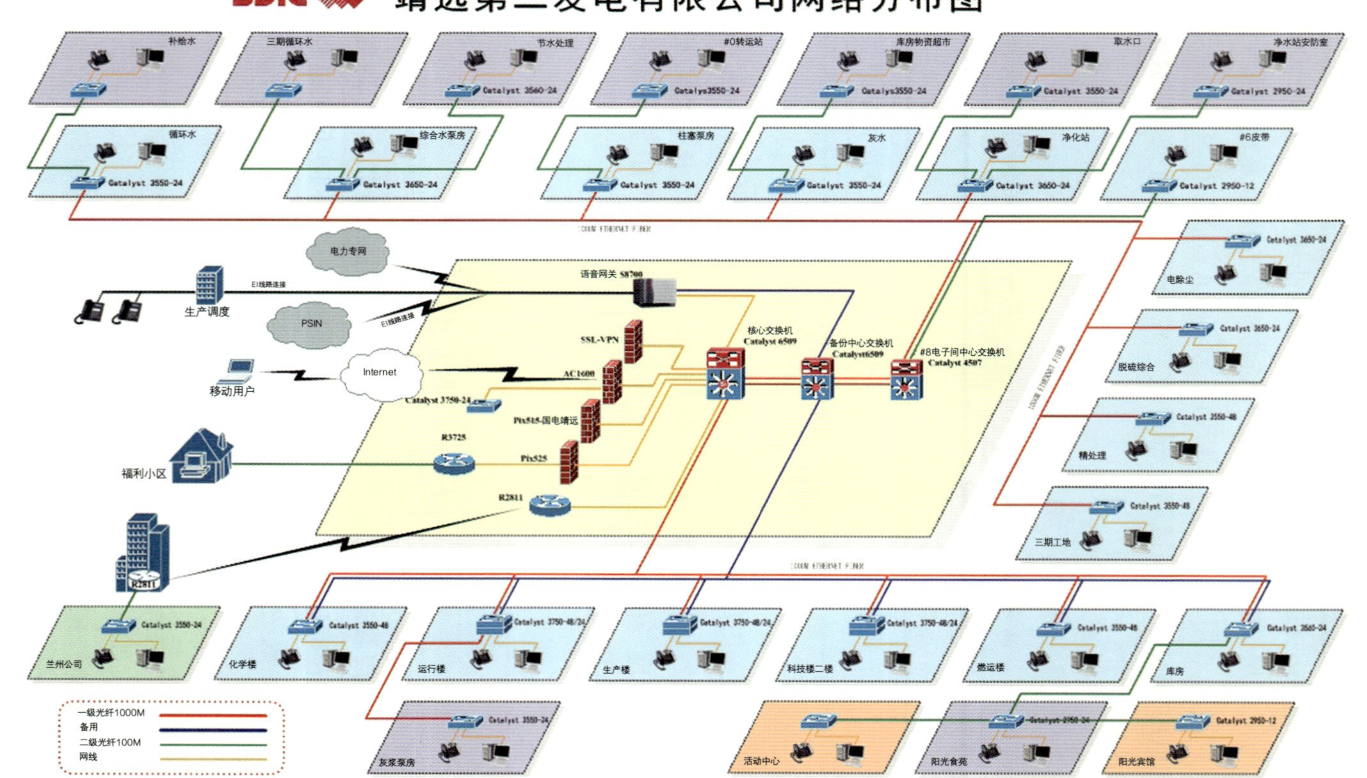

图 6-5　靖远二电 iPRM 系统网络架构图

iPRM系统的建设涉及管理流程、逻辑的变革，涉及工作岗位的调整，这些变革或改变不可避免地与企业原有的管理思想、模式、作风、习惯、流程和方法以及责权关系和体制结构等存在一定的冲突，从这个角度来说，如果没有领导层的支持，就不能将提高管理水平的原则贯彻下去。靖远二电为防范这一风险，在争取领导层支持方面做了一系列努力：首先，通过培训、观摩、调研、讨论和比较来提高他们对iPRM系统的认识，统一建设iPRM系统意见，让企业的领导层清楚地意识到iPRM系统将会对自己原有的管理思想与模式产生革命性冲击，以及由此带来的一系列的阻力和困难；然后，公司领导率先体验和使用iPRM系统，引导其他人员转变思想。通过这一过程，靖远二电高管的思想得到了统一，并在iPRM系统的建设方面表现出了最大力度的支持。

另外，靖远二电同样意识到企业信息化工程是一项复杂的系统工程，它涉及企业每一个部门，每一个经营环节，最终的具体操作都要落实到每一个员工身上，员工的思想和行为同样对iPRM系统的建设是否能取得成功影响重大。要使员工明确自己在整个系统中的位置和作用，认识到各自工作的重要性，确保数据及时准确地输入，基层的培训同样是必不可少的。为此靖远二电花大力气培训人员。在2004年8月份以前，核心组成员对最终使用人员的培训就达到了1200多人，举办培训班64次。同时还应用现场实际指导、个别辅导以及制作多媒体培训教材等手段和方法，使大部分最终使用人员掌握了系统基本原理和操作技能，可熟练使用iPRM系统。

6.3.4.2 业务流程优化的阻力

实施iPRM的同时需要进行企业流程重组和改善。在流程重组中，会触动某些部门的责权利，形成一定的阻力。如果企业不能恰当地处理这些问题，组织结构无法顺利调整，低效的组织架构将使先进的iPRM系统无法发挥作用。

为了尽可能减小在iPRM推行过程中的阻力，靖远二电进行的一系列改革都是在管理流程上的，并没有对生产流程做大的变动。

靖远二电在进行业务流程再造时没有采取传统的“激进式”流程再造方案，而是基于企业性质、内外部环境，从基础工作和运营的重要环节入手，建立起一种“渐进改良式”业务流程改造模式。具体体现在流程设计的指导思想上以“渐进改良法”为主基调，对新增业务流程适当考虑应用“全新设计法”。这种方法在一定程度上降低了变革难度和项目风险。

6.3.4.3 实施主体的错位

企业在实施iPRM系统的过程中，如果过多地依赖合作方，就可能对实施过程不清楚，培养不出自己的技术骨干，缺少系统运行后解决问题的能力。实施iPRM系统，软件开发商、咨询顾问和企业内部技术人员的共同合作是项目完成的基本保证。

靖远二电在实施iPRM系统的过程中，项目实施小组全程参与整个项目实施过程。为保证实施质量，项目组对业务流程进行了细致的研究，记录每一个流程和其基本的绩效，与行业先进企业作对照，印证所需要的流程改动。随后，对每一个需要改进的业务流程进行重新设计，建立新的流程模型。同时利用先进的流程图工具及标准文档格式规范每一个子流程，并将其认为对达到目标最具关键性的业务流程记录下来，次要的流程可以用软件配置项说明，并且映射到iPRM系统的相应功能模块中。靖远二电在软件方案选择和设计时坚持的原则就是最大可能地涵盖公司所有业务流程。

6.3.4.4 评价标准的缺失

如果没有一个衡量iPRM实施质量和系统成败的评价标准，在实施过程中难以及时控制实施质量，完成后难以正确定量评估最终实施结果，导致系统上线成为判断成败的唯一标准，使项目质量容易失控，为iPRM系统未来的运行应用留下隐患。

靖远二电iPRM系统的成功实施离不开标准的实施方法。为保证iPRM系统项目实施的成功，依照公司在初期制定的定性或定量指标确定项目评价标准。为保证项目的实施效率，靖远二电项目组制订了合理可行的实施计划，实施方法包含全面的项目管理和质量保证的过程，将经过培训的业务咨询专家应用到具体的项目实施过程中，周密考虑项目中的每个细节，对参与项目的每个职位根据职责和要求的技能仔细定义。项目管理的核心是控制项目的质量、计划及费用，即在规定的时间用规定的费用完成规定的内容，解决了评价标准不明确带来的风险。关于iPRM系统成果的评价，在有关专家参与的情况下，对系统进行应用效果的评审，既定性地反映公司通过应用iPRM系统后在管理水平方面有哪些明显的改进、提高和创新，又用相关经济指标定量的反映企业竞争力和管理水平的改进和提高，重点突出公司管理创新。公司还成立了专门的iPRM项目督察组，在每一期工程结束后，都依照iPRM系统需求是否满足，系统项目是否按时、按质完成等内容进行评审。

6.3.5 iPRM系统实施成果

目前，iPRM系统运行稳定可靠，公司全部业务都在系统中进行，工作效率整体上提高了40%，并且被评为甘肃省高新技术企业。事实证明此次投资是理性的投资，花钱为公司办成了大事。iPRM系统在以下四个方面独具特色：

①在财务系统中实现资金逆向追溯。

②工单管理中引入危险点预控和冲突检测。

③工单管理实现了严格的安全措施闭锁。

④运用项目管理实现对预算的控制和跟踪以及公司的大、小修管理。

运行实践证明，该系统实现了实时财务管理，降低库存资金20%，降低管理成本10%，提高资金利用率15%，综合效益明显。

6.3.5.1 优化企业资源配置，提高管理效率

靖远二电应用iPRM系统可以把企业产、供、销、人、财、物等生产经营环节与要素集成为一个有机整体，使物流、资金流、信息流、工作流高度集成和统一。

iPRM系统的实施会引发企业管理机制的变革和业务流程的重组，使内部精细化管理变为可能，分工更加明确。各部门以企业目标为导向，以信息传递方式紧密相连，而不以具体业务形式进行组织，从而形成一个富有团队精神的集体。iPRM系统使业务从原来的科层管理变为流程化管理，通过流程化管理，可以自动协调各部门业务，加强部门之间、员工之间的沟通，使企业资源得到统一规划和运用。

同时，iPRM系统可以有效整合企业组织结构。在企业中常常会出

现组织结构分化不明显，企业成员之间分工不明确，各部门以事务型为主等现象，使得部门职能过于笼统、权责不清，管理层更是身兼多职、缺乏有效的协调手段。除此之外，iPRM系统强调的是分权管理，部门功能化、流程化、并行化，并支持管理扁平式结构，这样就促进了组织正式制度的建立，决策点下移，增加了基层作业者根据实际情况及时进行决策的机会，对每一环节存在的问题可以随时反映，做到事中控制，同时也削弱了管理者的个人性格、意志对企业运作的影响。

6.3.5.2 提供全面、准确、及时的信息支持

iPRM系统可以全面、准确、及时地收集信息，对收集的信息和数据进行迅速地加工处理，及时为各级管理决策人员提供有效的统计、汇总和分析报表等，并使相关的人员能够共享这些信息。

在信息全面、准确、及时和共享的基础上，采用科学的算法如实地反映企业生产经营管理信息，如预算执行、成本控制、生产运行状况、工程进度情况、物料采购情况等方面的定量分析，为各级管理人员进行预测、控制、计划变更提供有效的决策支持。

6.3.5.3 形成"以人为本"的竞争机制

"以人为本"的竞争机制前提是必须在企业内部建立一种竞争机制，不能仅靠员工的自觉性和职业道德。具体而言，应首先在企业内部建立一种竞争机制，在此基础上，给每一个员工制定一个工作评价绩效标准，并以此作为对员工的奖励标准，使每个员工都必须达到这个标准，并不断超越这个标准，而且越远越好。随着标准不断提高，生产效率也必然跟着提高，这样"以人为本"的管理方法就不会成为空泛的教条。

竞争是建立在公平的基础之上，在iPRM系统中，所有业务都流程化、透明化，不同部门、不同级别的绩效都以数据的形式公开在系统中，一切以绩效来说话。同时，每一个员工处在系统的每一个环节，而系统的工作是环环相扣，使大家明白了自身工作的重要性，提高了员工的积极性，激励所有人参与到竞争中来。

6.3.5.4 增强企业的综合实力

iPRM系统作为ERP在发电企业成功应用的范例，被甘肃省科技厅和经贸委作为省级科技攻关项目，在甘肃省高新技术领域推广应用；

公司还被甘肃省列为省内17家重点制造业信息化企业之一。

iPRM系统通过降低库存资金和管理成本，加快资金流转，提高管理效率和劳动生产率，降低人员劳动强度，使得企业整体工作效率提高40%，整体业务流程处理提高50%。同时，公司企业资产管理、财务管理、分销管理、文档管理、协同办公、运行管理、人力资源管理、燃料管理、项目管理、档案管理、厂级监控及优化等均纳入系统进行，保证了业务的公开透明和高效规范，提升了公司的核心竞争力。

总体来说，iPRM系统可以真实地反映整个企业的运作效率，提高企业的综合竞争能力。iPRM系统打造了企业生产管理的一体化信息平台，是企业管理的中枢神经，同时也成为决策层进行管理创新的有效工具。系统软件的投用，对公司财务、设备、检修、物资的管理流程和管理模式产生了深远影响。

6.4 厂级优化及监控系统

自动化程度高的设备为建立一流的信息控制平台提供了条件，并且能够促进经营管理各项工作决策的科学化，也为“厂网分开，竞价上网”打好坚实的基础。在科学分析和与时俱进思考的基础上，靖远二电引入了厂级优化及监控系统（SIS）。

6.4.1 厂级优化及监控系统概述

6.4.1.1 厂级优化及监控系统的概念

SIS是集生产过程监测、优化运行及生产管理为一体的厂级自动化信息系统。它以安全、经济运行和提高发电企业整体效益为目标。SIS可以对影响机组的热经济性进行在线计算和分析，运用火电机组的热经济性原理，实时诊断机组的运行能损情况，定量计算这些偏差所引起的能量损失，运行人员根据优化运行指导及时调整运行操作，使得机组能在最佳运行状态下运行，从而提高机组的投入产出比，增强核心竞争能力。

6.4.1.2 厂级优化及监控系统的构成

靖远二电的SIS系统由生产系统实时信息显示、性能计算与经济分析、全厂负荷优化调度、机组寿命管理、机组运行经济评估及优化运行、设备状态检测故障诊断及维修六个模块组成。这六个模块涵盖了靖远二电的发电控制、设备管理、成本控制等生产过程的方方面面。通过这个系统，靖远二电实现了对发电过程的全流程、全时点、全员的控制。现在，公司领导和公司的股东，无论在地球的哪个村落，只要有因特网的地方，就可以运用这个系统和因特网通道，查阅公司每个时点的生产运营进展情况和设备、机组的运行情况，并对生产运营进行决策、发出优化指令。管理人员可以根据SIS提供的各种即时原始数据和SIS分析处理的结果，对生产运营活动进行调整、优化，使投入运行的各机组性能处于最佳，产出最大，费用最低，而由于性能没有达到最优闲置的机组，及时地根据机组寿命和性能分析，进行零配件更换和维修保养。靖远二电SIS的模块组成如图6-6所示。

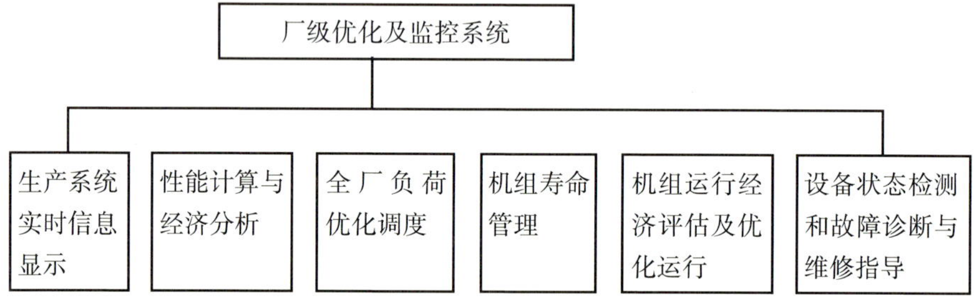

图6-6　SIS的模块组成

(1)生产系统实时信息显示

SIS绘制出画面、曲线、棒状图等，显示出机组及其辅助设备的运行状态、参数、系统图，为生产管理人员提供实时信息。同时记录生产过程的主要数据，生成需要的各类生产和经济指标统计报表。

(2)性能计算与经济性分析

SIS计算出单元机组各主辅设备的效率等性能参数，将当前各性能参数与理想值进行计算比较，将偏差以百分数形式显示于屏幕，以使运行人员矫正偏差，从而达到优化机组性能，降低运行成本的目的。

(3)全厂负荷优化调度

“厂网分开，竞价上网”以后，电厂负荷的分配由原来的“计划”模式向电厂或机组的电量竞价模式转变，对于非直调的机组，电厂可通过SIS的机组负荷响应性能来实现各机组的负荷最优分配，以达到全厂效益的最大化。

(4)机组寿命管理

寿命管理通过SIS提供的启动曲线、运行曲线和寿命曲线，结合厂家提供的各种数据、图表来设计设备的预测和预防性维护方案。SIS根据每次启停计算寿命损耗且累积最终寿命损耗，储存每次启停的寿命损耗率。同时SIS根据各种运行参数和设备的运行时间，在CRT上为运行操作人员提供维护的预测信息和指令。

(5)机组运行经济评估及优化运行

当机组在一定的负荷下运行时，各种参数存在着与负荷及其他运行条件对应的理想值，通常称之为目标值。这些目标值是根据设计、运行、热力实验等技术参数确定的，机组在运行过程中，如果这些参数偏离了目标值，就会造成热经济损失。因此，SIS系统应具有监视机组的运行参数，在其发生偏离时，及时警告并对偏离进行分析计算，得出调整的操作方式，以指导机组的运行优化。

(6)设备状态检测和故障诊断与维修指导

通过对过程各部分的变量进行逻辑评估来监视过程，并将过程的实际状态与动态过程模型相比较，面对状态进行诊断和早期报警，使运行人员能在故障发生前对该问题进行纠正，并将诊断的问题以因果图的方式显示出来。同时可自动提供高精度实时设备性能数据，供管理人员分析和编写报告使用。通过对所采集的测点数据分析，并与标准模型进行比较，对诊断出错误的数据进行调整，调整后的数据发往过程信息管理系统或控制系统，运用于生产过程的控制。

6.4.2 厂级优化及监控系统的功能

6.4.2.1 生产运营监控与管理

(1)信息数据采集和处理

靖远二电SIS的生产信息主要来源于5号、6号机组DCS及故障诊断，7号、8号机组DCS及故障诊断，脱硫DCS，电气网络监控系统，灰网监控系统，水网监控系统，煤网监控系统七个方面（如图6-7所示），这七个方面基本覆盖了靖远二电生产运营的各个流程和环节。它与iPRM系统等构成了靖远二电一体化的网络系统（数字化的电厂）。通过一体化的网络系统使生产运营实时控制信息从生产现场延伸到了办公室，从而可以使靖远二电的技术和管理人员从全局的角度对各机组DCS和各辅助车间的生产过程数据和设备状态进行统一监控和分析，并基于过程数据和分析结果掌握全厂生产与设备的状况，督导机组运行，为管理提供决策依据，为控制和操作提供科学合理方案。

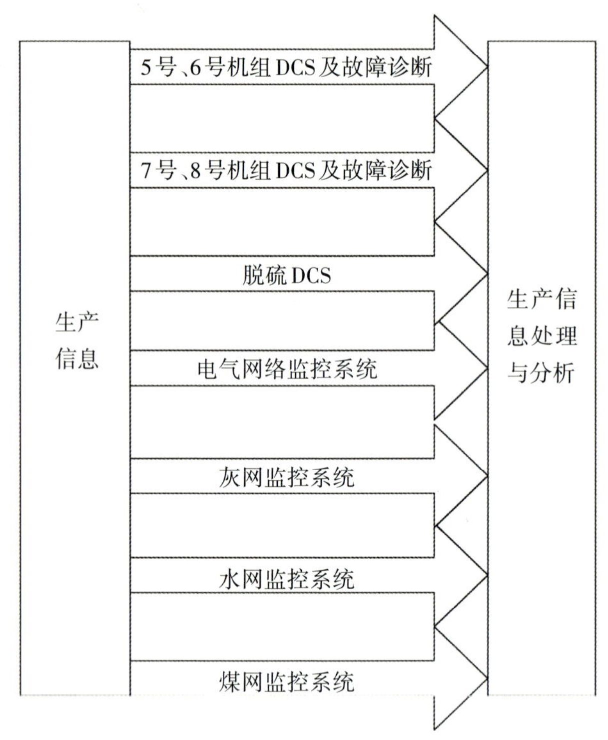

图6-7 生产信息来源图

（2）远程监控

远程监控模块根据运行操作、生产管理和设备管理人员对信息的不同需求，以实时/历史数据库为基础，以流程图、棒图、趋势图、数值、符号等图表形式直观、实时地显示机组运行实况，从而达到对生产过程的有效监控。同时可以协助相关人员方便、快捷地获取生产运行参数及设备状态信息。

6.4.2.2 性能计算和经济性分析

（1）性能计算

SIS系统能实时对机组和全厂的性能指标进行计算，并将计算结果以流程图、趋势图、棒图和表格等形式显示，使技术和管理人员对整个机组的运行状况全面掌握，性能计算包括机组级和公司级两个方面。

(2)经济性分析

机组经济性分析源于机组耗差分析。根据耗差分析结果，对机组运行过程中参数偏离基准值或设备投停（如暖风器解列、加热器停运等）所造成的能量损失进行实时分析，找出机组能量损失的地点、大小、分布情况和成因，帮助运行人员有目的地调整参数，使机组运行指标不断趋向或达到设计值（或最佳值）。

6.4.2.3 负荷分配和调度

根据电网调度中心负荷实际变化情况，结合主、辅系统当前可利用率情况和各主、辅机运行经济特征值，合理分配电网调度的全厂负荷指令。以降低机组的负荷调节频度，提高机组的稳定性，延长主、辅设备的寿命，经济分配各台机组的负荷，降低全厂的供电煤耗为目标，投入最少机组来完成负荷调节任务为原则分配机组的负荷调节任务，并将分配结果实时显示在SIS系统中，值长根据负荷分配结果向各机组下达调节负荷指令，该功能属开环控制。

6.4.2.4 设备寿命计算和分析

设备寿命计算与分析是通过实时监测机组的温度、压力、流量和负荷等状态参数，在机组启停过程和甩负荷等负荷激烈变化过程中，根据数学模型计算其机械应力和热应力，并根据交变应力转化为当前运行工况下的寿命损耗率，实时监测高温压力容器的变化和疲劳损伤，从而量化和评估锅炉、汽机等主要设备的寿命损耗，以便运行和检修人员能够及时对这些设备进行维护、检修，保证安全、经济生产，达到维持机组运行的可靠性，减少设备检修频率及更换设备配件费用，延长设备使用寿命，提高发电投入产出比的目的。

6.4.2.5 运行优化与操作指导

优化控制系统分厂级与机组级控制两部分。厂级控制主要根据调度的全厂负荷指令，控制全厂负荷，根据机组的实际运行情况分配机组负荷。机组级控制是根据厂级的负荷分配要求控制机组的负荷，通过机组的优化试验和运行经济分析，为运行人员提供主、辅机的优化运行参数和运行方式，将主要运行参数的实时值、优化值（或设计值）和相应的趋势图同时在画面中显示出来，运行人员根据实时值和优化值的偏差进行调整，使机组在最优工况下运行。

6.4.2.6 设备状态检测和故障诊断

(1)设备状态检测和计算

设备的泄漏、磨损等状态检测和计算是提高机组安全运行的重要手段，是提高安全经济运行的基础和保障。它利用统计分析和现代信号处理技术，通过设备参数劣化分析判断其运行是否正常，并预测、诊断、消除故障，以及指导设备的管理和维修。设备状态检测和故障诊断由状态监测和故障诊断两部分组成。

(2)主机和主要辅机状态检测与故障诊断

①锅炉受热面积灰结渣检测与吹灰优化。

②锅炉炉管泄漏检测。

③汽轮机振动故障诊断。

④辅机故障诊断。

⑤设备状态信息统计。

6.4.3 与全厂各控制系统的关系

SIS位于各生产设备控制系统之上，对全厂生产设备的运行全面实施监控，总览各生产设备的运行情况、参数及设备状态；从全厂指挥的高度对电厂生产实施监视、分析判断并做出决策。SIS可与单元机组DCS、公用DCS和配电网络500 kV NCS（网络监控计算机系统）实现通信，通过SIS的用户终端可获取 DCS、NCS和公用DCS的信息。MIS可从SIS获取所有机组的实时数据，SIS还可接受电网的预测负荷曲线，经优化后再把负荷下达到每台机组。为保证生产系统的安全性，电网调度系统来的负荷曲线指令、SIS与MIS间均采用单方向的数据通信方式。同时，为保障SIS的电厂负荷经济分配系统实时安全性及其与NCS通信的可靠性，其所需的来自MIS的数据及与NCS和DCS通信所需的重要过程参数均通过独立的I/O接口实现。

6.4.4 厂级优化及监控系统的应用展望

随着SIS系统和IT技术的不断完善和发展，SIS系统建设必将是电厂管控一体化建设中非常关键的项目，也可使得火电厂取得更好的运行可靠性和经济效益。SIS系统在以下几个方面的应用值得我们的期待。

(1)机组状态检修的完美实现

机组设备的检修维护有三种模式：故障维修、定期维护、状态检修。故障维修是设备已经出现问题时进行的检修，一般多为突发性的；定期维护是按照规程要求对设备定期进行检查、维护和保养；状态检修是在对设备运行状态整体分析判断的基础上来采取相应的检修。这三种检修方式中，状态检修似乎非常完美，但在实际当中并不是那么容易办到的。因为影响机组设备状态的因素不仅很多，而且相互之间又存在着复杂的交叉关系，并非彼此独立，因而用传统的方式建模不太现实。

SIS系统数据库存储了反映机组设备状态水平的海量历史数据，通过对这些参数的分析和判断，就可“诊断”出设备的健康状况。按这一想法建立一个设备动态数据模型，就可以为运行人员及生产管理人员提供为机组“体检”的工具，从而实现完美的状态检修。

(2)大范围区域运行电站的集中监控

由于有了SIS系统，在高速网络的技术保障下，各机组、设备不论在何处都可以实时监测、实时操控，从而可以不必在就地设置集控中心，而是采用在一定范围区域，比如一个省、一个区域电网，设立一个大的集控中心，将优秀人才集中起来进行管理，既能减少人员数量，又能集中优势人才解决问题，最终实现人才的高效配置。

(3)寿命计算与风险分析的有机结合

高温关键设备如锅炉“四管”、锅炉部件、汽轮机转子等一直是影响火电机安全、可靠、经济运行的主要因素之一。通过在线监测高温关键设备使用过程中的温度、压力变化以及材料的老化，预测设备使用寿命。在线实时跟踪设备使用状况的变化，预防超温、老化引起的爆管、开裂，降低工作风险，减少机组非计划停用时间。

(4)在线监督管理的有效实施

技术监督是提高发电设备可靠性，保障电力系统安全、优质、经济运行，实现电力安全文明建设的科学手段，始终得到各大电厂的高度关注。通过采用一系列的监测技术和手段，实现设备实时在线监测和检验的目标管理、设备当前状态的在线评估和风向管理、设备长期老化趋势分析和寿命管理，并最终提高电厂设备运行的可靠性、经济性和环保性。

专栏文章6.2

SIS与DCS、MIS的区别

（1）SIS与DCS

DCS，又称机组（车间）级监控系统。它与SIS的区别主要表现在：一是服务对象不同，SIS主要是为全厂综合优化服务，而DCS是为机组（车间）级自动化服务。二是功能不同，SIS大量用于对实时生产过程的管理目的，只有少量用于监控目的（如负荷实时调度），而DCS则相反，主要是监控功能，但也同样包括少量管理信息（如历史数据存档等）。人们在命名时，常常以主要功能来确定，因此，厂级的称为监控信息系统，机组（车间）级则称为监控系统。

（2）SIS与MIS

MIS又称管理信息系统。它与SIS的区别主要表现在:一是服务范畴不同，SIS属于实时生产过程管理和监控范畴，而MIS属于企业管理现代化的范畴。二是实时性要求不同，SIS实时性强，且不说全厂生产过程的综合监控需要连续进行（如负荷实时调度），就是生产过程的管理，也属于实时性管理，许多问题也必须三班不间断地处理（如设备状态监测和分析）;相对而言，MIS实时性要求就低一些，属于离线分析和管理，一般也无须三班制值班。

（3）SIS在信息管理中的作用

SIS系统是介于DCS等操作网络和MIS信息管理系统之间的一种新型的信息管理系统，它不但具有DCS的稳定性，而且具有MIS系统的灵活性。它的成功运用结束了DCS等操作网络与MIS等管理信息系统脱节的历史，它很好地将生产过程控制网络与管理信息网络联系在一起，不但实现了全厂生产过程的远程监控，而且为管理人员科学决策提供了有力的依据；它的运用在目前电力体制改革厂网分开、竞价上网的新形势下，可以为火力发电厂的上网报价提供可靠的依据。

6.5 商务智能系统

ERP系统集信息技术与先进的管理思想于一身，反映了时代对企业合理调配资源，最大限度地创造企业财富的本质要求，是企业在信息时代生存、发展的基础；但ERP系统在决策分析上多采用事务型处理而非分析性处理，即ERP系统的功能大多数仍停留在MIS系统层面，对决策支持有着明显的不足，没能够达到真正的ERP所期望的辅助决策分析的功能。随着计算机网络和企业电子商务的快速发展，ERP被赋予了新的发展趋势，例如，商务智能系统的出现，为解决ERP决策方面的不足找到了突破口。

靖远二电iPRM系统的实施统一了企业内部的信息流，理顺了各业务的流程，提高了企业的运行效率，但iPRM系统中历史性的数据开始出现，对大量历史数据的管理已迫在眉睫；同时，企业需要利用iPRM系统提供的信息反馈来指导、控制企业的各种活动，如何将信息展现并为决策提供支持已成为靖远二电的当务之急。商务智能系统的实现依赖于大量的、准确的、真实的数据；而iPRM系统产生了大量的、准确的、真实的数据，两者相互依存，相互促进，对企业现代化管理至关重要。因此，商务智能系统的建设，不仅为靖远二电iPRM的升级提供了新的发展方向，而且对靖远二电管理能力的提升同样必不可少。

专栏文章6.3

ERP与BIS的比较

商务智能系统将数据挖掘和联机分析处理技术应用在现有的ERP系统，实现了ERP从MRPⅡ在事务处理控制方面的本质飞跃。MRPⅡ是通过计划的及时滚动来控制整个生产过程，一般只能实现事中控制；而结合了数据挖掘和联机分析处理技术的ERP系统，则强调企业的事前控制能力，它可以将设计、制造、销售等通过集成来并行地进行各种相关作业，为企业提供质量、适应变化、客户满意、绩效等关键问题的实时分析能力。

6.5.1 商务智能系统概述

商务智能系统（BIS），是运用数据仓库、联机分析和数据挖掘技术来处理和分析商业数据，针对不同行业或特定应用领域，提供量身定做的解决方案，协助用户解决商务活动中的复杂问题，从而帮助企业决策者面对商业环境的快速变化做出敏捷的反应和合理的商业决策的管理系统。

在信息变迁迅速的时代，企业各阶层人员随时随地掌握第一手情报，将为企业带来无限的商机与竞争力。靖远二电的iPRM系统涉及人力资源、财务、物资、设备、项目几大模块，每个模块都有千万条数据，这些数据内含的商机和潜在价值正是靖远二电发展商务智能系统的驱动力。具体而言，面临庞大的数据资源，建立结构化的数据仓库，从不同的维度组织和分析数据，可以挖掘出有价值的经验和规则，快速准确地找出需要的信息，提高数据的利用率，为管理者提供更多决策支持。

目前，靖远二电对商务智能系统建设还处在起步阶段，其主要任务是：系统全面地了解商务智能系统的构架、技术需求、潜在价值和风险，在全面考察和评估的基础上，开发出与靖远二电相匹配的商务智能系统，帮助靖远二电提高运作效率，建立有利的客户/供应商关系，优化企业绩效和人力资源管理，帮助企业从现有资源中提炼更多的价值。

6.5.2 商务智能系统构架和关键技术

靖远二电对国际上比较有影响的六个商务智能系统建设框架进行了调研，结果显示：与恩门的企业信息工厂、扎克曼的企业框架、美国数据仓库研究院的商务智能组件架构、商务智能厂商BO的商务智能架构和商务智能厂商Micro Strategy的商务智能架构相比，Gartner的商务智能框架在业界最受推崇。因此，在建设商务智能系统的过程中，靖远二电需要将更多的注意力集中在Gartner的商务智能上，其框架如图6-8所示，该图形象地展示了商务智能的信息流动方向。

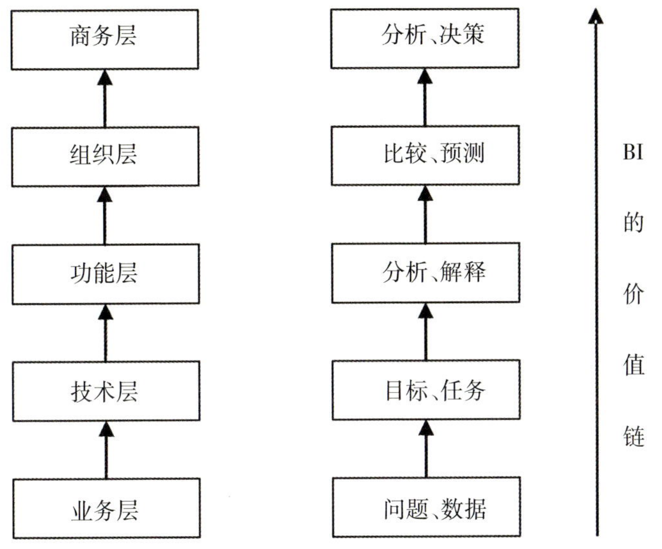

图 6-8　商务智能的框架

业务层包括企业资源计划、客户关系管理、供应链管理和遗留系统等，它是企业数据和问题的原始来源，商务智能软件可以通过编程接口来访问该层；技术层负责数据的ETL（Extract Transform Load），即抽取、转换、转载等加工；功能层包括商务智能套件、商务智能平台、报表查询工具；组织层负责项目的实施，包括对最终信息的比较和预测等。经过以上四层的积累，最终商务层根据得到的信息进行分析和决策。如图6-9所示为商务智能系统的通用框架图模型。

除了商务智能系统的筹划建设，靖远二电还同步引入了个人门户的建设议案，即商务智能门户（BIP），对商务智能系统进行了提升和补充。商务智能门户使得商务智能系统的使用更加方便和个性化，能够根据职务的不同和工作需要设定不同的界面，并且能够有力地整合企业内外的信息。特别的是，商务智能系统只能处理结构性资料，但是那些存在于文件、电子表格、电子邮件、互联网等环境中的非结构性资料比例远高于结构性资料，而且也是企业决策不可或缺的参考因素。

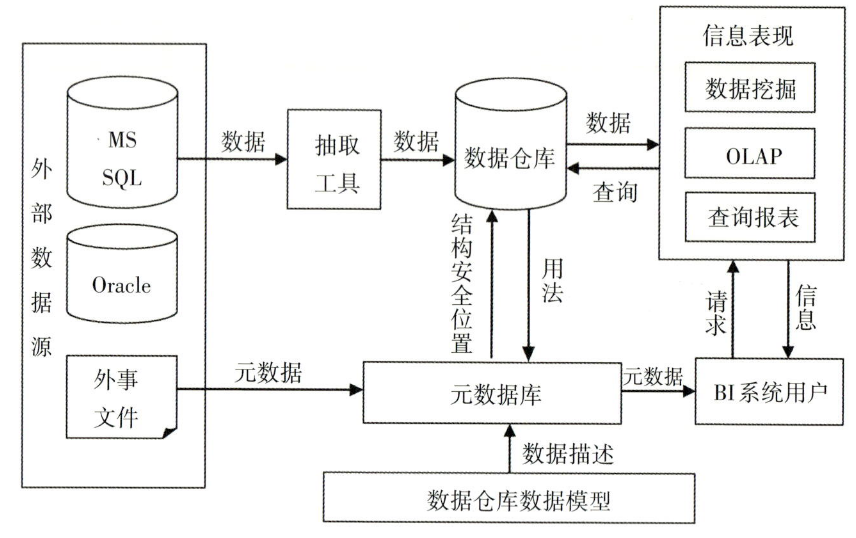

图 6-9 商务智能系统通用构架模型

6.5.2.1 商务智能系统的构架

商务智能系统是基于数据仓库技术发展而来的，其核心用途就是将数据有效地转化为信息、知识和智慧，进而为企业决策做出依据。靖远二电对商务智能系统的建设主要包括数据预处理、建立数据仓库、数据分析及指标展现等4个部分，其数据流程如图6-10所示。

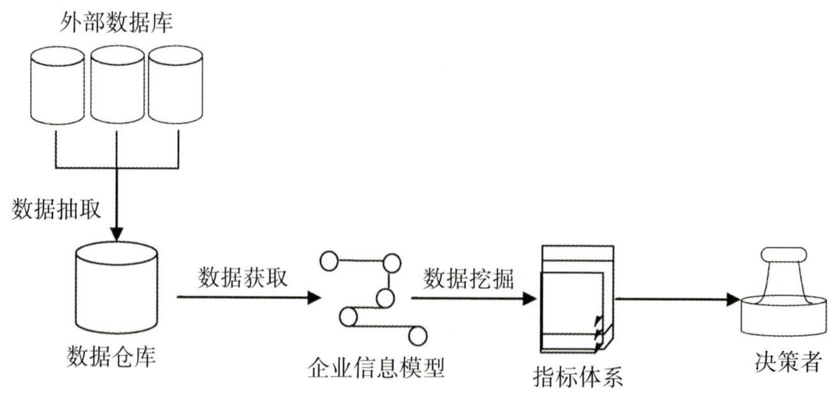

图 6-10 商务智能系统的数据流程图

(1)数据预处理

数据预处理是整合企业原始数据的第一步，包括数据抽取、转换和装载三个过程。靖远二电在数据预处理时会依据决策需求从前台作业系统、业务部门及企业外部的各种类型的数据库（如：ORACLE、SYBASE、SQL SERVER、FOXPRO、ACCESS和INFORMIX等）中抽取与决策相关的数据，然后按照靖远二电数据仓库的格式，把抽取的数据以统一的形式整合纳入自己的数据仓库。

(2)建立数据仓库

数据仓库是商务智能门户构架的核心，包括数据提取、数据清洗和数据转换三大主要模块。数据预处理的最终目标是吸纳所需数据，并将其纳入企业自身的数据仓库，因此，数据仓库的建立对靖远二电而言是其处理海量数据的基础，可以实现数据的提取、净化、过滤及数据标准化。通过建立数据仓库，靖远二电不仅可以实现传统的联机事务处理（On Line Transaction Processing，OLTP）以及统计查询，还可以为决策提供支持并且进行联机分析处理（On Line Analytical Processing， OLAP）。

(3)数据分析

收集数据并不是靖远二电建设商务智能系统的目的，其存在的价值是对数据的分析，这也是体现出商务智能系统智能化的关键所在。一般而言，商务智能系统在进行数据分析时离不开联机分析处理和数据挖掘。联机分析处理不仅对数据进行汇总、聚集，同时还提供切片、切块、下钻、上卷和旋转等数据分析功能，用户可以方便地对海量数据进行多维分析。数据挖掘的目标则是挖掘数据背后隐藏的知识，通过关联分析、聚类和分类等方法建立分析模型，预测企业未来发展趋势和面临的问题。

(4)指标展现

靖远二电建设商务智能系统的目的是将数据有效地转化为信息、知识和智慧，只有将最终分析结果呈交给决策者，为决策者所用，才能实现商务智能系统的真正价值。具体来看，数据指标展现的方式主要有：

①查询。定义查询、动态查询、联机分析处理查询与决策支持智能查询。

②报表。产生关系数据表格、复杂表格、联机分析处理表格、报告以及各种综合报表。

③可视化。用易于理解的点线图、直方图、饼图、网状图、交互式可视化、动态模拟、计算机动画技术表现复杂数据及其相互关系。

④统计。进行平均值、最大值、最小值、期望、方差、汇总、排序等各种统计分析。

⑤挖掘。利用数据挖掘等方法，从数据中得到关于数据关系和模式的知识。

6.5.2.2 商务智能系统的技术支持

数据仓库、联机分析处理和数据挖掘作为发展商务智能系统的三大关键技术，是靖远二电筹划商务智能系统建设时关注的重点。

对靖远二电而言，数据仓库可以把iPRM系统各分散的原始操作数据和来自外部的数据汇聚和整理成一对一的关系数据库，为靖远二电提供完整、及时、准确和明了的信息；联机分析处理可以保持各个数据集市之间的数据一致性，保证查询结果在一个较短的时间内输出，以及具有数据路由、整合缓冲、数据装载平衡的基本功能；数据挖掘可以从数据库的大量数据中揭示出隐含的、先前未知的并有潜在价值的信息。

联机分析处理和数据挖掘都可用于分析数据，联机分析处理是一个交互的过程，数据挖掘是一个自动的过程，从数据分析的深度来讲，联机分析处理是一个浅层次的过程，数据挖掘是一个深层次的过程，后者可以发现更为复杂细致的信息，两者在商务智能系统中相辅相成，互为补充。

靖远二电在筹划商务智能系统建设的过程中，对数据仓库、联机分析处理和数据挖掘技术的应用和功能进行了全面的分析和调研，结果显示，只有在这三大技术支持下的商务智能系统才能顺畅、高效的运行；同时，靖远二电在应用数据仓库、联机分析处理和数据挖掘技术时，不能简单地照搬其他企业的模式或把这三大技术分割开来，而应该意识到三大技术之间不可分割的关系，以集成的方式把数据仓库、联机分析处理和数据挖掘应用于商务智能系统中。

专栏文章6.4

商务智能系统三大关键技术

数据仓库、联机分析处理和数据挖掘是发展商务智能系统的三大关键技术。

（1）数据仓库技术

数据仓库是“面向主题的、完整的、非易失的、不同时间的、用于支持决策的数据集合”。数据仓库的概念可以从两个层次来理解：首先，数据仓库用于支持决策，面向分析型数据处理，它不同于企业现有的以操作型数据处理为中心的数据库，数据处理从联机事务处理转移到联机分析处理；其次，数据仓库是对多个异构的数据源有效的集成，并对集成后的数据按照主题进行了重组的结果。其中包含历史数据，并且存放在数据仓库中的数据一般不再修改。数据仓库能够完整地记录各个历史时期的数据，可支持决策查询，例如从几千万个记录中获取不同区域的汇总报表。从本质上讲，数据仓库是根据决策支持的需要进行的数据重组。它具有丰富的数据采集、数据管理、数据分析和信息描述的功能。

（2）联机分析处理技术

联机分析处理是针对待定问题的联机数据访问和分析。通过对信息（维数据）多种可能的观察形式进行快速、稳定一致和交互性的存取，允许管理决策人员对数据进行深入观察，从多种角度对从原始数据中转化出来的、能够真正为用户所理解的、真实反映企业维持性的信息进行快速、一致、交互地存取，从而获得对数据更深入的了解。

联机分析处理是独立于数据仓库的一种技术，它通过快速、一致、交互地访问各种可能的信息视图，帮助数据分析人员、管理人员、决策人员洞察数据的奥秘，掌握隐于其中的规律。联机分析处理力图处理数据仓库中浩如烟海的数据，并将之转化为有用的信息，从而实现对数据的归纳、分析和处理，帮助企业完成决策。

（3）数据挖掘技术

数据挖掘是指从数据库的大量数据中揭示出隐含的、先前未知的并有潜在价值信息的非平凡过程。它的广义是指从存放在数据库、数据仓库或其他信息库中的大量数据中挖掘有用的知识过程。数据挖掘的任务是从大量数据中发现知识，它一般可以分为两类：描述性挖掘任务和预测性挖掘任务。前者是刻画数据库中的一般特性，后者是在当前数据上进行推断，以进行预测。数据挖掘的主要目标是发展有关的方法论、理论和工具，以支持从大量数据库中提出有用的和让人感兴趣的知识和模式。

数据挖掘是一种决策支持过程，它主要基于人工智能、机器学习、统计学等技术，高度自动化地分析企业原有的数据，做出归纳性的推理，从中挖掘出潜在的模式，预测客户的行为，帮助企业的决策者调整市场策略，减少风险，做出正确的决策。从商业角度讲，数据挖掘就是一种深层次的数据分析法，它能够按企业既定目标，对大量企业数据进行探索分析，揭示隐藏的、未知的或验证已知的规律，并进一步将其模型化。

6.5.3 商务智能系统建设

企业商务智能系统的应用能有效地将数据转化为信息、知识和智慧，进而为企业决策提供依据，提高数据的应用价值，优化企业管理决策。

一般而言，企业商务智能系统的主要用户通常为企业中高级管理人员，系统通过关键指标统一展示企业战略的整体目标达成情况、财务状况、企业经营状况及其他情况，为管理人员提供决策依据。靖远二电在信息化及商务智能系统建设的过程中，结合企业自身的管理和信息化建设水平，同步引入了个人门户建设，将商务智能系统用户扩展为企业所有人员。

6.5.3.1 商务智能系统六个模块

在不同的场景中，商务智能系统的应用模块设置也会迥然不同。在充分考察公司经营管理需求的前提下，靖远二电的商务智能系统将围绕公司绩效评价、公司战略分析、生产经营分析、公司价值分析、本量利分析和人力资源分析六个主题展开。这些主题通过若干个子主题域和相关指标、关键绩效指标法（Key Performance Indicator，KPI）来支撑，其分析维度包括业务板块、组织、期间、产品、客户等，分析方式包括对标分析、构成分析、同比分析、环比分析、排名等。

(1)公司绩效评价

企业绩效评价可以通过与行业关键指标对比，并根据靖远二电自身实际情况设定适当的预警阈值，及时反映公司的经营状况，帮助管理者有针对性地改进管理。系统可以根据靖远二电设定的绩效分析评价框架进行绩效评价，主要包括盈利能力状况、资产质量状况、债务风险状况和经营增长状况四个子分析主题。

(2)公司战略分析

系统可以根据靖远二电发展远景和中长期目标，将公司总体战略分解为一体化战略、业务战略、竞争战略和运营战略四个子分析主题，并匹配相应的KPI予以管控。

(3)公司生产经营分析

系统可以从影响靖远二电价值创造的动因出发，按照最佳途径及管理重点选择运营效率类指标，对业务板块的运营效率进行分析，进而提升公司盈利能力、净资产效率以及综合竞争力，包括产销状况、成本及费用、运营效率和重点客户四个子分析主题。

(4)公司价值分析

系统可以从梳理靖远二电价值创造的动因入手，设置价值指标并评估其对目标的影响，为运营活动设置运营指标，通过价值指标来反映绩效，并进而回馈、优化战略和管理。基于公司价值创造，根据价值动因选择分析指标，从板块、产品、客户以及组织等维度进行分析，包括收入增长、盈利能力、净资产效率和外部期望四个子分析主题。

(5)本量利分析

系统可以选择靖远二电主要产品的历史售价、销量以及单位成本，预测下期售价、销量、单位成本，并计算总收入、成本、毛利，分析售价等变动对总收入和利润的影响。

(6)人力资源分析

系统可以从员工类别、学历、技能等级等多个维度分析靖远二电人员结构和人员流动情况，保证人力资源战略与公司发展战略的一致性，促进公司和谐发展，提升公司综合竞争力。其中系统包括四个子分析主题：人员结构、人员流动、劳动关系和培训与成长。

6.5.3.2 商务智能系统三大实施阶段

靖远二电在商务智能系统建设时，首先，要了解企业的管理状况和行业特点；然后，借助数据仓库和数据挖掘等技术把业务系统积累的数据转化为统一的格式；最后，根据需求适时把分析结果传递给需求者。通过市场调研和总结，靖远二电将商务智能系统的建设划分为三个阶段：准备阶段、建设阶段和运行阶段。

(1)准备阶段

对靖远二电而言，建设商务智能系统的前期工作主要包括需求分析、项目整体规划和数据来源及其质量控制。同时，在准备阶段，为了保证后序工作的顺利进行，应做到以下几点：商务智能系统建设是一把手工程，需要管理者支持，有明确分析和智能运营管理的需求，有实施经验的专家，有大量的数据积累，有简单易用的工具。

(2)建设阶段

在建设阶段，靖远二电应首先成立商务智能系统项目组，然后结合公司的技术支持现状选择购买、独立开发还是与软件开发商合作，开发商务智能软件，并将其拓展到商务智能平台上。另外，在建设商务智能系统的过程中，不能脱离iPRM系统原有管理模式，从某种意义上讲，商务智能系统本身就是iPRM系统的优化升级，两者的衔接与匹配对商务智能系统能否发挥数据分析和决策支持功能至关重要。

(3)运行阶段

在运行维护阶段，靖远二电应首先检验该系统是否实现了预期目标，即是否可以通过数据存取、控制和分析，预测企业未来发展趋势和面临的问题，为管理者提供决策参考；然后，做好评估和监测工作，以动态的观念对待商务智能系统的建设工作，能够根据决策需求和公司的实际情况，对系统进行优化调整，使其真正为公司所用，实现系统的价值。

6.5.3.3 商务智能系统建设的注意事项

商务智能系统已经成为企业管理中最前沿的技术应用，但是，要成功实施难度也很大。有统计数字显示，在国外，投资建设商务智能的企业有60%～70%以失败告终，在中国，这个数字可能更大。建立商务智能系统的难度主要表现在以下几点：多行业导致系统需求不明确，甚至与业务割裂；多应用导致系统贪大求全；多工具导致系统的针对性难以定位。因此，在商务智能系统建设中还应该注意以下几点。

(1)调研分析

在建立商务智能系统之前，应该深入地进行调查研究，进行详尽的可行性分析。根据靖远二电的特点和需求决定是否应用商务智能系统技术以及构建什么样的商务智能系统。

(2)成本收益观

树立商务智能系统技术应用的成本收益观，不能偏执地认为只要建立了商务智能系统就会一本万利。构建商务智能系统需要消耗大量的人力、物力，另外，商务智能系统的收益也可能是渐进的、隐蔽的和不可预测的。靖远二电管理人员在实施商务智能系统时要有长远的目光，不能急功近利而因噎废食。

(3)企业文化

企业文化是影响企业发展的软实力，在构建商务智能系统时，既要考虑技术的因素，也要注重相应的靖远二电文化及经营理念的培育。

(4)iPRM建设

要想建立完善的企业管理信息系统，需要做好实施商务智能系统的基础性工作。对靖远二电而言，商务智能系统并不是一个完全陌生的新事物，而是在原iPRM基础上的升级，是iPRM发展的一个必然趋势。iPRM是靖远二电资源管理信息化的主体，它的良好运行和维护，可以为商务智能系统基础数据库的建设打下基础。

(5)实用性

在商务智能系统的实施过程中，公司应该缩小商务智能系统解决方案的规模。商务智能系统的分析工具和分析引擎并不是越多越好，而是应该筛选对靖远二电最适用的模块并加以定制化。同时，公司在商务智能系统的实施过程中，应该推动商务智能系统使其更贴近日常运营。商务智能系统不应该只是对历史的分析与挖掘，还应该能够预测未来。

(6)扩展性

在实施的过程中，开发和维护人员应该将商务智能系统朝WEB服务和办公自动化等功能的方向进行拓展，使商务智能系统能够在更加广泛的领域发挥作用。

随着中国经济的继续发展和各种数据资料的不断丰富和积累，建立商务智能系统已经成为国内大中型企业的一种发展趋势。对靖远二电而言，商务智能系统是商务与信息技术相结合的产物，其最大优点是可以精确、及时地得到信息，使得企业的决策者迅速、敏捷地做出商业决策。

未来，靖远二电的管理信息系统的发展重点应该放在商务智能系统、商务智能门户与iPRM的集成化上面，形成整合性的管理信息系统，为企业的决策和管理提供便利的信息服务。

6.6 数字化电厂

随着知识经济和信息时代的到来，我们周围的一切似乎都发生了翻天覆地的巨变。我们看到的是高效率、高效益的生产与组织方式；我们听到的是联合式非严格等级式管理体制；我们惊奇地发现人力资本原来是最活跃的生产要素。我们终于明白：管理系统必须不断发展和改良，企业管理已超越企业本身固有的模式。

知识经济及其所塑造的环境，迫使靖远二电寻求新的管理方式，数字化电厂的建设应运而生。

6.6.1 数字化电厂概述

6.6.1.1 数字化电厂的概念

所谓“数字化电厂”，即电厂将所有信号数字化，然后利用网络技术，实现可靠而准确的数字化信息交换、跨平台的资源实时共享，进而利用智能专家系统提供各种优化决策建设，为机组的操作提供科学指导。建设数字化电厂，最终是要实现数字化管理。企业数字化管理一般指在企业中利用现代化的信息设备，实现企业经营管理信息的生产、存储、处理、传输、共享以及决策的规模化的过程。具体而言，数字化电厂在技术层次上体现为信息技术的推广和应用，在知识层次上体现为信息资源的开发和利用。数字化电厂主要由信息系统、网络系统及数据库等部分组成。其中，信息系统主要涉及分散控制系统（DCS）、厂级监控信息系统（SIS）、管理信息系统（MIS）三大系统，简称3S系统。

建设数字化电厂的进程就是要为公司建立一个整体上相当于人的神经系统的数字神经系统。这种数字神经系统使得公司具有平稳和有效运行的能力，对紧急情况和机会做出快速反应，及时地为公司内部需要它的人提供有价值的信息，提高做出决策的能力。

6.6.1.2 数字化电厂的层次模型

通过对发电企业管控一体化模型的研究并结合火力发电厂的特点，靖远二电提出了一个具有四个层次、一个基础支持平台的数字化电厂层次结构模型。四个层次分别是决策支持层、经营生产管理层、操作执行层、控制层；基础支持平台是总线控制网络物理支持平台。上层是决策支持层，构架在iPRM管理系统上，以全面预算为指导，主要为电厂高层提供决策依据。中层是经营生产管理层，以iPRM管理系统对价值链上所有环节，如采购、库存、计划、设备、质量、运行、检修、财务、人事等进行有效管理。下层是操作执行层，为全厂提供一套冗余的、能综合机组及辅助车间有关的实时信息并对各机组及辅助系统的运行提供优化分析、在线运行指导的厂级监控信息系统（SIS）。底层是控制层，构架在经典的DCS系统上，用于电厂生产过程的控制和调节。数字化电厂系统结构图如图6-11所示。

(1)控制层

该层是指生产过程的数据采集和直接控制，包括单元机组DCS、ECS、TDS、水处理、输煤、除灰渣等辅助设备的控制系统。目前，技术的发展是以现场总线为代表的先进控制系统以及DCS系统机、炉、电的一体化。该层属于生产范畴，直接与生产设备关联，现在一般都随着设备直接集成，主要提供设备的运行实时信息，属于生产基础数据提供层，是其他三层的基础。

(2)操作执行层

该层即为厂级监控系统（SIS）和在线分析、状态检测、故障诊断等各种机组性能优化的高级应用软件，它完成厂级生产过程的监控，结合管理层的信息对控制系统和机组性能进行整体优化和分析，为过程控制层提供操作指导，是管理和控制之间联系的桥梁。SIS利用先进的实时数据库技术完成海量数据的高效压缩和安全存储，实现实时/历史数据的查询，并且对各机组及辅助系统的运行提供性能计算、运行考核、耗差分析、优化运行指导、故障诊断、设备寿命管理等功能。

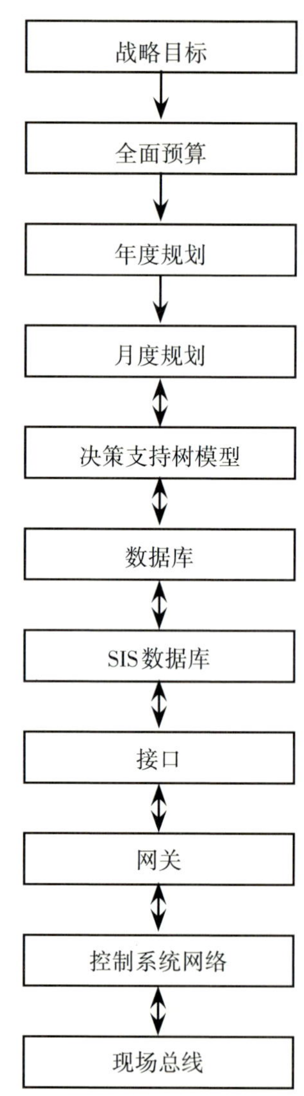

图 6-11 数字化电厂系统结构图

(3)经营生产管理层

数字化电厂在DCS系统及厂级信息监控系统（SIS）的基础上，融入现代化的管理思想，应用电厂资源计划系统即iPRM管理系统，为电厂的日常生产经营如检修管理、运行管理、设备管理等提供决策依据，最终达到设备零部件库存最低、采购费用最小及电厂营运成本最低的目标。靖远二电通过iPRM管理系统实现了更加有效的财务管理、物资管理、设备管理、人力资源管理等职能管理。

(4)决策支持层

该层主要体现为经营管理和商业化运营。以战略目标、年度规划、月度目标为主线，以全面预算为核心，以决策分析系统为辅助手段，满足商业化运营管理需求。用全面预算来预测电厂的各项经济指标和费用指标，通过事前预算计划的编制、事中计划实施过程的控制以及事后的总结分析和考核来实现生产经营的闭环管理，确保电厂的运营规范化、科学化和效益化；通过商业化运营提供竞争上网电价报价和辅助决策功能；通过对实时生产成本的运算，使得报价更具有准确和及时性。

(5)基础支持平台

利用现场总线控制技术、信息技术等搭建的总线控制网络的基础物理支持平台。现场总线控制系统是一种全计算机、全数字、双向通信的新型控制系统。它实现了现场设备级的数字化、网络化，实现了控制装置与现场装置的双向通信，消除了生产过程监控的信息“盲点”，是数字化电厂管理的基础。现场总线技术的出现，使得原来需要大量电缆进行点到点连接的众多现场设备信号可通过一根网络电缆来传输，以现场总线技术为基础的控制系统FCS的优越性概括起来有以下几方面，即互操作性、分散性、可靠性、精确性、开放性、经济性和可维护性。

6.6.2 建设数字化电厂的必要性

6.6.2.1 构建公司核心竞争能力的需要

与国内外先进企业比较，靖远二电存在的差距主要表现在：第一，员工队伍虽然稳定，但人员素质与结构同竞争对手差距较大；第二，公司上下对管理创新和技术创新都持肯定态度，积极参与，管理创新有一定效果，但基础管理还需进一步加强，管理创新的难点在于创新和规范的矛盾。因此，通过构建数字化电厂，运用数字化管理的思想，通过业务流程重组和优化企业价值链，应用信息技术实现公司管控的一体化，构建公司的核心竞争能力，进一步促进公司持续快速的发展。

6.6.2.2 实施精细化管理的需要

火力发电企业是从事能源转换高度集中的社会化企业，电力产品不同于其他有形产品，其特点是发电、变电、输电、供电瞬间一次完成。也就是说，产品和服务是同时进行的，所以发电企业不仅要有精细化的电力生产过程，而且必须要有精细化的管理，确保发电企业电力生产的安全、可靠、经济运行，从而满足电网快速反应的需求。企业内部组织架构、职责分工、资源配置，只有通过构建数字化电厂才能更好地实行精细化管理。

6.6.2.3 提高机组安全可靠性的需要

发电企业是技术密集型、资金密集型企业，其运行的安全可靠性直接影响电网甚至用户的安全可靠性，因此，发电企业始终坚持“安全第一”的管理方针。通过数字化电厂可以对电厂、机组、设备进行全生命周期管理，同时可以使设备维修信息，故障状态，设备、机组累计运行小时数，起停次数等信息都可以通过现场总线进入SIS系统，通过数字化电厂诊断功能，使现场设备的隐患能及早发现，采取清除措施。便于管理人员综合分析，减少设备机组停运次数，提高机组的安全可靠性。

6.6.2.4 提高设备维修水平，实现状态检修的需要

目前一台机组DCS采集到的数据大约在6000点左右，仅仅满足机组控制需求，没有被控设备的相关信息，因此，维修人员在设备运行时不能完全掌握设备状态，只能凭经验和离线仪器的简单测试数据。通过对设备的数字化，可方便采集设备的管理、诊断及维修信息，使系统具有完善有效的设备诊断功能，真正实现现场设备的远程编程和维护，实现了设备全厂数据的集中管理，提供更多的设备信息用于操作和维护，使设备的状态检修成为可能。同时，组态、调校、诊断和

维护都非常方便，工作量大幅度减少，甚至可以对部分智能仪表做到在线调试诊断和维护。

通过对电厂运行基本规律的研究和总结，并结合数字化管理的先进思想，靖远二电构建了数字化电厂（e-powerplant）模式：用计算机集成制造系统（CIMS）理论来设计数字化电厂的体系结构，在电厂先进控制系统和安全高效的网络平台、数据库平台基础上，基于国际最新的管理理论和信息技术研究成果，整合电厂管控一体化系统，用ERP管理思想和信息技术对靖远二电的经营和生产管理系统进行全面设计，使信息技术与电力工业技术、现代管理技术有机融合，全面提升靖远二电的生产技术和经营管理水平，增强靖远二电在电力市场上的竞争力。

6.6.3 建设数字化电厂的保障

6.6.3.1 数字化组织体系

制订数字化电厂战略计划，把数字化电厂作为公司的经营战略不遗余力地推行。

进行数字化电厂的大力宣传，让所有员工坚信数字化电厂对公司长期发展和提高竞争能力至关重要，让实现数字化电厂成为全体员工的共同事业。扩充一批高素质的信息技术成员，负责培训提高其他员工的数字化水平，开发适应公司发展的管理软件，对于影响工作速度和效率的管理软件及时给予修正和完善。数字化必须以作为公司主体的业务人员的直接受益和使用水平的逐步提高为基础。

6.6.3.2 数字化技术基础

数字化管理系统是要在建立系统的基础上，加强信息流动，动态的反映企业的经营生产活动，指出矛盾所在和需要解决的问题，实现管理的实时控制。优化和完善企业内联网Intranet，构筑覆盖企业全体范围的集成化信息共享平台，沟通企业内部各个信息孤岛。适时导入BPR（业务流程重组）、ERP（企业资源计划系统）等先进管理模式，对企业的生产、管理资源进行计划、组织、领导、控制，制订出科学合理的计划，解决办公自动化和工作流控制。

6.6.3.3 数字化设备基础

设备级数字化是电厂数字化的基础，也是数字化电厂最主要的信息源。目前，大多数电厂厂级、机组级都基本达到了数字化，但设备级离数字化还有很大差距，因此，需要进一步推动现场总线技术和智能监控设备、智能仪表在电厂的应用，要不断扩大其使用范围，达到设备级数字化水平。只有设备级数字化才能采集到与设备相关的更多信息，如设备故障信息、运行状态信息等。只有这样才能对设备维护实现状态检修，才能进一步提升电厂自动化控制水平，实现设备数字化管理水平。

6.6.3.4 数字化人员培训

数字化电厂管理强调开放，认为员工是知识工作者，他们是知识共享和知识创造者。企业数字化管理的本质是人本管理，没有能力素养皆优的人力资源不断注入企业体，则企业终将因自身的老化而被无情的企业运作规律所淘汰，但一厢情愿式地追求人才，却没有相应配套的人力资源规划工程，则可能将人才倒退成“人材”。人才需要发现，但更需要提供一个足以培训、激励和发挥才能的舞台。树立“学习型、知识型”观念，加大投入、加强培训，出台数字化的人才激励措施，建立人员流动和工作轮换制度，所有能够量化的岗位将收入与工作内容全部进行量化，收入与绩效挂钩。

6.6.3.5 数字化运营方式

当涉及企业运作的一切过程都开始被数字化，企业各部门管理都联系了起来，成本是可计算、控制和管理的时候，数字化业务流程开始运转。在信息领导小组的统一规划下，所有职能部门的管理职能、业务流程、工作内容尽可能放置于网站上，要求做到方便查询、层次分明、内容丰富、动态更新，实现与总网的数据交换与共享。

计算机、网络以其图文并茂、声像俱全、交互性、实时性、经济性和多对多的传播方式成为公司开展宣传和思想政治工作的重要载体，数字化工厂地图可以为管理者直观地提供工厂三维模型，和物理电厂完全保持一致，管理者通过工厂地图可以随时了解相关信息。通过这些系统高度集成和数据共享，形成了综合信息平台，提高了企业管理水平，降低企业运营成本。互联网成为公司与外部交流、公司形象建设的重要信息平台，适合公司的业务需要，并与公司的整体形象相融合。以“日新”文化为支撑，数字化电厂的成果又会凝结到“日新”文化，融化在员工的思想中，支配着员工的行为。

6.6.4 数字化电厂的发展前景

电厂数字化现今发展迅速，普遍建立了SIS-MIS网架，配置了实时数据库、状态监测、运行优化及故障诊断等软件。由于大量的现场设备信息和状态无法实时准确上传，阻碍了信息化的进一步发展，从而影响了对企业生产过程的监控及现代化管理的实现。数字化电厂最核心的问题是如何将现场设备级的设备运行状态利用合理的采集方式上传给监控和管理层，及时调整控制程序，以提高机组的经济性和运行可靠性。采用智能传感器配件智能控制器，并采用现场总线通信模式是解决这一难题的有效方案，目前很多电厂在大力推广这种控制方式。

电厂的社会效益和经济效益是否能最大化和数字化与电厂的发展是息息相关的，数字化电厂将是电力企业未来的发展方向。

6.7 资源管理的亮点和特色

6.7.1 基于商务智能系统的数字化管理理念

靖远二电资源管理的基本思想是以业务流程控制为基础，一体化电厂资源管理系统为平台，厂级优化及监控系统为重点，建立以数据分析和决策支持为目标的商务智能系统，并最终建成数字化电厂，实现企业的数字化管理。

靖远二电iPRM系统的广泛应用，理顺了各业务的流程，提高了企业的运营效率；但随着iPRM系统中各种历史性数据的累积，开始出现了“海量数据如何处理”的问题。而商务智能系统的实现则必须依赖于大量的、准确的、真实的数据，为这一问题的解决提供了突破口。

建立基于商务智能系统的数字化管理平台是靖远二电资源管理的目标，它不仅体现了其与时俱进、不断创新的企业文化，还能够帮助企业通过现有的数据资源获取和分析信息，帮助企业管理者做出更好的决策。

6.7.2 “渐进改良式”流程再造

业务流程控制是在信息技术的支持下，以经营流程为改造对象和重心，对现有企业的生产流程、信息流程和其他流程进行根本性再思考和彻底性的改造和再设计，打破传统的职能型组织结构，建立全新的流程型组织结构。可以说业务流程控制对现有流程是毁灭性重组的过程，是对原有的业务流程进行彻底的革命。作为刚刚从国有企业分离出来的火力发电公司，由于其自身属性和特点，若进行传统的“激进式”变革会存在很大阻力，甚至事倍功半。

为顺利实施业务流程再造，靖远二电在业务流程再造过程中并没有照搬传统的“激进式”方法，转而采用“渐进改良式”对业务流程进行变革。其主要体现在流程设计的指导思想上：“以‘渐进改良式’为主基调、充分考虑信息系统的支撑，对现存业务流程进行优化，对新增业务流程适当考虑应用‘全新设计法’。”结果证明，“渐进改良式”的业务流程再造法在一定程度上降低了业务流程变革的难度和项目风险，是靖远二电结合自身实践摸索出来的适宜之路。

6.7.3 “双轮驱动”iPRM项目实施模式

企业信息化建设是一项长期的系统工程，它需要有专业的组织和一把手的大力支持；而靖远二电在这两方面的丰富经验，正是其信息化得以顺利开展并取得成功的重要因素。

首先，全脱产项目小组是iPRM项目实施的助力。一方面，在项目开发阶段，鼓励业务骨干参与其业务领域的模块设计工作，充分调动他们的积极性，把角色由被动接受变为主动参与；另一方面，前期参与不仅会帮助业务主干更准确地理解iPRM项目推行的目的和意义，而且在项目推进时，项目参与者的身份会促使他们更自觉地承担iPRM项目监督、阐述和推动工作。总体来讲，靖远二电成立的以业务骨干为主的全脱产项目组，可以降低项目运作的风险和阻力，推进iPRM项目的实施进程。

其次，一把手的支持是iPRM项目实施的动力。iPRM项目具有投资大、实施时间长、牵涉利益广、影响范畴宽等特点，其成功上线与靖远二电高层管理者的大力支持有着密不可分的关系。靖远二电iPRM项目的实施会改变一些员工的日常工作习惯，增加部分人的工作量，进而引发其抱怨和抵触情绪，若此时管理者态度坚决，随着时间的推移，员工的习惯培养起来后，则会适应系统；若此时管理者的革新观点动摇了，则执行就面临巨大的困难和挑战。从一定意义上讲，不管前期技术人员把模块设计的多么完善，若最后得不到执行，那就无从谈起成功不成功。因此，高层管理者的支持，是员工坚持和执行iPRM项目的动力，是保证项目顺利执行的关键。

6.7.4 以人为本的iPRM持续改进

对靖远二电而言，iPRM系统并没有完成之说，而只有走在不断改进、优化调整之路上的概念。

经过近几年的发展，iPRM系统已日趋完善，公司的全部业务在该系统中得到覆盖，实现了业务处理标准化、生产管理流程化、经营管理规范化以及办公协同化的规划目标。但是，靖远二电人并没有沉醉在iPRM系统当前成果中沾沾自喜或停滞不前，而是抱着居安思危、持续创新的理念，时刻关注同行业或相关领域在iPRM系统建设方面的动态变化和公司的发展形势，不断调整、优化iPRM系统，努力实现iPRM系统效益最大化。

另外，值得注意的是，iPRM系统的开发完善不仅仅是为了满足生产和经营决策的需求，还有更重要的一点是贯彻以人为本的管理理念，通过改进iPRM系统，更好地激发和调动人的主动性、积极性、创造性，使员工成为企业发展的核心动力。一方面，iPRM系统实现了业务流程的无缝衔接和紧密集成，清除了业务处理过程中的一些重复工作，简化了操作流程，使员工可以更轻松和高效的实现绩效目标；另一方面，iPRM系统还开发了与员工生活息息相关的订票、乘车和请假模块，在管理中注入更多人性化的东西，体现了其柔性的一面，使员工在有"人情味"的管理制度下，形成主人翁意识，产生安定感及归属感，实现个人发展目标及需求与企业发展的协调统一。

6.7.5 全流程、全时点的SIS系统

在MIS建设的早期，计划层MIS与控制层DCS互相隔离运行，MIS没有控制层生产实时信息的支持，以致企业信息化成效大打折扣。为了解决电力企业信息化中的这个问题，我国的MIS和DCS专家在对两个

系统进行集成的过程中自主提出了SIS的概念，“SIS主要是为发电厂建立生产过程实时/历史数据库平台，是全厂实时生产过程监控和管理的信息系统。”

靖远二电的iPRM系统为经营管理层和生产管理层采集、交换和共享全厂的管理信息和数据提供了极大的便利，提高了办公效率，但是，却仍然需要一个联系各生产过程控制系统和iPRM的纽带。基于此，靖远二电引入了厂级优化及监控系统（SIS）。

SIS可以对机组热经济性进行在线计算和分析，运用火电机组的热经济性原理，实时诊断机组的运行能损情况，定量计算这些偏差所引起的能量损失，运行人员根据优化运行指导及时调整运行操作，使得机组能在最佳运行状态下运行，从而提高机组的投入产出比，增强靖远二电的核心竞争能力。

6.7.6 风采各异的iPRM模块

iPRM系统作为企业经营管理的神经中枢，覆盖企业的全部业务部门和业务范围，成功打造了企业生产管理的一体化信息平台，使业务的运作情况在系统内一目了然。

6.7.6.1 点检管理模块

实行点检制必须保证运作的高效性和准确性。iPRM的点检管理模块可以集中管理设备的点检点的管理数据和点检值，并进行科学的应用；设备管理模块和工单模块，可以跟踪设备的定修情况，两者将点检与定修有机地结合在一起。另外，通过点检管理模块、设备管理模块和工单模块的综合应用，形成一套融故障检修、计划检修、状态检修为一体的优化的全面维修管理方式，以提高设备可靠性、降低生产成本。2005年根据点检制实施过程中存在的点检数据录入工作量大及点检时间不规范等问题，对点检管理模块进行了优化，并给点检员配置了新的点检设备PDA。

6.7.6.2 采购管理模块

通过建立网上报价平台，使各供应商能够公平参与、平等竞争，同时，使物资采购过程透明化、公开化、公平化、高效化，减少采购环节，节省采购费用，降低采购成本，提高采购效率。物资采购部利用iPRM系统询价、比价采购、招投标采购，可以实现信息共享，提高了采购效率和透明度，扩大了有效监督。对于市场变化比较快及不经常采购的物资，采购员在iPRM物资模块中，根据系统中供应商的分类及评价结果选择供应商，自动生成询价单，根据报价结果，在充分考虑质量、价格、交货期等的基础上由相关人员审批，根据审批结果生成订单。

靖远二电把供应商管理纳入iPRM系统，一方面，可以对申请进入企业采购市场的供应商实行准入审核制度，明确规定了供应商的资质、业绩等资格要求，减缓市场变化或信息不对称带来了风险；另一方面，可以对供应商实行动态管理，依据供应商参与报价的积极性与认真程度以及报价水平及商务能力，对供应商进行综合打分，根据分数的高低及ABC分类来评定供应商的等级，分为一级供应商、二级供应商、不合格供应商等，优化采购管理。

6.7.6.3 全面预算管理模块

有了良好的基础架构，2006年靖远二电将全面预算管理体系与iPRM完美结合，建立起以利润为核心、全面成本管理为重点的预算管理控制体系。通过iPRM的运用，真正实现了全员全过程的全面预算，在日常工作中准确把握预算执行情况，每月对照预算的明细项目进行分析，找出偏离的原因，进行严格考核，真正实现各项生产活动事前有预算、事中有控制、事后有反馈。

通过全面预算管理体系与iPRM的结合，靖远二电的全面预算管理系统表现出了鲜明的信息化特点。iPRM全面预算版块的接入，解决了预算编制周期过长、预算编制过程不好控制、执行预算管理过程中缺乏有效的控制与分析的机制问题，可以适时地对实际的业务进行指导和控制，对各个部门、各个项目的预算执行情况进行指导和控制，保证及时、全面、深入地进行预算分析。

6.7.6.4 战略性人力资源管理模块

在人力资源整合信息化的过程中，最具特色的就是战略性人力资源系统的信息化。iPRM-HR是靖远二电iPRM系统的一个子系统，它是人力资源管理理念的革新，而并非仅仅是工作方式的改进。

首先，iPRM-HR给人力资源管理带来了巨大的变革，改变了公司人力资源部门的工作方式，使管理人员从日常事务中解脱出来，提高了员工的工作效率。其次，iPRM-HR不仅能将人力资源部门的工作职能完全覆盖并划分清楚，而且能将经过优化的业务流程在系统中体现，分别从招聘管理、绩效管理、培训管理三个方面规范人力资源管理的业务流程。最后，iPRM-HR提供了人力资源规划、总经理自助服务、直线经理自助服务、员工自助服务等功能，并能集成招聘技术、人才测评技术、职务分析技术以及绩效管理体系等人力资源管理技术特征比较明显的功能，为企业与员工提供了增值服务。

后　记

经过十余年的不断创新和逐步完善，靖远管理模式已成为靖远二电的企业品牌，也被公认为国内电力企业管理实践的标杆。为了总结过去的经验，并在复杂的市场环境中指导未来发展，公司决定将十余年间对卓越企业管理实践的探索成果所得整理出版。在进行资料调研过程中，编写组走遍了每一片厂区、每一间办公室、每一个生产班组，在经历过一次次访谈和讨论后，我们深刻感受到了员工对于企业的热爱和身为企业一员的自豪。他们共同经历了一穷二白的创业期，这些可爱可敬的靖远二电人为企业奉献了青春，将奋斗的汗水挥洒在这片热土上，也收获了累累硕果，公司在各种评奖活动中一次次载誉而归，让他们品尝到苦尽甘来的幸福味道。审视公司自2002年独立运营以来的各项经营数据，面对着谈论企业快速发展时员工们兴奋的面孔，编写组更坚定了信心，要对公司的发展模式进行探索和思考，要对企业的成功因素进行凝练，更要探索企业发展历程背后的、区别于其他企业的特色实践。这一既艰巨而又意义非凡的任务让编写组在激动兴奋之余，也深感责任和挑战。

管理模式并无常式，它和企业的历史渊源和成长过程紧密相关。他山之石，可以攻玉，我们力图总结出管理模式中具有普适性的东西，在理论上进行提炼，并且突出企业的鲜明特色。本书共包括两大部分：第一部分绪论以高度概括的方式，总结了靖远管理模式的历史追溯和内容框架，以及对当今企业的启示意义；第二部分以分章详解的方式，具体展现公司在文化建设、经营管理、人本管理、现场管理以及信息化建设方面的管理思想、工具和实践做法。

好风凭借力，冲锋正当时。在当今全球经济风云变幻之际，我国企业也面临着艰难转型发展的机遇，尤其对于发电企业而言更是如此。本书的出版，是对公司孜孜追求卓越管理实践探索历程的回顾，也是对无数中国企业未来之路的探索和展望。在广大员工的理解、支持和努力下，编写组最终不负众望，将这本书呈现在读者面前，真诚期待读者的建设性意见和建议。

《靖远管理模式》编写组

2014年6月